陕西师范大学"211工程"建设项目资助

跨语言文化研究

Cross-Linguistic & Cross-Cultural Studies

第八辑

主　编　张京鱼
副主编　王　文　田　兵

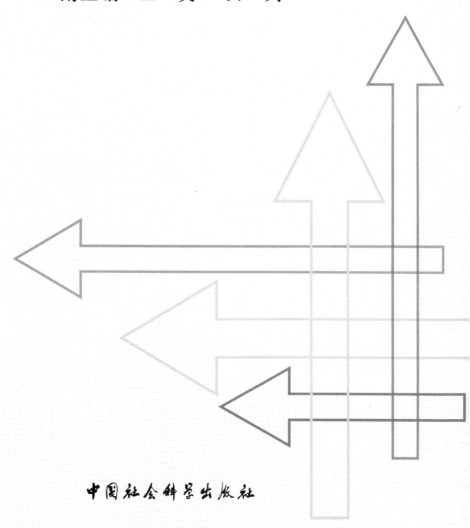

中国社会科学出版社

图书在版编目(CIP)数据

跨语言文化研究. 第 8 辑 / 张京鱼主编 . —北京：中国社会科学出版社，
2014. 12

ISBN 978 – 7 – 5161 – 5414 – 4

Ⅰ. ①跨… Ⅱ. ①张… Ⅲ. ①语言学 – 研究②世界文学 – 文学研究
Ⅳ. ①H0②I106

中国版本图书馆 CIP 数据核字 (2014) 第 306770 号

出 版 人	赵剑英
责任编辑	任 明
特约编辑	李晓丽
责任校对	张依婧
责任印制	何 艳

出 版	中国社会科学出版社
社 址	北京鼓楼西大街甲 158 号
邮 编	100720
网 址	http：//www. csspw. cn
发 行 部	010 – 84083685
门 市 部	010 – 84029450
经 销	新华书店及其他书店

印刷装订	北京市兴怀印刷厂
版 次	2014 年 12 月第 1 版
印 次	2014 年 12 月第 1 次印刷

开 本	710×1000 1/16
印 张	21
插 页	2
字 数	355 千字
定 价	68.00 元

凡购买中国社会科学出版社图书，如有质量问题请与本社联系调换
电话：010 – 84083683

目　录

语言与文化

文学与文化

翻译与文化

语言与教学

语言与文化

英汉句法移位比较研究

罗显斌

摘要：移位，在句法理论中占据相当重要的地位。对这一"句法研究的重心"，西方语言学家，特别是转换生成语言学家，针对以英语为主体的西方语言进行了系统的研究，成果辉煌。然而，国内对移位的研究，很多只是对国外理论进行评析、介绍。即便是对汉语句法移位的研究，也似有一鳞半爪之嫌，缺乏系统深入的论述。对英汉句法移位的模式、动因问题的异同更是鲜有涉及。本文在阐述英汉句法移位理论研究现状的基础上，对英汉句法移位进行比较，提出自己的看法，认为汉语移位动因是满足语用要求。

关键词：移位；模式；动因；语用；比较

一 导论

移位，在句法理论中占据相当重要的地位。中国台湾语言学家汤廷池（1977）指出：移位变形在句法理论中占极重要的地位，而国语的移位变形，如"主题变形"、"处置式变形"、"被动变形"、"间接宾语提前变形"等又是国语句法中争论最多的问题。因此，如果说移位变形是句法研究的重心，一点也不为过。（transformation 在台湾翻译成"变形"——笔者注）

对这一"句法研究的重心"，西方语言学家，特别是转换生成语言学家，针对以英语为主体的西方语言进行了系统的研究，成果辉煌。

相对而言，国内学者写了不少有关句法移位的文章。例如，杨烈祥（2012）的《〈句法中的对称——合并、移位与标签〉评介》，龙海平的（2012）《"'移位'说"评析》，向二兰（2012）的《英汉助动词移位之比较》，唐燕玲等（2011）的《英汉疑问词移位与否的原因分析》，温宾利（2011）的《基于语段的领有话题结构移位分析》，马志刚（2011）的《移位性特征、句法操作限制与句首名词的话题和/或主语属性——以汉语领主属宾句和及物句为例》，柯航（2011）的《汉语单音节定语移位的语义制约》，等等。但是，这些文章很多只是对国外理论进行评析、介绍。即便是对汉语句法移位的研究，也似有一鳞半爪之嫌，缺乏系统深入的论述。对英汉句法移位的模式、动因问题的异同更是鲜有涉及。本文拟在阐述英汉句法移位理论研究现状的基础上，对英汉句法移位进行比较，找出二者异同。

二　英语句法移位

早在1957年乔姆斯基（Noam Chomsky）在《句法结构》（*Syntactic Structure*）一书中就已经提到移位问题（尽管当时还没有用到 movement 这一术语，理论方面也只是针对疑问句有所论述）。1977年，乔姆斯基就 wh - 移位又作了专门的论述。随着生成语言学的发展，移位理论也不断发展变化。

戴维·克里斯特尔（David Crystal，［1978］2000）的《现代语言学词典》（第四版）（沈家煊译）中对"移位"（Movement）的定义是：

Movement（move）移位转换语法框架内的常用术语，指一类基本的转换操作。移位转化（movement transformation）的作用是将组构成分短语标记的一个部分移至（通常一次移一个）另一部分（"着陆处"），如形成被动句的移位。可替换术语是重新排序或换位。有的理论中移位这一概念分为两类更基本的操作，即附接和删除。已使用的移位规则（movement rule）有两大类：wh - 移位和 NP - 移位（如说被动句 The cup was put on the table "杯子被放在桌子上"是从"- was put the cup on the table"通过 NP - 移位派生而来）。不时还有人提出其他类似规则，如与格移位（用来处理 X gave Y to Z "X 送 Y 给 Z"和 X gave Z Y "X 送 ZY"之间的交替）和 though 移位（用来处理 good writer though she is … "她虽然是个好作家……"这类句子），但究竟是否需要这些规则还有争议。所有规则都是一条普世规则（称作移位阿尔法）的具体反映，这种可能性已经提了出来。在近期的阐述中，被移位的语类在其原处留下一个空节点或语迹；这种理论被称作"移位规则的语迹理论"。被移位的组构成分与其同标语迹构成一个移位链（movement chain）。在最简方案中，移位

（move）是在构建树的过程中将成分移来移去的一种操作。移位受多种制约：一个成分只有最短距离的移位才可接受（最短移位 shortest move），即必须移至最近的一个相关位置（最小联系条件 minimal link condition）；移位应推迟到绝对必需的时候（拖延原则）；所有移位必须满足被移位成分自身的要求（自贪制约）。

由此定义可以看出，移位理论从最早的关于疑问句的移位开始，发展到把移位分为两大类——wh - 移位和 NP - 移位，再到移位阿尔法（Move α）理论，再到"移位规则的语迹理论"，最后到最新的最简方案中的移位理论。生成语言学对以英语为主的西方语言的移位现象进行了系统深入的理论研究。

下面，我们以生成语言学经典入门书《Syntax：A Generative Introduction》中关于移位理论的论述为基础，看一看英语句法移位的具体情形。

安德鲁·卡尼（Andrew Carnie，2006）在《Syntax：A Generative Introduction》中提道：移位规则或移位转换，就是把某些成分从其在句子深层结构的固有位置移动到它们在句子表层结构真正出现的位置。共有三种移位转换：中心词移位（包括 T → C 和 V → T 两种移位），DP - 移位和 wh - 移位。这三种移位转换每一种都是必须移动，而非可选操作。每一种移位都有其触发机制，或者说动因。中心词移位是为了填补空缺元素（T → C 移位），或者进行曲折变化（V → T 移位）；DP - 移位是为了核查格的特征；wh - 移位是为了与［WH］特征接近。（We developed a new kind of rule：the movement rule or transformation，which moves items around from their base position in the D-structure to the actual position they appear in on the surface. There are three movement transformations：Head-to-head movement（T → C and V → T），DP movement，and wh-movement. In each of these cases movement occurs because it has to. Each movement has a trigger or motivation. Heads move to fill empty ［Q］ features or to take an inflectional suffix. DPs move to check case features. Wh-phrases move to be near the ［WH］ feature.）

根据安德鲁·卡尼的论述我们可以发现，英语句法移位有以下特征：

（1）移位模式可以分为三种：中心词移位（包括 T → C 和 V → T 两种移位），DP - 移位和 wh - 移位。

（2）移位动因是句法的需要，必须进行移位，而非可选操作。

三　汉语句法移位

早在 1986 年，著名语言学家吕叔湘先生《汉语句法的灵活性》（载《中国语文》1986 年第 1 期）说："汉语句法不光有固定的一面，还有灵活的一面。本文用三件事情说明汉语句法的灵活性。"吕先生说的这三件事情，即："移位"、"省略"、"动补结构的多义性"。

吕先生在文中对"移位"的定义是："移位，就是一个成分离开它平常的位置，出现在另外的位置上。"

吕先生把汉语句法"移位"分为以下六类：

第一类为了强调某一个成分，我们常常把它挪到句子头上去；

第二类，有时候有一个成分同时是两个结构的组成成分，也常常被提到句子头上，以免重复；

第三类，有时候我们把列举的同类事物的区别部分挪到前边去，只把共有的部分留在正常的位置上；

第四类，有时候，位置的移动是由于同类词语的吸引；

第五类，我们又常常遇到应该是定语的词语跑到了状语的位置上；

第六类，最后还有一类熟语性的例子，要合乎逻辑是应该换一种说法的。

吕先生文中只是列举了汉语句法中的一些移位现象，用以说明汉语句法的灵活性。他未能就汉语句法移位的模式、动因等作系统研究。

中国台湾著名语言学家汤廷池在《国语变形语法研究》一书中用转换生成语言学的观点，对汉语句法移位作了较为系统的论述。汤廷池认为："变形中有牵涉到词组的移动的，也就是说，将词组标记中的某一词组移动到另外一个位置的，叫作'移位变形'（movement transformation）。'移位变形'依其内容可以分为移上、移下、移首、移尾、移前、移后六种。"

接下来，汤教授针对汉语的特征，对汉语句法移位进行了系统的论述。他把汉语句法移位模式分为以下 13 种（汤教授的论述中用的都是"变形"，其实就是我们熟悉的"移位"）：

（1）主语变形；

（2）主题变形；

（3）向左转位变形；

（4）宾语提前变形；

（5）处置式变形；

（6）被动变形；

（7）间接宾语提前变形；

（8）领属格名词组移位变形；

（9）副词移首变形；

（10）"连"提前变形；

（11）宾语子句移首变形；

（12）主语提升变形；

（13）否定词定位与定量词定位变形。

对每一种移位的动因，汤教授也进行了详细的论述。例如，针对"主语变形"，汤教授认为，因为汉语的主语与宾语有一个一般性的限制，那就是只有"有定名词"（definite noun）或"有指名词"（specific noun）才可以出现于句首当主语，也只有"有定名词"或"有指名词"可以出现于动词的前面或左方做宾语。这一限制可以规定为"主语变形"或"宾语提前"等变形的限制：只允许有定或有指名词移到动词的前面做主语或宾语。

动词的主语，如果是有定的，那么就出现于动词的前面；如果是无定的，那么就出现于动词的后面：

（1）a. 唉，又下雨了。

      b.（这场）雨已经下了很久了。

（2）a. 桌子上有一本书。

      b.（那一本）书在桌子上。

所以，汉语的"主语变形"规则为："有定名词"移到动词的前面成为表面结构（大陆译为"表层结构"——笔者）主语，"无定名词"留在动词后面成为"倒装句"或"无主句"。

从以上两位大家的论述，我们可以发现，或许由于汉语句法的灵活性，汉语句法移位非常复杂。汉语句法移位的模式很难简洁、清楚地进行分类。而汉语句法移位的动因还存在诸多争议。

四　汉语句法移位模式与动因之我见

如上所述，汉语句法移位模式非常复杂，动因仍然没有定论。接下来，我试图提出自己的看法。

汉语句法移位模式，可以分成以下三类。

1. 名词移位。吕叔湘列举的六类中，第一类、第二类、第三类的一部分和第四类的一部分就是属于名词移位。汤廷池教授所说的 13 种"变形"中大多属于名词移位。例如"主语变形"、"宾语提前变形"，等等。汉语中的名词移位动因和英语中的中心词移位不同，汉语名词移位不是为了填补空缺元素，或者进行曲折变化。

2. 形容词副词移位。吕叔湘列举的六类中，第三类的一部分、第四类的一部分和第五类属于这种移位。汤廷池教授所说的 13 种"变形"中"副词移首变形"、"'连'提前变形"等属于这一类。

3. 特殊疑问词移位。汉语中是否存在如同英语中 wh - 移位一样的特殊疑问词移位，一直存在诸多争议。有人主张应该用"不移位理论"（Nonmovement Theory）来看待汉语中的一些句法现象。我认为，汉语中应该存在特殊疑问词移位，只是汉语中的特殊疑问词移位和英语中的 wh - 移位动因不同。例如：

（3）a. 李丽是谁？

　　 b. 谁是李丽？

以上两句话在汉语中都是存在的。两句话中特殊疑问词"谁"的位置发生了改变。

汉语移位的动因。如前所述，英语句法移位的动因归根结底是语法需要，为了满足某种语法特征。而汉语移位的动因大不一样。

考察吕叔湘先生列举的汉语六类移位，我们似乎可以说，汉语移位很多并不是为了满足语法需要，而是一种语用需要。汉语移位很多只是一种可选操作，而不是必须操作。例如，吕先生所说的第一类是为了"强调"某一成分，第二类是为了避免重复，第三类也只是"有时"，归根结底也是为了避免重复，第四类也是"有时"，第五类是"常常"，第六类是一些熟语，固定说法。所以，汉语的移位大多不是必需的，而是可选的。更多的是满足一种语用要求。

至于特殊疑问题词移位，也是属于语用的需要。汉语大多特殊疑问词移位都是为了改变句子的焦点。例如，例（3）中的 a、b 两个句子，它们的焦点是不一样的。a 句中焦点是"李丽"。说话者的意图是要求听话者提供更多关于"李丽"的信息，相当于"李丽是什么人"；而 b 句的焦点是"谁"。这句话意味着说话人知道"李丽"的一些信息，只是不知道哪一个人是"李丽",或者以前没有见过"李丽",相当于"哪个人是李丽"。这个例子可以说明,汉语中所谓的特殊疑问词移位也是为了满足语用需要,是一种语用手段。

五 结语

移位是生成语言学的一个重要理论。生成语言学家们对英语的移位进行了系统而又深入的研究。

汉语句法非常灵活,移位现象异常复杂。而中国学者对汉语的移位研究,不容乐观。本文就英汉移位进行比较,提出了自己不成熟的粗浅看法,以期抛砖引玉。汉语移位的研究仍然是任重而道远,期盼针对汉语移位的系统深入的理论研究成果能够早日出现。

参考文献

Chomsky, Noam, "On Wh-Movement", In Peter Culicover, Adrian Akmajian and Thomas Wasow (eds.), *Formal Syntax*, New York: Academic Press, 1977.

Chomsky, Noam, *Syntactic Structure*, Second Edition, New York: Mouton de Gruyter Berlin, 2002.

Carnie, Andrew, *Syntax A Generative Introduction*, Second Edition, Malden: Blackwell Publishing Ltd, 2006.

[英]戴维·克里斯特尔编:《现代语言学词典》(第四版),沈家煊译,商务印书馆2000年版。

吕叔湘:《汉语句法的灵活性》,《中国语文》1986年第1期。

汤廷池:《国语变形语法研究第一集:移位变形》,台湾学生书局1977年版。

杨烈祥:《〈句法中的对称——合并、移位与标签〉评介》,《现代外语》2012年第3期。

龙海平:《"'移位'说"评析》,《湖北社会科学》2012年第8期。

向二兰:《英汉助动词移位之比较》,《外语学刊》2012年第1期。

唐燕玲、兰静、唐科:《英汉疑问词移位与否的原因分析》,《解放军外国语学院学报》2011年第6期。

温宾利:《基于语段的领有话题结构移位分析》,《现代外语》2011年第4期。

马志刚:《移位性特征、句法操作限制与句首名词的话题和/或主语属性——以汉语领主属宾句和及物句为例》,《外国语》2011年第5期。

柯航:《汉语单音节定语移位的语义制约》,《中国语文》2011年第5期。

方梅:《汉语对比焦点的句法表现手段》,《中国语文》1995年第4期。

英语和维吾尔语使役化
形式的对比研究

艾合买提江·塔西

摘要：使役化是在英语—维吾尔语中最活跃的语法现象之一，由于这两种语言属于完全不同的语系，每一种语言的使役化形式也有所区别。本文首先对比两种语言使役化形式，从类型学的角度把两种语言的使役化结构分类，然后将每种使役化形式进行对比并找出其特点。最后在采用拉森（Larson）的 VP 嵌套理论和乔姆斯基（Chomsky）的充分解读原则的基础上，解释英语和维吾尔语使役动词结构的形成过程，并指出英语和维吾尔语使役动词结构的个性及句法深层结构中的共性。

关键词：使役化；词缀；零位使役；VP 嵌套；生成语法

一 引言

"使役"（causativizition）是人类语言中普遍存在的语言现象。柴谷（Shibatani，1976）对使役作出了详细的界定，指出使役是指明显或隐含地表示于一个使役事件中两个事件或动作之间关系的语词，从使役事件和被使役事件的关系来看，被使役事件的出现完全取决于使役事件的出现，所以他们的出现具有前后关系。使役现象是人类语言概念化过程中的基本范畴之一，长期以来得到学者们的广泛关注。很多学者都注意到不同语言的使役结构中存在着一些异同点。这些学者对使役特性、结构和成分作了很多很深的研究，但是，他们却很少对某一个动词类型由形态学的角度进行比较分析。英语的使役结构常被拿来与汉语、日语、法语、西班牙语等语言中的使役结构进行比较，然而像维吾尔语这样少数民族语言和英语使役结构的比较研究还相对较少。因此，研究这两种语言使役结构的异同是十分有意义的。本文主要探讨两种语言使役结构形态上的分类。与此同时，本文还将重点考察英语和维吾尔语使役心理动词结构形成的生成句法特征。

二　英语和维吾尔语使役化结构的分类

使役化结构，在不同的语言之间，甚至在一种语言中，可以通过不同的形式或参数来表达。从类型学的角度来看，人类语言的使役化结构分为词汇使役法和句法使役法两种。克龙比（Cromrie，1985）把句法使役形式称作分析性使役形式，词汇使役称作零位使役形式和缀合使役形式。由于英语和维吾尔语是属于不同语系的两种语言，本文中我们将句法使役形式称作迂回使役形式（periphrastic causatives），缀合使役形式称作形态使役形式（morphological causatives），零位使役形式称作词汇使役形式（lexical causatives）。

（一）形态使役形式

人类语言允许名词、动词或形容词和使役词素结合构成一个使役结构，这种现象在构词法中称为缀合法（affixation）。形态使役是使役结构最显著的方式，使役成分在词内体现，在表层结构中无须出现独立词汇形式（Baker，1988）。英语和维吾尔语的使役化词一般都是在动词、名词和形容词等实词上缀加具有使役语义的词缀来完成。在英语里一般词根加"-en/en-，-fy，-ise，be-，-ate 和 -ize"等词缀来实现使役化。其中 en- 和 be- 是英语中的使役前缀，"en"同样有前缀和后缀的功能，如：enchant（使迷住），madden（使发狂）等。也有些动词很特殊，它们前后同时可以加"en"，如：enliven（使活跃），enlighten（使启发）。"be"只可以做前缀，如：belittle，befriend 等。剩余的词缀都做后缀，如：classify（分类），memorize（记忆），assimilate（使同化；使吸收）等。英语使役词缀中有些词缀具有悠久的历史渊源，如：德语起源的"-en"在古英语的形式是"-nian"，"-fy"起源于拉丁词缀"ficāre"，"ize"最初在希腊语中以"-iser"的形式出现，然后以借词的方式从拉丁语或法语进入英语。"be-"在古英语中有 beon，beom，bion 等形式，而 -ate 起源于 -atus，-atum 为结尾的拉丁语词。

维吾尔语中形态使役结构的使用范围很广泛，是其最典型的使役化形式，形态使役化一般在实词后面加使役词缀来实现。维吾尔语中的动词无论是及物的还是不及物的，都可附加使动态，附加了使动态的不及物动词就变成了及物动词，要求受事带宾格 -ni 充当宾语（力提谱，2004）。表示致使的"使动"态语缀有 -t-，-dur-，-dür-，-tur-，-tür-，-

küz－，－güz－，－quz－，－ʁuz－，－ar－，－ur－，－ür－和－er－等。缀加使役词缀是个有规律的过程，一般来说，如果动词词干以元音或 j 和 r 等辅音结尾时，缀加－t，如：taśla－t = taślat（使放弃），azaj－t = azajt（使减少）等。以元音结尾的单音节动词词干或除了－ar－，－ur－，－ür－，－er 等辅音结尾的动词词干后一般加－dur－，－dür－，－tur－，－tür－，－küz－，－güz－，－quz－和－ʁuz－等，如：bär－güz = bärgüz（让……给），qač－tur = qačtur（让跑）等，以 č 和 q，ś，p，t 结尾的少数单音节动词词干后一般加－ar－，－ur－，－ür－，－er，如：čiq－ar =čiq－ar（让上），qop－ur = qop－ur（使起来）等。像英语中的 enlighten 和 enliven 一样，在维吾尔语里，使役态词缀可以重叠使用，这时表示行为动作不是源自一个人而来，是通过两个以上的人实现。例如：

（1）Mɛn welispitimni dadamʁa yasa－t－tim

　　　我　自行车　　爸爸　修理－使役－过去

　　　"我让我爸修了自行车。"

（2）Mɛn welispitimni dadamʁa yasa-t-quz-dum

　　　我　自行车　　爸爸　修理－使役－使役－过去

　　　"我通过我爸修了自行车。"

根据古突厥碑铭和《突厥语大辞典》等文献，现代维吾尔语动词使役态形式可以追溯到五六世纪。古代维吾尔语中的使动态词缀同样缀接于及物动词和不及物动词词干之后。词缀缀接形式和用法与现代维吾尔语使动态没有很大区别，《突厥语大辞典》等文献中使用的使役态词缀主要有以下几个：t－，－ut－，－dur－，－dür－，－tür－，－ir－，－ar－，－ghur－，－gür－，－tuz－，－duz－，－düz－等，如：

（3）Ol manga suw ič-tür－di

　　　他　我　　水－宾格　喝－使役态－过去式

　　　"他让我喝水了。"

（4）Mǎn ane qa-čur－dum.

　　　我　他－宾格　跑－使役态－过去式

　　　"我让他跑了。"

（二）迂回使役化形式

迂回使役结构是指用轻动词（light verb）来实现使役化的结构，在两种语言中普遍存在并广泛使用。这些轻动词在语义上已经漂白了

（bleached），是只保留句子结构意义的词，比如英语里的 have，let，make，set 和维吾尔语中的 qil，sal，qoy 等。这种动词在很大程度上失去了它们的词汇意义，如英语句"make me happy"中的 make 相对"make a plane"的 make 而言，它对句子意义的贡献不明显，语义很弱，仅表示使役。这些动词一般修饰形容词来表达心理使役动词结构，如：

（5）The news makes him unhappy.

例（5）中的形容词既可以是像"unhappy"一样派生词，也可以是像"sad"一样单纯词，还可以是像"interesting"一样动词的分词形式。迂回使役化结构也就是我们所说的使动句，具有一定的句法特点。英语迂回使役结构的基本形式是：N1 + make + N2 + V/Adj，其中 N1 一般是施事者，N2 是经验者，根据实际语言的使用 N2 后面的 V 或 Adj 可以轮流出现，但 V 必须是心理动词，Adj 是心理形容词，这里的心理形容词可以是 sad，happy 类一般形容词，也可以是 pleased，frightened 类派生的形容词。如：

（6）The clown often makes the children laugh.（动词形式）

（7）The news makes me happy.（形容词形式）

同样的，在维吾尔语里，"qil"类使役动词的原本意义已经漂白，它们与名词和形容词等静词连用表示使役意义时表达"产生，引起，发生"等使役意义。在维吾尔语里迂回使役化结构的形式是 N1 + N2 + V/Adj + qil，和英语不同的是轻动词"qil"在心理动词或形容词后面。这可能是维吾尔语无标记的语序（主·宾·谓）来决定的，如：

（8）U öydä iš qil-di.

　　他 在家 活儿 干 – 过去式

　　"他在家干活儿了。"

（9）U mi-ni xošal qil-di

　　他 我 – 宾格 高兴 使 – 过去式

　　"他使我高兴。"

例句（8）中的"qil"是"干，做"的意思，而例（9）中的"qil"没有实际意义，它与心理形容词"xošal"（高兴）连用表示引起或产生高兴的一种使役意义。

（三）词汇使役化形式

词汇使役化形式在英语中出现频率最高，英语中的词汇使役动词指的是零派生的动词（zero derived verb）或者是零位使役的动词（zero Causative Verbs）。在零位使役动词中词汇手段的运用在使役化表层结构中无须出现"make"类动词，使役义在深层结构中体现，表示直接因果关系。这种结构是由词干来实现使役化的。所以这种形式也称词的使动用法，如：

（10）His illness worried the doctor.

（11）She bottled the wine.

以上例句中 worried 和 bottled 是不能再细分的单纯的使役动词。在英语中零位派生，像显性派生（overt affixation）一样，从名词和形容词派生使役动词的能力很强。名词如：saddle -（to）saddle, box -（to）box, jail -（to）jail 等；形容词如：empty -（to）empty, narrow -（to）narrow, warm -（to）warm 等。

英语一部分词汇使役动词可以参加状态变化，也就是所谓的使役/起始转换。按照莱文和拉帕特·哈瓦夫（Levin & Rappart Hovav, 1994）使役/起始转换是使役动词转换为非宾格的过程，涉及动词及物和不及物的用法，能够参加这种转换的动词必须具有状态和位置变化的条件。如：

（12）a. The question puzzled the student.

　　　 b. * The student puzzled.

（13）a. John angered Mary.

　　　 b. John angered.

从以上例句我们可以看出英语里像 puzzle 一类的心理动词具有不及物动词的形式但不参与使役/起始转换，而像 anger 类的动词具有及物和不及物动词相互转换的特点并进行使役/起始转换。

维吾尔语也有词汇或者零位使役形式，但数量不多，我们发现维吾尔语里有英语对应的词汇使役和反使役形式，如：atʃ 和 tʃ aq，即英语词汇使役动词 open "打开" 和 break "打破" 的对应词，而其非使役的形式分别是 atʃ il 和 tʃ eqil；- il 是维吾尔语反使役（anti-causative）等。维吾尔语词汇使役动词也参加使役/起始转换，这种使役动词的起始形式（inchoative form）不是零位的，而是带 - il 等反使役的形式，如：

（14）a. Bala iŝikni ač-ti.

　　　　小孩 门 打开 - 过去式

　　　　"小孩打开了门。"

b. išik eč-il-di.

门 开－反使役－过去式

"门被打开了。"

有关日语的词汇使役形式宫川（Miyagawa，2010）指出，日语里有词汇使役动词，它们的词汇性质体现在语义迁移上，即可以出现在成语或者俗语里。我们发现同一个语系的维吾尔语词汇使役动词中也有此类的现象。维吾尔语词汇使役化结构主要由两种形式来出现，分别是一般形式和复合形式：

一般词汇使役形式：

非使役	使役
Čüš－mäq"falling"	at－maq"throwing"
掉－态	扔－状态
Qal-maq"staying"	saxle-maq"keeping"
留（不走）　状态	保留/保管/等候－状态

复合词汇使役形式：

非使役	使役
Ot kāt-māq"burning"	ot yak-maq"setting fire"
火 着－状态 火	点－状态
käynigäsör-mäk"being postponed"	käynigä tart-maq"delaying"
往后 推拉－状态	往后 拖拉－状态

以上复合使役形式中的 Ot kätmäk 是"着火"的意思，是非使役的。它的使役形式 ot yakmaq（点火，点燃）在成语 yüräkä ot yaqti（点燃爱情的火花）中表示，如：

（15）a. Yigit neng yürigiga ot kat-ti

男孩　的　心脏　火点燃－了。

"男孩心里燃起了火。"（非使役形式）

b. Kiz yigit　neng urigiga ot yak-ti

女孩 男孩　的　心脏　火点燃－了。

"女孩使男孩心里燃起了火。"（使役形式）

三 英语—维吾尔语使役动词形态句法的共性和个性

（一）VP 嵌套和充分解释原则

拉森（1988，1990）对英语双宾语结构（double object construction）和与格结构（dative construction）进行研究，并提出了 VP 嵌套理论。该理论指出，在双宾语结构中当动词带两个领域的论元时，在句法结构上投射出两层动词短语结构，也就是说，中心 VP 由外部结构 VP1 和内部结构 VP2 组成。由于 VP1 在上层结构，它处于核心位置，而它的核心成分是一个轻动词（light verb），因为它本身没有形式或者语音所以是空的，是用"e"来表达。由于论旨角色指派需求（因为轻动出现后，它要求句子语态的变化，语态的变化会引起论元的移位），在底层结构 VP2 下的动词被移位到 VP1 下与"e"合并，得到使役，而这个动词在原位留下一个语迹"t"。通过这种移位和合并句子的每一个成分得到了合法性，就产生了一个完整的句子。充分解读原则（the principle of full interpretation）是乔姆斯基"最简方案"的核心原则之一，该原则要求"推导运算形成的句子结构中没有任何多余的成分，每个成分均扮演一定的角色：语义的、句法的或者音系的，每个成分必须以某种方式被解读"。也就是说，句子的每一个成分在句法推导过程中的逻辑层面必须得到核查，以解释这句子是否是合法的。现在让我们用这些理论和原则观察一下两种语言使役结构生成的特点。

（二）词汇使役化形式

如上所述，维吾尔语中很少有词汇使役或零位使役化结构。因此，我们仅研究英语中的零位使役结构。由于词汇使役动词表达直接的因果关系，因此常被称做直接使役动词，词汇使役形式是英语典型的使役化形式。英语中的词汇使役是无标记的（unmarked），所以指的是零位使役。零位使役虽然在结构和语音上是无法被辨认的，但必须遵守 VP 嵌套理论的约束。如：从图 1 中可以看出，在例（16）的底层结构中零位使役 Ø 原来在 V2 的位置上，而 worry 在图 1 中可以看出，在例（16）中，零位使役 Ø 在 V 的位置，而 worry 在 VP 上的 V 的位置。VP 的 V 位置是空的轻动词，worry 从 VP 移位到 V 位置并与 Ø 合并，而在 V 原位上留下了痕迹 t。就这样形成了具有使役性的"worry"，让句子得到使役，从而句子

（16）I worry him.

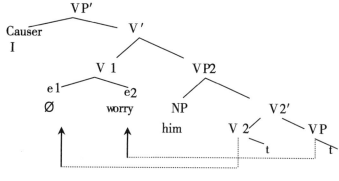

图 1　词汇使役树形图

各个成分得到了核查，形成了一个完整的句子。

（三）形态使役化结构

维吾尔语的形态变化非常丰富，类似于英语里的静动词后缀加词缀性轻动词 – en 的形式。而这种形式是维吾尔语使役化的最典型形式，因此，我们在此着重分析维吾尔语中的形态使役化形式的生成过程。力提甫（2004）考察维吾尔语中的轻动词时指出："维吾尔语中附加在动词之后的语态附加成分，相当于英语中的轻动词，不过它们不像英语的无形式的轻动词，而是看得见的一些附加成分。同样维吾尔语动词要求做论元的名词必须带格，但在主格位置的主语是无标记的，但宾格由 – ni 来标记。"在维吾尔语里每一个语态变化会引起论元移位和增减，论元的变化同样引起做该论元的名词的格的变化。根据这些观点，下面研究一下例（17）的生成过程（见图 2）。

我们知道例（17）中出现使役态时，心理动词"ansirā"后面缀加了使役词缀 – t – ，就这样心理使役动词"ansirā"变成了句子核心成分，配合着论元的移位和增减见图 2。很显然 VP（apa ansirā）与使役成分 V′结合，而这个 V′同时带了致使者 Ahmāt 和使役词缀 – t – 。按维吾尔语的语序特点（是 SOV 类语言）词缀 – t – 的位置是在 VP 之后，而致使者论元 Ahmāt 的位置是在 VP 之前，而且 V′复制的是 NP 的位置，而不是 VP 的位置。在此过程中，原来的主语 apa，因论旨角色指派的需要从 VP 下面被移到 NP 下面的位置，在此过程中它有了 – ni，得到了宾格。当使役态短

（17）Ahmät   apisini   ansir   ätti.
艾合买提   妈妈   担心– 使役–过去式
艾合买提让他妈妈担心。

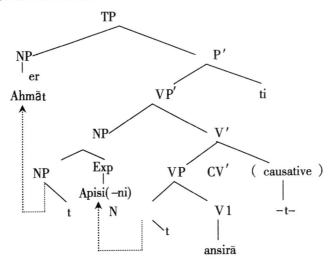

图 2   形态使役树形图

语 VP 和时态成分 – t 结合时，Ahmät 会被移到主语的位置，从而句子得
到了主语，句子每个成分得到了核查，产生了合法的句子。

（四）迂回使役化结构

贝克（Baker，1988）的统一论元指派假说（uniformity theta assign-
ment hypnosis/UTAH）指出，"拥有相同语义关系的各个词汇项在深层结
构中拥有相同的结构关系"。维吾尔语里的形态使役化结构和迂回使役化
结构在句子意义上很相似（形态式 = N1 + N2 + V-dur，迂回式 = N1 +
N2 + V/Adj + qil），因此它们的句子深层结构也很接近，所以在此我们不
讨论维吾尔语迂回使役化结构的生成，而着重讨论英语中的迂回使役化结
构的生成过程，如例（18）。

根据 VP 嵌套理论，由于论旨角色指派和经济原则的需要，使役成分
必须被移到上层结构 V1 下的核心位置，对词汇成分 sad 来说，根据拉德
福德（Radford，1997）的使役轻动词的生成对 VP 嵌套的修正和充实的观
点，它不需要移位与 make 合并。因为 make 是动词而 sad 是形容词，它们

(18) I made him sad.

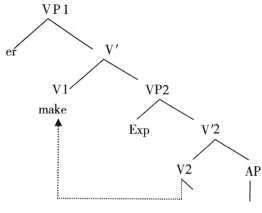

图 3　分析使役树形图

的关系是比较疏远的。这种情况下 make 可以和轻动词、词汇使役成分和零位使役合并，而不能与形容词和名词之类的静词结合。

如上所述，按照 SVO 类语言的特点，V′复制的应该是图 3 中 V1 的位置，就这样原在 V2 的 make 移位到 V1 下面 him 的前面，在原位留下自己的语迹（trace）"t"。因为在上层结构的中心位置上 make 的出现，就增加了一个致使论元"I"，从而句子得到了主语。由于"一致（AGR）"的需要，make 增加了一个受事论元，就这样 him 也得到了宾格。最后句子结构中的每个成分得到了充分的解释。

四　结语

英语和维吾尔语属于不同的语系，英语是印欧语系，而维吾尔语是阿尔泰语系的语言，因此它们的使役结构的形式也有所区别。虽然三种使役形式在两种语言中都会体现出来，但各自有独特的特点。英语在很大程度上是用词汇来实现使役的，而维吾尔语是用黏着法来实现使役的，英语的词汇使役成分由零位形式来体现，而维吾尔语中零位使役极少。两种语言同样存在使役/起始转换，起始形式在英语里由零位形式来体现，而在维吾尔语里由反使役形式来表达。迂回使役形式在两种语言中同样得到了一定的地位。从句法生成角度来看，两种语言句法形态中核心位置在上层结构中出现，而静词和使役成分往往在下层结构中出现，句中轻动词的出现，要求下层结构的相关成分必须被移到上层结构中从而得到使役。由于英语是个缺乏形态的语言，它没有格的标记，句中隐形的轻动词引起论元移位，句子在生成过程中 V′ 要求复制动词短语的位置，这是补足语在动词后（SVO 类语言）这种语言特点来决定的。而维吾尔语是形态丰富的语言，句子每个成分都有格（除了主格之外其他格都有标记），因此语态的变化引起句子成分格标记的变化，显性的轻动词或使役附加成分在句中引起论元移位，在生成过程中 V′ 复制的是名词短语的位置，这是补足语在动词前面 SOV 类语言的特点。

参考文献

Baker, M., *Incorporation: A Theory of Grammatical Function Change*, Chicago: University of Chicago Press, 1988.

Chomsky, N., *The Minimalist Program Cambridge*, MA: The MIT Press, 1995.

Cromrie, B., "Causative Verb Formation and other Verb Deriving Morphology", In T. Shopen (Ed.), *Language Typology and Syntactic Description. Vol. 3: Grammatical Categories and the Lexicon*, New York: Cambridge University Press, 1985.

Miyagawa, Shigerru, "Blocking and Causatives: Unexpected Competition across Derivations", *Proceedings of the Formal Approaches to Japanese Linguistics 5*, MITWPL, 2010: 1—18.

Rappaport Hovav, M., "Building verb meaning", In M. Butt & W. Geuder (Eds.), *The Projection of Argument: Lexical and Compositional Factors*, Stanford, CA: CSLI Publication, 1998: 62.

Redford, A., *Syntactic theory and Acquisition of English Syntax*, NewYork: Cambridge University Press, 1997.

力提甫·托乎提：《从短语结构到最简方案，阿尔泰语言的句法结构》，中央民族大学出版社 2004 年版。

麻赫穆德·喀什噶里：《突厥语大辞典》，新疆人民出版社 2008 年版。

德语"自由第三格"的次分类及句法功能

张　涛

摘要："自由第三格"是德语中常见而又特殊的句子成分，学界对其种类和功能一直存有争议。语言学家从不同的角度或采用各自的方法对这种语言现象进行了考察、分析和探讨，得出了不尽相同的结论。本文拟在语义和语用的层面上对德语"自由第三格"进行梳理分类，通过一定的句法成分检验方法确定并归纳它们的句法功能，力求给德语学习者了解和掌握德语"自由第三格"提供帮助。

关键词：德语；自由第三格；次分类；句法功能

一　引言

德语句子结构中的"自由第三格"常常是语法学家研究和争论的焦点。这种以第三格形式出现的名词短语或人称代词被认为是不受动词支配的、游离于配价体系之外的"自由说明语"（Dürscheid，2000；张威廉，1986），或是充当非必要状语的虚词（Flämig，1991；Smailagig，2009；华宗德，2004）。相反，有些语法学家则强调"自由第三格"的不自由性，认为它们不是可有可无的说明语，随意增加或删减"自由第三格"会改变动词的论元结构或语义框架，故将其归于补足语范畴（Eisenberg，2006；Wegener，1985a；Engel，2004）。另外，如何对德语"自由第三格"的不同种类进行划分也没有定论，不同文献中出现的次分类都不尽相同。这种状况给德语学习者认识和掌握这一特殊的语言现象带来了一定的困难。

本文拟就这两个问题展开讨论：引言后的第二部分根据不同的语义和语用情况对各种"自由第三格"重新进行梳理分类；第三部分借助具体的句子成分分析法对各种"自由第三格"进行考察并据此确定其句法功

能；第四部分对全文作简要的总结。

二　德语"自由第三格"的次分类

现有文献对德语"自由第三格"的定义或描述大同小异："自由第三格是指不受动词制约的第三格名词或代词，它们作为说明语或定语，是句子的次要成分，可增删，不影响句意的完整"（华宗德，2004：114）；"Free datives in German are those dative arguments of German tensed clauses that may be dropped without any syntactic or semantic residue（德语中的自由第三格是那些具有时态的句中可以删除且不留下任何句法或语义残留的第三格论元）"（Hole，2008）；"Dativisch markierte Nicht-Objekte werden als Freie Dative bezeichnet. Sie stellen eine eigene Klasse von Satzgliedern dar，für die es keine Funktionsbezeichnung gibt（以第三格形式标记的非宾语被称为自由第三格。它们独自构成一种没有句法功能名称的句子成分类型）"（Dürscheid，2000：42）。本文根据这些定义或描述，参照"自由第三格"的语义内容和语用特点，将其区分并归纳为下列七种。

（一）利害第三格（Dativ des Interesses）

它是句中动词描述的动作、过程或状态的受益者或受损者，即事件的发生是符合或违背句中第三格所指的人的利益或意愿，使其获得好处或受到损害。有的语法学家把"利害第三格"进一步细分为"受益第三格"（Dativus Commodi）和"受损第三格"（Dativus Incommodi）两种（Pittner，2010：55）。

1. 受益第三格（Dativus Commodi）

（1a）Sie bügelt mir die Wäsche.

　　　她给我熨衣服。

（1b）Die Gastgeberin öffnet dem Gast die Tür.

　　　女主人给客人开门。

在特殊情况下，"受益第三格"不一定非得指人，也可指某种形式的人的集体或行为主体为人的某种活动。这种情况下，有的语法书上将其称为"目的第三格（Finaler Dativ）"（Duden，Band 4，1984）。

（1c）Er arbeitet nur seiner Familie.

　　　他只是为了家人而劳作。

（1d）Er lebt nur seiner Arbeit.

他活着只为<u>工作</u>。

2. 受损第三格（Dativus Incommodi）

与"受益第三格"相反，"受损第三格"的名词短语在动词表示的动作或事件中扮演受害者的角色。

（2a） Er hat <u>mir</u> den Teller zerbrochen.

他把<u>我</u>盘子打碎了。

（2b） Die Farbe ist <u>dem Mädchen</u> umgekippt.

<u>小姑娘</u>的颜料翻倒了。

（二）从属第三格（Pertinenzdativ）

用"从属第三格+第四格宾语/介词结构宾语"来表示人的整体与身体局部的从属关系，是德文中地道的表达方式，其功能相当于汉语中用物主代词来限定名词。另外，与"从属第三格"相关的名词或代词的语义特征只能是有生命的（人），即［+belebt/alive］，而不能是无生命的物体。

（3a） Sie wäscht <u>ihm</u> die Haare.

她洗<u>他</u>头发。[1]

（3b） Er klopft <u>mir</u> auf den Rücken.

他拍<u>我</u>后背。

（3b'） ＊Er klopft <u>dem Tisch</u> auf die Platte.

＊他拍<u>桌</u>面。[2/3]

（三）物主第三格（Dativus Possessivus）

这种"自由第三格"所指的人和句中其他成分（多为物）之间是占有与被占有的关系，即人是物的拥有者。

（4a） Du hast <u>mir</u> das Auto repariert.

你把<u>我</u>车修好了。

（4b） Das Wasser läuft <u>mir</u> in die Schuhe.

水渗进<u>我</u>鞋里。

表面上来看，"从属第三格"和"物主第三格"似乎区别不大，语义上均可表示占有或领有关系，故有的语法书未加区别地将它们合二为一，统称为"所属第三格"（Pittner，2010：55）。然而，如果仔细考察就会发现，它们其实在句法上和语义上不尽相同，不能将其混为一谈。比如，"从属第三格"本来就能够表示与另一成分的从属关系，所以句中相应成分前不能再出现物主代词加以限定。

（3a）　Sie wäscht ihm die Haare.

　　　　她洗他头发。

（3a'）　＊Sie wäscht ihm seine Haare.

　　　　＊她洗他他的头发。

与此相反，"物主第三格"适用面较宽且使用灵活，有时为了表达需要或强调占有关系，相应成分前依然可以出现与"物主第三格"同标共指的物主代词加以修饰。

（4a）　Du hast mir das Auto repariert.

　　　　你把我车修好了。

（4a'）　Du hast mir mein Auto repariert.

　　　　你把我的车修好了。

（四）　责任第三格（Dativ der Verantwortlichkeit）

这种"自由第三格"表示其所指的人由于过错或疏忽而没有做好分内之事或本职工作，最终造成不良后果且为责任人。

（5a）　Dem Gärtner sind die Blumen verwelkt.（华宗德，2004：114）

　　　　花儿都枯萎了，（责任在）园丁。

（5b）　Dem Koch ist die Speise versalzen.

　　　　厨师把菜做咸了。

（5c）　Das Kind ist der Erzieherin krank geworden.

　　　　由于老师（的原因），孩子病了。

从句法结构和语义层面上看，人们很容易把它与"受损第三格"相混淆，区别在于，"责任第三格"不是事件的受害者而是责任者。如果仔细观察，就可以看出例句中的第三格——园丁、厨师和老师都没有遭受不良后果的直接损害，即花枯萎的受害人应该是花园的主人，菜太咸了的受害人应该是花钱进饭馆的食客，孩子生病自然对其父母伤害最大。然而一切后果的责任者都是句中第三格所指的人。就这一点而言，"责任第三格"就已经能够与"受损第三格"相互区别了。

（五）　评价第三格（Dativus Iudicantis）

这种"自由第三格"主要用于口语交际，用来表达以句中第三格所指之人的角度或标准对某事作出的评价，也叫"立场第三格（Standpunkt-Dativ）"（Dürscheid，2000：43）。

(6a) Er tanzt ihr zu schlecht.

她觉得他跳舞太差劲。

(6b) Sie trinkt ihm zu viel Alkohol.

他认为她太能喝酒。

需要指出的是,包含"评价第三格"的句子中必须在形容词前出现"zu"或"genug",以表达"太……"的含义,否则该句不符合德语句法要求(Wegener,1985a:119;Engel,2004:357)。另外,从语义限制上看,"评价第三格"所作的判断都是负面或消极的。

(6c) *Das Schnitzel ist dem Kind zu alt.

*孩子觉得肉排老。

(6d) *Das Schnitzel ist dem Kind zu lecker.

*孩子觉得肉排太香了。

(六)关切第三格(Dativus Ethicus)

"关切第三格"主要用于口语交际,表示关心、要求、警告或提醒等。特定语境下也含有嘲讽或调侃的语气。"关切第三格"通常由单数第一人称代词来实现,用于祈使句、非现实愿望句、陈述性感叹句、陈述句、独立宾语从句和疑问句。

(7a) Sei mir pünktlich zu Hause!

给我准时回家!(祈使句)

(7b) Wenn der mir/dir bloβ nicht so viele Dummheiten gemacht hätte!

如果他没给我/你干这么多蠢事儿就好了!(非现实愿望句)

(7c) Du bist mir ja ein schöner Freund!

你可真是我的好朋友!(陈述性感叹句)

(7d) Der wird dir noch die ganze Konzeption verwässern.

这人没准会使你整个计划泡汤。(陈述句)

(7e) Dass du mir ja pünktlich bist!

你可要给我守时啊!(独立宾语从句)

(7f) Wer ist mir denn schon wieder hingefallen?

谁又给我摔倒啦?(特殊疑问句)

(7g) Wirst du mir ja pünktlich zu Hause sein?

你能给我按时回家吗?(一般疑问句)

出现"关切第三格"的疑问句不应被视为一个需要明确回答的问题,

而是言者使用的一种"修辞手段"（Sandhäfer-Sixel，1988：253）。听者可以明确地感知到特殊疑问句中暗含的对象就是自己，且对一般疑问句也不能自由地作出肯定或否定的回答，因为听者完全"处于只能作出肯定回答的压力之下"（Wegener，2007：148）。

(7f) Wer ist <u>mir</u> denn da schon wieder hingefallen?

谁又<u>给我</u>摔倒啦？

— *Ich bin <u>dir</u> schon wieder hingefallen.

— *我又<u>给你</u>摔倒了。

(7g) Wirst du <u>mir</u> ja pünktlich zu Hause sein?

你能<u>给我</u>按时回家吗？

— *Nein，ich werde <u>dir</u> nicht pünktlich zu Hause sein.

— *不，我不能<u>给你</u>按时回家。

（七）感受第三格（Experiencer-Dativ）

这种"自由第三格"只与系表结构一起使用，表示某人对自然现象或事件的感觉或体会。

(8a) Es ist <u>mir</u> kalt.

<u>我</u>觉得冷。

(8b) <u>Ihm</u> wurde übel.

<u>他</u>感到恶心。

(8c) Das ist <u>mir</u> eine groβe Freude.

这对<u>我</u>是一大乐趣。

这里有必要将"感受第三格"与"评价第三格"加以区别。首先，从语义上看，"评价第三格"所指的人对一个物体或事件作出的评价都是以自身立场或标准为参照的负面评价。"感受第三格"所感受的对象主要是自然现象、身体状况或事件等。这种感受可以是负面的和消极的，但也可以是正面的和积极的，如例（8c）。其次，从句法上看，"评价第三格"的句子主语都是有具体所指的人，既不能省略，也不能像"感受第三格"句子一样由无人称代词"es"充当。最后，"评价第三格"句中的形容词前必须出现含有负面意味的程度副词"zu/genug"，而"感受第三格"句中的形容词前一般不必用副词修饰。

尽管"感受第三格"在句法上和语义上都符合"自由第三格"的定义和描述，然而可收集到的现有文献中似乎还没有将其纳入其中。本文暂且对这种系表结构中出现的"自由第三格"现象如此命名并单独列出，以供讨论指正。另外，由于"感受第三格"只用于系表结构句型中，所以不参与第三部分的句法功能讨论。

三　德语"自由第三格"的句法功能

（一）句法功能的检验方法

本文采用德国波鸿大学语言学教授卡琳·皮特娜（Karin Pittner，2010）和瑞士苏黎世大学语言学教授克丽斯塔·杜尔赛特（Christa Dürscheid，2000）的句法成分检验法对上述各种"自由第三格"的句法特征和功能进行考察确定。

（1）前置法（Vorfeldtest）：亦称"话题化"（Topikalisierung），即是否能将第三格短语放置在一个动词二位（Verbzweitstellung）句子的前场（Vorfeld）中，从而形成该句的话题（Topik），目的是检验其是否有具体所指和宾语补足语性质。如果将其移至前场后，该句变得不合语法或不能被接受，那么它就不是宾语，如"关切第三格" * Mir bist du ja ein schöner Freund!（Dürscheid，2000：43）。

（2）提问法（Erfragbarkeit）：是否可以用"wem"（谁）对第三格短语进行提问。如果可以，那么说明该成分是有具体所指的，从而具有第三格宾语性质，因为自由说明语或状语不能通过疑问代词来提问，如 * Was schläft er? Den ganzen Tag（Pittner，2010：55）。

（3）范畴限制（Kategoriale Beschränkung）：第三格短语的句法实现是否有词类和人称及数的限制。如果有（譬如只能以第一人称单数代词出现），那它就不具备第三格宾语的性质，因为宾语可以多种名词短语形式出现。如：Sie wäscht ihm/dem Mann die Haare 中的 ihm 就具有间接宾语性质。

（4）添加法（Zusätzliches Dativobjekt）：如果句中还可再添加一个第三格宾语成分进去的话，那么这两个第三格短语必定要履行不同的句法功能，因为一个句子中不能同时出现两个第三格宾语。也就是说，原第三格成分在此种情况下应该是一个不具备宾语性质的"自由第三格"。Dass du mir niemandem was davon sagst!（Dürscheid，2000：43）中，第一个第三格成分"mir"是"自由第三格"，因为"niemandem"是动词"sagen"的间接宾语。

（5）被动句法（Passivierungstest）：是否可将原主动句中的第三格成分转换成由"bekommen"或"kriegen"构成的"接受被动句"（Rezipientenpassiv）中的主语。如果可以，那么该第三格短语就是宾语成分，因为只有主动句中的第三格宾语才可转换成"接受被动句"中的第一格主语。如：Sie bügelt mir die Wäsche. → Ich bekomme die Wäsche gebügelt。

（6）后补语法（Nachtragstest）：是否可以将句中第三格成分从原位置移出并与"und zwar…"引导的后补语句一起后置。只有宾语成分才能借此方法后置以示强调，不具有宾语性质的第三格成分则不能通过这种方法出现在后补语句中。例如：* Der war besoffen，und zwar dir（Smailagig，2009）。但是必须指出，与上述只在句法层面进行纯形式化测试就可获得结果的那些方法不同，后补语化了的句子必须在两个层面——即句法层面和语用层面讨论其合法性或可接受性，因为这些句子在很大程度上是依赖于交际场景和说话者心理状态的。也就是说，某些通过后补语法得到的句子从语法形式上看完全没有问题，但实际上没有哪个以德语为母语的人可以设想出一个能够使用它们的场景，反之亦然。在此，本文仅将此法视为对"自由第三格"句法功能检测的补充和参考。

（二）句法功能的确定与归纳

采用上述方法对德语中各类"自由第三格"进行考察，得到以下结果，如表1所示：

表1

方法类型	利害第三格	从属第三格	物主第三格	责任第三格	评价第三格	关切第三格
前置法	+	+	+	+	+	—
提问法	+	+	+	+	+	—
范畴限制	—	—	—	—	—	+
添加法	—	—	—	—	+	+
被动句法	+	+	+	+		
后补语法	+	+	+	+		

1. 间接宾语性质的"自由第三格"

根据表1中的结果，前四种"自由第三格"均可话题化；可对其所指的实体进行提问；在词类范畴上都没有限制；都不能与另一个第三格宾语在句中同时出现；均可转换成"接受被动句"中的主语；都可以与"und zwar"一起后置。这些测试结果清楚地表明它们符合宾语的特点，具有宾语的性质。此外，它们还是动词开辟的配价体系中的必有成分，是动词论元结构中的一员。如（1b）中的动词 öffnen（打开）论元结构应为：

打开〈施事，受益，受事〉（öffnen〈Agens，Benefaktiv，Patiens〉）

如若原句删减了这一成分，则会缺失一位句中事件的重要扮演者（Mitspieler），语义也会有很大的不同。（1b）中开门这个动作是由客人来访引起的，主人开门也是为了让客人进来，而不是让自己出去。如果句中没有这个以"自由第三格"形式出现的客人，那么读者从句中所获得的信息就大大地减少了，甚至作出与原句意思相反的解读（由"让客人进门"变成"主人要出门"）。从这个角度来看，甚至可以这样认为，这个以"自由第三格"形式出现的宾语是整个事件的起因，同时也是受益人。所以，句法上应将这四类"自由第三格"视作间接宾语。

2. 句性状语性质的"自由第三格"

虽然"评价第三格"通过了前三项测试，似乎具备了一些宾语的特征，但它无法通过后三种测试：可以与另外一个第三格宾语同时出现；无法在"接受被动句"中转换为主语；不能像宾语一样和"und zwar"一起从句中移出并后置。这些结果否定了"评价第三格"的宾语性质。另外，赫尔毕西（Helbig，1981：321）指出，"评价第三格"可以用介词短语"nach-Meinung-von-X"（根据 X 的看法）来转写，即"评价第三格"在句中的功能等于这个用来修饰整句话的介词结构，从而具有一些状语的性质。斯迈拉吉（Smailagig，2009）从费默尔（Fillmore，1968）的格语法对句子的定义（句子＝命题＋情态）出发，进一步将"评价第三格"视为对整个句子的命题起到情态或认知作用的修饰成分。删去句中的"评价第三格"成分，原句事件的发生和过程不会受到任何影响。例如（6a）所示，不管句中第三格的人对主语的舞姿如何评价，都不会决定整个事件是否发生，更何况作出判断的人不一定在主语跳舞的现场，更不包含参与其中的信息。也就是说，"评价第三格"距动词很远（verbfern），不受其支配，但与整句的句意发生修饰关系。因此，"评价第三格"的句法功能应为句性状语。

3. 情态小品词性质的"自由第三格"

"关切第三格"最为特殊，它几乎无法通过所有的测试。这一结果将其句法功能引向一个明显的方向，即"关切第三格"绝非宾语或非必要状语（因其不能前置也不重读）。对此，汉堡大学语言学教授潘特尔（Panther，2013）认为，"关切第三格"是讲话者内心态度和情绪状况的指示器，它不是动词论元结构或语义框架的参与者，而是以特殊的身份在一定的高度上赋予整个句子以强烈的感情色彩。基于这些特点和分析，本文支持德国雷根斯堡大学语言学教授图尔迈尔（M. Thurmair，1989）和德国伍珀塔尔大学日耳曼学教授雅各布斯（J. Jacobs，1986）对"关切第三格"的看法，将其视为一种特殊形式的"情态小品词"。

四 结语

本文就德语"自由第三格"这一常见而又特殊的语言现象进行了讨论，考察并界定了七种不同类型的"自由第三格"。在此基础之上，采用一些句法学常用的检测方法测试并阐明了它们各自的句法功能，进而归纳出三类具有不同句法特征的"自由第三格"。希望借此为广大德语学习者认识并掌握"自由第三格"提供帮助。

注释：

1. 例句翻译力求体现原文结构，不一定符合汉语表达。

2. "自由第三格"与第四格宾语或介词结构宾语之间的约束关系请参阅 Hole（2008）。

3. 此译文（及类似译文）的德文原句不合句法。

参考文献

Bußmann, Hadumod, Lexikon der Sprachwissenschaft, 2. Auflage, Kröner Verlag, Stuttgart，1990.

Duden, Grammatik der deutschen Gegenwartssprache, Band 4, Drosdowski, Günther（Hrsg.）, DudenVerlag, Mannheim-Zürich-Wien，1984.

Dürscheid, Christa, Syntax. Grundlagen und Theorien, Westdeutscher Verlag, Wiesbaden，2000.

Eisenberg, Peter, Grundriss der deutschen Grammatik, Band 2：Der Satz. Metzler Verlag, Stuttgart，2006.

Engel, Ulrich, Deutsche Grammatik. Neubearbeitung, Iudicium Verlag, München, 2004.

Flämig, Walter, Grammatik des Deutschen: Einführung in Struktur und Wirkungszusammenhang, Akademie-Verlag, Berlin, 1991.

Helbig, Gerhard, Die freien Dative im Deutschen, In: DaF 6, 1981.

Jacobs, Joachim, Abtönungsmittel als Illokutions-Modifikatoren, Ms., 1986.

Karin, Pittner/Judith Berman, Deutsche Syntax, 4. Auflage, Narr Verlag, Tübingen, 2010.

Panther, Klaus-Uwe, Illokution, mentale Einstellung und Gefühlsausdruck in alleinstehenden Komplementsätzen im Deutschen, Vortrag an der NJU, 2013.

Sandhäfer-Sixel, Judith, Modalität und gesprochene Sprache. Ausdrucksformen subjektiver Bewertung in einem lokalen Substandard des Westmitteldeutschen, Stuttgart, 1988.

Smailagig, Vedad, Der Dativ als modaler Operator, In: DaF 4, 2009.

Thurmair, Maria, Modalpartikeln und ihre Kombinationen. Tübingen, 1989.

Wegener, Heide, Der Dativ im heutigen Deutschen, Narr Verlag, Tübingen, 1985.

Wegener, Heide, Der Dativ-ein struktureller Kasus? In: G. Fanselow, S. Felix (eds.), Strukturen und Merkmale syntaktischer Kategorien. Narr Verlag, Tübingen, 1991.

Wegener, Heide, Komplemente in der Dependenzgrammatik und in der Rektions-und Bindungstheorie, Die Verwendung der Kasus im Deutschen, Zeitschrift für Germanistische Linguistik 18, 1990.

Wegener, Heide, Personalpronomen als Ausdruck der Sprecheinstellung, Der Ausdruck der Person im Deutschen. Tübingen, 2007.

［德］布斯曼·哈杜默德:《语言学辞典》,陈惠瑛等译,商务印书馆 2005 年版。

［美］菲尔墨·C. J.:《"格"辩》,胡明扬译,商务印书馆 2012 年版。

华宗德:《德语配价精要》,高等教育出版社 2004 年版。

张威廉:《德语"自由第三格"及其汉译刍议》,《外国语》1986 年第 6 期。

英汉科技论文摘要中模糊限制语的多维对比研究①

操林英

摘要：本文基于对比语言学和体裁分析理论，从语用、语法和语义三个角度研究了中英文科技期刊摘要四语步中的模糊限制语使用的共性和差异，并从英汉两种文化和思维特征角度对其进行阐释，以增强广大科技工作者在科技论文摘要写作中运用模糊限制语的意识，提高科技论文摘要传播科技成果的有效性。同时，为科技论文摘要英汉两种语言的翻译和二语教学提供一定的借鉴。

关键词：英汉科技论文摘要；模糊限制语；对比研究

一 引言

在人们的普遍认识中，科技论文中的语言向来是科学和严谨的，而模糊语应该与科技论文绝缘。但实际的研究发现，模糊语不仅存在于英汉科技论文中，而且数目可观。

20世纪在80年代中期，人们开始意识到了科技论文中模糊限制语的作用和使用。1991年科林（Clyne）研究了英国和德国作家写的学术论文，结果发现在他们的论文中，模糊限制语的使用有很大差别。1998年，海兰德（Hyland）发表《科技论文中的模糊限制语》一文，阐述了科技文中的模糊限制语的使用情况，并对模糊限制语予以分类。他指出当科学研究者不能保证相关表述的真实度或不愿断然地确定某一论断时，使用模糊限制语恰恰可以帮助作者达成这一目标。海兰德将模糊限制语分为两大类：模糊限制词和短语。其中模糊限制词又分为五小类：情态动词、情态

---

① 本文得到陕西省社科项目"基于语料库的英汉科技期刊论文摘要的模糊限制语多维对比研究"（项目编号：13K026）资助。

名词、认识形容词、认识的主要动词和认识副词。此外，他还从语用学角度将模糊限制语分为：倾向内容和倾向读者的模糊限制语。读者方向的模糊限制语主要处理读者和作者之间的相互作用。忽略读者的感受就意味着得不到他们的反馈，倾向读者的模糊限制语给读者留有想象空间来回应和评价文章中论断的真实性。内容方向的模糊限制语能够缩小文章内容与客观世界的距离，并使之模糊化。而内容方向的模糊限制语又分为：作者方向和精确度方向的模糊限制语。精确度方向的模糊限制语是指在修改和再次翻译时作者想让文章表述得更为精确的词语。

在国内，2001 年，杨平的《英汉范围变动型模糊限制语对比研究》，基于普林斯（Prince）的模糊限制语的语用分类，侧重研究不同语言之间的模糊限制语的异同。2003 年王卫新、舒伟的《英汉翻译的模糊表达》和 2000 年余富斌的《模糊语言翻译》都对模糊语言的翻译进行了新的探索。2007 年，蒋跃和陶梅发表论文——《英汉医学论文讨论部分中模糊限制语的对比研究》，基于撒拉格·梅尔（Salager-Meyer）对模糊限制语的分类（缓和型模糊限制语、变动型模糊限制语、作者参与型模糊限制语、情感加强型模糊限制语和复合型模糊限制语），对英汉医学论文的语料库进行分析对比，认为汉英医学论文中对模糊限制语的选择各不相同，英语文本偏向于使用情感加强型模糊限制语，而汉语文本中的模糊限制语的总数则相对较少，各种类型的模糊限制语的使用频率也都低于英语文本。2007 年，冯茵和周榕发表论文——《学术论文摘要中模糊限制语的调查与分析——基于英语专业毕业论文与外国期刊论文的对比研究》，作者将英语系学生的论文摘要与英语本族语使用者的论文摘要作对比，发现英语本族语使用者更多地使用模糊限制语，其中最擅长使用情态动词和意态动词。2010 年，张勇发表的《英、汉、日语模糊限制语的对比分析：类型及语义功能》一文，试着将英语中对模糊限制语的语义、语法和语用的分类，套用在汉语和日语模糊限制语的分类上，结果发现英语中的分类也同样适用于汉语和日语，但在语法方面却各有各的特点。

综上所述，前人所作的英汉科技论文中模糊限制语的研究所基于的语料可以分为两类：一是英语母语者和汉语母语者撰写的英语科技论文语料。研究者分别基于语法、语义和语用三角度，具体考察其中一种或一种以上的英语模糊限制语在不同文体中的使用情况；以这种方式进行的研究虽然较多，但能够基于大规模语料库的深入细致的考察研究还是相对较少的。二是英语母语者撰写的英语科技论文和汉语母语者撰写的汉语科技论文语料，意在将英语模糊限制语的研究理论套用在汉语等语言中，考察其适用情况。本文试图基于较大规模英汉科技论文语料库（英语百万字语料库、汉语百万字语料库），对英汉模糊限制语从语义、语法、语用三方面作系统的对比研究，发现新的规律，以应用于英语科技论文摘要中模糊限制语的写作和翻译当中。

二　研究方法

（1）对比分析法，通过将两种或者以上的语言进行共时的对比，找出它们的共性与个性，得出结论并将这一结论应用于广泛的理论和实践领域，从而扩充其领域中的理论并加强其理论在相关领域的应用。本文主要运用对比的研究方法，揭示模糊限制语在英汉科技论文摘要中各语步的使用异同，并将其结论应用到翻译的领域当中。

（2）定量与定性结合法，即在英汉科技论文摘要中，选择定量的科技文摘要，在这个封闭域中进行具体的分析研究。本文基于英汉科技论文摘要语料库，英汉各选取 960 篇科技文摘要，将其作为以待研究的封闭域。

（3）描写与解释结合法，描写与解释二者相辅相成，先对对比结果作系统的描写，进而才能对结果进行深入的解释。本文通过对英汉科技论文中的模糊限制语进行细致描写，而后对其中异同现象进行详细解释，进而总结归纳出英汉模糊限制语的运用特征。

（4）语料库的方法。它分为语料收集、标注和统计三个步骤。本文语料主要来源于国家科技图书文献中心的核心期刊，具有较高的权威和典型性。首先，按照 12 个一级学科均衡地抽取摘要，每学科 80 篇，共 960 篇，建成英汉科技论文摘要语料库。其次，对语料进行标注，本文语料均采用 XML 格式和 word 格式进行标注，使得结构清晰，为此后的检索与统计作准备。

三　英汉模糊限制语的语用类型对比

根据普林斯的语用类型分析，将学术论文中的模糊限制语分成两大类：变动型模糊语与缓和型模糊语。变动型模糊限制语通过改变话语的本意或给予修饰或指定某个范围，从而影响命题内容的真值，一般表现为说话人对某事作出直接的猜测和评价。可进一步划分为程度变动语（adaptor）和范围变动语（rounder）。缓和型模糊限制语影响命题和说话人之间的关系，以表明说话人对于命题所持的态度，一般表现为通过引用第三方的看法或证据，间接地表达说话人对某事的态度或评价。可以分为直接缓和（plauer）与间接缓和（attribution）两种，如图1所示。

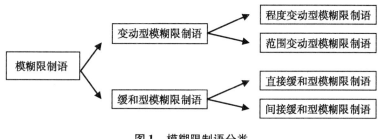

图1　模糊限制语分类

经统计，我们发现英汉科技论文摘要中的模糊限制语有以下四种语用类型，程度变动型模糊限制语，英语如：largely、slightly、highly、very、generally、barely、almost；汉语如：基本、较、有所、略、大幅度等。范围变动型模糊限制语，英语如：about、approximately、around、roughly；汉语如：约、小于、大于、介于、之间等。直接缓和型模糊限制语，一是表示主观性的实义动词，英语如：contend、assume、suppose；汉语如：认为、想、称。二是情态动词，英语如：could、may、might；汉语如：会、可能。三是表示某种意义倾向的动词，英语如：tend、seem、suggest；汉语如：有望。四是表示某种可能的副词或形容词，英语如：likely、possibly、probable；汉语如：或许、潜在的。间接缓和型模糊限制语，英语如：data、results、finding、according to、this paper、show、demonstrate；汉语如：本文、结果、数据、表明、研究发现、显示、说明等。

本文根据普林斯的模糊限制语语用类型划分理论，基于英汉科技论文摘要语料，对其中的英汉模糊限制语的语用类型进行数量和频率统计（见表1）。

表1　　　　　　　　　　　英汉模糊限制语语用类型总体统计

语种	语用类型			
	直接缓和型	间接缓和型	程度变动型	范围变动型
英语模糊限制语	2878（44%）	2396（39%）	270（4%）	936（12%）
汉语模糊限制语	968（25%）	1958（48%）	1027（23%）	212（4%）

　　首先，统计出英汉模糊限制语词表中每个模糊限制词在英汉科技论文摘要四语步中的使用频率，并按照频率大小降序排列，由于英汉模糊限制词数量庞大且有些词出现的频率较低，所以本文仅选取英汉科技论文摘要各语步中前20个高频模糊限制词的语用类型及出现频率并做成四个统计表。其次，按照普林斯的语用类型划分理论，对四个统计表中的模糊限制词进行语用类型的标注，得出四个语步的语用类型统计表。再次，总体对比分析英汉模糊限制语的语用类型特征。最后，分别对四语步中的英汉模糊限制语的语用类型进行对比分析。通过对科技论文摘要中英汉模糊限制语的语用类型对比分析，发掘英汉本族语作者的语言使用特点。

　　表1中的数据表明英汉各种语用类型的模糊限制语在使用频率上有相似之处：缓和型英汉模糊限制语比变动型模糊限制语使用频率高。这一共性是由其语用功能和科技论文摘要语言的客观性决定的。科技论文摘要中的模糊限制语作为一种篇章构建手段影响着读者对其观点的认同。在科技论文摘要中作者运用科学概念及其构成的判断、推理等方法来表示事物的运动规律，它要求在论述时要使得其概念明确，概念和概念之间的逻辑关系要清晰，推理要符合逻辑规律，如此才能准确地表达客观事物之间及内在的联系。正是基于这一语言特点，科技论文摘要中才大量地出现缓和型模糊限制语，因为它要求不影响真值，只反映说话人对有真值意义的句子的态度，既能保持科技论文语言的准确性和严谨的作风，又能够利用缓和模糊限制语来削弱其强加的色彩，减轻断言程度，在读者面前保持谦逊的态度，使得作者的观点更易被读者所接受，同时由于间接缓和型模糊限制语往往是借第三方话语来阐述作者观点的，所以它又能够推卸作者自身的责任，起到保护作者的作用。因此在英汉科技论文摘要中会出现大量的缓和型模糊限制语。

　　除此之外，各种语用类型的英汉模糊限制语在使用频率上还有许多差异：第一，通过对英汉科技论文摘要中的高频模糊限制语的统计分析，直接缓和型、间接缓和型和范围变动型英语模糊限制语的使用频率明显比汉语同类型的模糊限制语出现频率高，但汉语的程度变动型模糊限制语的使用频率比英语同类型的模糊限制语的使用频率高。这一差异是由英汉本族语作者对科技论文摘要中的模糊限制语的重视程度，以及英汉文化差异决定的。汉民族偏向整体性思维模式，重视的是综合性、主体性，所以汉语中往往重视综合性特点，表现为重内容而轻形式的语言特点。而西方民族则比较重视形式逻辑，具有较强的抽象思维能力，他们对纯粹的简单观点尤其感兴趣，而后逐步形成了重视分析、重理性的特点，在语言方面注重对各种形式的语言范畴进行归纳总结，并且运用在具体的语体中。所以在模糊限制语的理论方面，英语模糊限制语的理论基础是比汉语深厚的，理论的发展也必将影响实践的操作，因此英语科技论文摘要中的多种语用类型的模糊限制语的使用频率比汉语科技论文摘要中的高。第二，总体看来，英语中的直接缓和型模糊限制语占主要地位，其次是间接缓和型模糊限制语，使用频率最低的是程度变动型模糊限制语。汉语中的间接缓和型模糊限制语占主要地位，其次是程度型模糊限制语和直接缓和型模糊限制语，使用频率最低的是范围变动型模糊限制语。

前文介绍了缓和型模糊限制语在模糊限制语和科技论文摘要中的重要地位，这里着重分析直接缓和型和间接缓和型模糊限制语的差异以及在英汉科技论文摘要中之所以有所侧重的原因。这主要是由英语民族和汉语民族各自的思维模式所决定。中国人的思维模式较多是以螺旋式向前发展，将推理或判断的结果以总结的形式放在结尾。而英语民族的思维方式是直线型思维模式，在语言使用方面表现为开篇直接点题，接着再逐个分析。这一思维模式反映在科技论文摘要的模糊限制语使用上，则表现为汉语较偏向于间接缓和型模糊限制语，用迂回螺旋的发展方式，对科学数据或实验结果加以推理和总结；而英语科技论文摘要中则偏重于对直接缓和型模糊限制语的使用，用直线型思维模式，直接阐释作者的判断和推理，然后再逐个分析和阐释。综上所述，在英汉科技论文摘要中，英汉模糊限制语既有共同之处，又各有其使用特点。

四　英汉模糊限制语的语法类型对比

本文旨在研究模糊限制词语，所以英汉模糊限制语的语法类型即研究模糊限制语的词法类型（简称词类）。词类是词的语法性质的分类，其划分的依据是语法功能、语法形态和意义。根据黄伯荣、廖序东主编的《现代汉语》中的语法理论，将汉语词类分为实词和虚词，按照语法功能来区别，能够单独充当句法成分，有词汇意义、语法意义的是实词；不能充当句法成分、只有语法意义的词就是虚词。实词又可划分为：名词、动词、形容词、区别词、数词、量词、副词、代词及特殊实词拟声词、叹词；虚词可划分为：介词、连词、助词、语气词。根据张道真主编的《张道真大学英语语法》一书中的词类划分理论，英语也可以划分为两大类，即实词和虚词。实词分为六类：名词、代词、形容词、数词、动词、副词；虚词分为四类：冠词、介词、连词、感叹词。本节通过对英汉科技论文摘要中模糊限制语词类的考察，探究英汉本族语使用者对模糊限制语词类选择方面的异同，为英汉科技论文摘要的翻译和书写提供更多的理论参考。

英语是一种显性语言，汉语则是一种隐性语言。英语词法表现在形式上，而汉语词法则需一定的语境去判断。因此英语的词类划分较为容易，而汉语的词类划分难度相对较大。为提高词性划分的准确性，本文在运用分词及词性标注软件进行词性标注的同时，又对文本的词性进行了人工校对。需要说明的是，在汉语模糊限制语的词性标注中，能愿动词和动词分开标注；在英语模糊限制语的词性标注中，情态动词和动词也分开标注。

表2　　　　　　　　　　**英汉模糊限制语语法类型对比**

语种	语法类型				
	名词	情态/能愿动词	形容词	副词	动词
英语模糊限制语	1980	1611	1380	590	1120
汉语模糊限制语	1200	580	280	1048	956

如表2所示，首先，从总体上来，英语模糊限制语较倾向于名词、情态动词和形容词；汉语模糊限制语则较倾向于名词、副词和动词。二者的共同点在于名词性模糊限制语的出现频率都较高，可见名词在模糊限制语中的重要地位。其次，英语模糊限制语中善于用情态动词表达可能性，而汉语则使用较少。最后，英语模糊限制语中善于用形容词修饰模糊意义，而汉语则极少使用。

通过对英语科技论文摘要四语步中的模糊限制语的语法类型归类统计，得出表3。

表3			四语步中英语模糊限制语语法类型统计		
语步	语法类型				
	名词	情态/能愿动词	形容词	副词	动词
引言语步	580（30%）	462（25%）	445（24%）	221（12%）	181（32%）
方法语步	420（39%）	220（21%）	215（23%）	26（4%）	156（13%）
结果语步	475（24%）	365（18%）	468（25%）	268（13%）	386（20%）
结论语步	386（28%）	571（32%）	270（13%）	70（6%）	390（21%）

　　分析显示，从总数上看，英语高频模糊限制语的语法类型较倾向于名词、情态动词和形容词；其中，名词中出现频率较多的是"results"和"data"。情态动词中以认识类情态动词为主。形容词主要是表示数量范围和相似度的模糊限制语。在科技论文摘要中，名词性模糊限制语频繁出现，是因为科技论文特殊的语言特点决定的，科技文要求语言准确、简洁，而名词正能够满足科技论文的这一需求。同时，英语又是名词优越型语言，所以在英语科技论文摘要的模糊限制语中，也呈现出这一特点。

　　通过对汉语科技论文摘要四个语步中的模糊限制语的语法类型归类统计，得出表4。

表4			四语步中汉语模糊限制语语法类型统计		
语步	语法类型				
	名词	情态/能愿动词	形容词	副词	动词
引言语步	235（30%）	190（24%）	8（1%）	285（33%）	78（12%）
方法语步	245（46%）	36（6%）	15（5%）	70（13%）	168（30%）
结果语步	565（26%）	251（11%）	211（10%）	578（26%）	582（27%）
结论语步	148（27%）	103（19%）	42（8%）	124（23%）	126（23%）

　　综上所述，英汉科技论文摘要中的各类模糊限制语的使用频率差距揭示出的不仅是英汉本族语使用者对于英汉模糊限制语的掌握情况，也反映出了英汉语的语言特点。英语属于名词优越型语言，汉语属于动词优越型语言，所以在模糊限制语的分布上，英语的模糊限制语中的名词、形容词、情态动词出现频率较高；汉语的模糊限制语中的动词、副词、能愿动词的出现频率较高。

五　英汉模糊限制语的语义类型对比

根据陈林华和李福印（1994）模糊限制语的语义类型划分，可以将模糊限制语划分为：数量模糊限制语、程度模糊限制语、质量模糊限制语、范围模糊限制语和方式准则模糊限制语等五种类型。其中，数量模糊限制语是指在数量上有一个近似值或大致范围的模糊限制语，如：about、around、near、大约、左右等。程度模糊限制语是指修饰语义程度的模糊限制语，如：almost、really、rather、很、稍微、有点等。质量模糊限制语是指信息不确定、语气含糊而留有余地的模糊限制语，如：think、guess、suppose、认为、想等。范围模糊限制语是指在话题上限定某种范围的模糊限制语，如：normally、roughly、严格地说、广义上说等。方式准则模糊限制语是指为了减弱语气，变换一种方式，引入他物来表达作者的意思的模糊限制语，如：data、results、说明、证明等。本文依据陈林华和李福印的分类模式，对照英汉科技论文摘要各语步中的模糊限制语，对其进行语义类型划分。经统计，各种语义类型的英汉模糊限制语的使用情况如表 5 所示。

表5　　　　　　　　　　英汉模糊限制语语义类型统计

模糊限制语	语义类型				
	程度型	方式准则型	质量型	数量型	范围型
英语模糊限制语	478	2265	2900	938	161
汉语模糊限制语	1015	2037	918	160	136

从英汉模糊限制语的语义类型统计表中，可以总结出英汉科技论文摘要中的英汉模糊限制语的语义类型分布的总体特征：第一，总体上看，除了程度型模糊限制语外，各种语义类型的英语模糊限制语都比汉语的使用频率高。第二，汉语模糊限制语较偏向于方式准则型和程度型，其次是质量型，数量型和范围型模糊限制语的使用频率最低。第三，在英语模糊限制语中，质量型模糊限制语的使用频率最高，其次是方式准则型，程度型和数量型模糊限制语的使用频率相当，范围型模糊限制语使用频率最低。总的来说，通过对比可以发现在科技论文摘要中，英汉模糊限制语在各语步中的语义类型差异具有一些共性。首先，在英汉语科技论文摘要中的模

糊限制语语义类型都以方式准则型和质量型为主。其次，英汉科技论文摘要中的模糊限制语语义类型都较少出现数量型和范围型。

六　结语

本文分别从语用类型、语法类型、语义类型三个方面对英汉科技论文摘要四语步中的模糊限制语使用情况进行对比研究，总结出英汉科技论文摘要中模糊限制语的使用特点，并从科技论文摘要的体裁特点、文化差异和思维方式等角度加以解释。研究发现，科技论文摘要中的英汉语模糊限制语都较倾向于使用名词性的表达方式准则和事物特性的缓和型模糊限制语。但是，英汉模糊限制语更突出地表现出各自的语言运用特点。

从总体上来看，科技论文摘要中的英语模糊限制语的数量较多，且在各语步中分布较为均衡。在语用方面，较倾向于使用直接缓和型模糊限制语；在语法方面，倾向于使用名词、形容词及情态动词模糊限制语；在语义方面，倾向于使用质量型模糊限制语。而科技论文摘要中的汉语模糊限制语的数量较少，且在各语步中分布较不均衡。在语用方面，较倾向于使用间接缓和型模糊限制语；在语法方面，倾向于使用动词、副词及能愿动词模糊限制语；在语义方面，倾向于使用方式准则型模糊限制语。汉语科技论文摘要中四语步间模糊限制语的使用差异较大。

英汉科技论文摘要中模糊限制语的使用特点是在英汉各自的体裁特点、文化背景、思维方式和语言特色等多种因素的共同影响下形成的。第一，英语作者比较重视科技论文摘要的语步意识，摘要的四语步相对齐全，阐述得较充分，所以模糊限制语使用得也较充分；而汉语作者的语步意识较弱，摘要语步或不全或阐述不充分，因而模糊限制语使用得相对较弱。第二，英语科技写作者比汉语科技写作者更强调学术研究成果阐述的客观性、易接受性和态度的婉转性。第三，英语本族语使用者倾向于分析性、直线型的思维模式，而汉语本族语使用者由于其整体性、螺旋形的思维模式，所以在模糊限制语的语用和语义类型的选择上，英语模糊限制语分别倾向于直接缓和型和质量型，汉语模糊限制语则分别倾向于间接缓和型和方式准则型。第四，英语属于名词优越型语言，汉语属于动词优越型语言，所以在模糊限制语的分布上，英语的模糊限制语中的名词、形容词、情态动词出现频率较高，汉语的模糊限制语中的动词、副词、能愿动词的出现频率较高。

　　上述研究结果给我国广大科技论文英汉语摘要写作者以三点启示：一是要树立摘要的语步意识，在篇幅许可的情况下，尽可能做到语步齐全、阐述充分；二是要重视对模糊限制语的使用，以增强科技论文摘要的客观性和可接受性；三是要注意英汉模糊限制语在科技论文中的使用特点。在英语科技论文摘要中多使用名词性的表达方式准则和事物特性的缓和型模糊限制语，汉语科技论文摘要中则多用动词性的表达方式准则的间接缓和型模糊限制语。本文总结出英汉科技论文摘要各语步中常用的模糊限制语，为摘要的书写提供了参考依据。

参考文献

Channell，J.，*Vague Language*，上海外语教育出版社 2000 年版。

Hyland，K.，"Writing Without Conviction Hedging in Science Research Articles"，*Applied Linguistics*，1996，7：433—454.

Hyland，K.，*Hedging in Scientific Research Articles*，Amsterdam：John Benjamins Publishing Co，1998.

Hyland，K.，*Teaching and Researching Writing*，Beijing：Foreign Language Teaching and Research Press，2005.

Kaplan，Robert，B.，"Cultural Thought Patternsin Intercultural Education"，*Language Learning*，1996，16：171—175.

Lakoff，G.，"Hedges：A study in meaning criteria and the logic of fuzzy concepts "，*Journal of Philosophical Logic*，1973，2：458—471.

Prince，E. F.，Bosk，C.，"On hedging in physician-physician discourse"，In Robert，J. D. Pietro（ed.），*Linguistics and the profession*，Vol. New Jersey：Alex Publishing Corporation：1980.

冯茵、周榕：《学术论文摘要中模糊限制语的调查与分析——基于英语专业毕业论文与外国期刊论文的对比研究》，《外国语言文学》2007 年第 2 期。

蒋跃、陶梅：《英汉医学论文讨论部分中模糊限制语的对比研究》，《外语学刊》2007 年第 6 期。

王卫新、舒伟：《英汉翻译的模糊表达》，《中国科技翻译》2003 年第 4 期。

杨平：《英汉范围变动型模糊限制语对比研究》，《解放军外国语学院学报》2001 年第 6 期。

余富斌：《模糊语言翻译》，《外语与外语教学》2000 年第 10 期。

张勇：《英、汉、日语模糊限制语的对比分析：类型及语义功能》，《贵州师范大学学报》2010 年第 1 期。

高低语境文化在汉英语言
结构上的对比分析：兼谈其
对大学英语教学的影响

摘要： 汉英两种语言在结构上的差异实则是两种文化特质在语言层面上的反映。在文化研究中，爱德华·T. 霍尔（Edward T. Hall）提出文化具有语境性，并认为中国文化是高语境文化而英美文化是低语境文化。本文在从字词构成、句式结构和语法的角度论证爱德华·T. 霍尔观点的同时，指出其对大学英语教学的影响作用。

关键词： 高低语境文化；字词构成；句式结构；语法；大学英语教学

一　引言

美国文化人类学家爱德华·T. 霍尔（Edward T. Hall）在 1976 年出版的《超越文化》一书中提出文化具有语境性，并将语境分为高语境（High Context）与低语境（Low Context），简称为 HC 和 LC（Hall，1976）。爱德华·T. 霍尔认为："任何事物均可被赋予高、中、低语境的特征。高语境事物具有预先编排信息的特色，编排信息处于接受者手里及背景中，仅有微小部分存于传递的讯息中。低语境事物恰好相反，大部分信息必须处在传递的讯息中，以便补充语境中丢失的部分（内在语境及外在语境）。"（Hall，1988：96）也就是说，在高语境文化中，绝大部分信息来源于或内化于说话者当时所处的语境中和说话者身上，只有极少量的信息能从说话者的语言中获得。而在低语境文化中，信息主要是通过语言来传递的，通过语境和说话者传递的信息只是极少的一部分。由此我们可以看出，高语境文化中语义的承载主要不是语言性的，而是非语言和语境性的。传递信息时并不完全依赖语言本身，因为人们对语言的局限性有充分的认识。语义主要从存储的非语言及语境中衍生出来，信息不是包含于语言传输中。然而在低语境文化中，语义的主要载体是语言本身，非语言的及语境性信息对语义的影响是有限的，语义主要包含于进行交际的语言中。高语境中的信息解码更多地依赖交际者双方共享的文化规约和交际时的情景，而低语境中的信息解码则主要在言语中，交际信息对语境的依赖性小。霍尔通过研究得出结论："有着伟大而复杂文化的中国就处于天平的高语境一方"，而"美国文化……只是偏向天平较低的一方"（Hall，1988：201）。威廉姆·古迪孔斯特（William B. Gudykunst）将 12 个不同文化的国家按"低语境"到"高语境"的方式排列，其中中国文化具有高语境特性，而英美文化具有低语境特性。

霍尔的文化语境性研究不仅对跨文化交际具有重要的指导意义，而且对语言研究也同样具有宝贵的理论及现实参考价值。本文从字词构成、句式结构和语法的角度，论证霍尔提出的中国文化为高语境文化、英美文化为低语境文化的论点的同时，指出其对翻译活动、英文写作、大学英语教学的影响作用。

二 高低语境性的语言结构对比

不同的语言之间既有共性也有个性。其共性折射出文化的共核性，其个性则展示着文化的差异性。汉英两种语言在结构上的差异是其所在文化差异性在语言层面上的投射。这种差异具体表现在汉英字词构成、句式结构及语法中。

（一）字词构成

从汉英两种语言在"字"这一层面来看，汉语属于汉藏语系，是典型的象形文字，在经过数千年的变迁后仍基本保持着形义结合的特征。汉字的文字系统是以表意为主的，其发展先后经历了象形、指事、会意和形声等几种构造方式。象形是后三者的基础，也就是说象形字是汉字的基础。人们借助于字的形体构造便能明白其意义，而不是靠语音来表达。象形、指事、会意和形声将信息包含于其构造中，使得汉字能够让人"望文生义"。（张鲁宁，2003）例如："口"、"火"、"木"、"山"等象形字，其结构字形是其所指实物的图像化的结果。"口"字的构造很像一个人微微张开的嘴巴。"火"字像是一堆架起的火焰。"山"字让人想起群山绵延的形状。人们见到汉字中具体名词的构造就能识其义，是因为在人们的头脑中已有与之相关和共享的"预先编排的信息"（programmed information），这显然是中国文化的高语境特征使然。另外，汉字中的形声字以及构字的部首偏旁更能说明这一点。形声字在"六书"造字（象形、指事、会意、假借、转注、形声）中占有绝对比例，成为构成字的主要方式。组成字的部首偏旁则是构成汉字最直接、最基础的单元。汉字的偏旁系统很发达，而偏旁本身就是该字表义的重心，偏旁里浓缩的"预先编排的信息"对该字的基本意义起到了解释作用，从偏旁便知与该字相关的语义。如："燃"、"烤"、"炸"、"焊"、"烫"、"烧"、"爆"等字与火有意义上的关联。"枝"、"杆"、"板"、"树"、"桃"等字都与木有一定的联系。这里的"火"和"木"这些偏旁是预先编排的信息，以汉语为母语的人一眼便能识其义。这充分体现了汉语文化高语境的特征。

　　和汉语相比，作为印欧系语言的英语属于表音文字中的音素文字，英语中的词从表面来看与汉字大相径庭。作为拼音文字的英语，其象形的表意功能基本丧失。在英语词汇的意义传输中，单词的构形组成居于次要地位，全靠语音来表达，其文字系统的微观结构属于完全依据语音的任意性符号、音素变化组成词。英语的曲折变化形式多样，每种变化表达着词的词性、语法意义及语义。单词的语法范畴在这种形态组合下一目了然。而这种词外曲折（前缀、后缀）决定了形态的变化（蒋磊，2000：15）。英语中构词作用的词缀变化如：－ ion，－ ment，－ ness 等为名词的后缀；－ able，－ al，－ ful 等为形容词后缀；－ ly，－ ward，－ wise 等为副词后缀。英语不像汉语的象形文字那样，几乎没有任何形义结合的特征，也就是说，英语中的具体名词的拼写与其所指实物在形态上没有什么联系。例如，英语中"man"、"fire"、"wood"等基本的名词与现实中的"人"、"火"、"木"等实物在形体构造上联系不大。而相应的汉字却与其所指实物的形体意义联系紧密。语音对于英语词汇的意义起着举足轻重的作用，而语境对词语基本意义的解释是不起作用的，缺少那种"预先编制的信息"。很明显，这是英语文化的低语境特征所致。

　　汉字是由笔画，即直线、点和对角线变体（撇、捺）、框、勾组成的方块字，原形结构图像性很强，任意程度低于表音文字，信息量却高于表音文字，个体自足性（结构独立、意义自释、词性内含）很强，视觉语义分辨率高（蒋磊，2000）；这些都是英语词不可能具备的，英语中除合成词外，有数以万计的单词都是非自释性的（non-self-explanatory），视觉分辨率也较低。汉语中许多字可以以形知义，而英语则不能，前后缀也大多作为词性的标志。中国文化的高语境特征使汉字的意义外化于人们的常识或语境，而英语则不同，因为美国文化具有低语境性，语境解释功能弱。

英语的语音形态提供了该语言词法、句法、语义方面较完整的信息，而汉语句子的词法、句法、语义信息的大部分不是显露在词汇形态上，而是隐藏在词语铺排的线性过程中的（申小龙，1990：117）。也就是说，英语句子的大部分语言自身的信息已为其结构所显现，而汉语句子语言自身信息则需要透过词汇所在语境去把握其语法意义，需要人们的共享的知识去获取。还有，汉语中部分词汇的词素顺序是可以颠倒的，并且能够表达比较符合逻辑的语义。比如：海上—上海，人名—名人，会议—议会等，颠倒前后所表达的语义都是符合逻辑的，且词性不变。人们能够在实际应用中辨认其含义，语境起着不可替代的作用。当然，这也是汉语文化高语境性使然。而英语则不可以：greenhouse 、notebook、blackbird 转换成 housegreen、booknote 、birdblack 之后便不能表达一个符合逻辑的语义。

（二）句式结构

1. 汉英主语的比较

汉语在形式上，主语不限于名词性词语，各式词组以及不同的词类都可以做主语。汉语中的动词、形容词在句中通常是位于谓语的位置上，对主语加以陈述或描写，但它们也可以不经过任何形式的变化就直接放在主语的位置上。它们起着陈述或描写的作用，而位于主语的位置时，它们就起着指称性的作用，即以动作形态的名称作为描写判断的对象，本身不再具有陈述或描写的作用。例如：

（1）"坐"、"立"都不是。

（2）"贫穷"不要紧，只要能够耐得苦。

"坐"、"立"是动词当名词用，"贫穷"是形容词当名词用，它们在句中做主语。这些句子的语法关系不是显露于外面，而是隐含于其词汇中，中国人可以利用语境把握其关系，在理解上不会有问题。

英语中，一般情况下，除了不定式或动名词可在句中做主语外，大部分的主语通常是名词、代词或动名词。英语中的主语一般必不可少，在祈使性分句中通常省略主语，不过主语是什么是不言而喻的。即使有些句子不需要参与者，主语功能也要由代词 it 来充当，而代词 it 几乎没有或完全没有语义内容。例如，代词 it 用来表示（a）时间（It's ten o'clock precisely.）、（b）气象（It's freezing outside.）和（c）距离（It's not very far to York.）。可见，英语句子必须有主语作为说明陈述对象，说话者必须向听者讲明陈述对象，信息清晰地显露于语言结构。

而汉语则不然，汉语句中无主语却是正常的。林语堂在他的《开明英文文法》中指出：英文动词老是需要一个主语，而中文动词却不尽然。在英文里，我们说 It rains，虽则未必真正知道什么下雨；或者是天，或者（更妥当一些）是雨本身。It 往往没有鲜明的意义，只是满足英文文法需要一个主语的那个条件而已。在中文里，如果动词的主语不存在的时候，我们不必一定要把它找出来或表达出来，例如"下雨了""不行了"。汉语不像英语那样以主语为必要的结构成分。汉语中主语省略的情况也很多，如果同一个主语第二次出现，汉语通常承前省略，而英语常用代词来代替。

因此，汉语的语法通则是，凡主语显然可知时，以不用为常，故没有主语是常例，是隐略。例如，毛泽东的"十六字令三首"中第一首是"山！快马加鞭未下鞍。惊回首，离天三尺三"。虽然整句话没有主语，但表达的内容既符合逻辑又语义清晰，母语为汉语的人凭语境解释功能便能明白该句的意思。要用英语来表达该句的句意，由于语境解释功能弱，则需用语法手段补充主语，信息须明晰地置于语言结构中，其对应英语表达为："Mountains! I whip my swift horse, glued to my saddle. I turned my head startled. The sky is three foot above me!"

2. 汉英谓语的比较

汉语句中的谓语复杂多样：它可以是动词、名词或形容词；可以是一个动词，也可以是多个动词，还可以没有动词；它可以是一个单词，也可以是多个词组。而英语的句式要求句子必须由动词充当谓语，且一个英语句子只能有一个谓语。例如：（1）天高云淡。（形容词做谓语）（2）他出国留学去了。（连动式谓语）（3）我介绍他加入协会。（兼语式谓语）（4）这项合同经理要签名。（主谓词组做谓语）汉语句子不受形态的约束，主谓结构灵活多变，句式呈"流散型"，词语间的语法关系要读者或听者利用语境去把握去意会。而要将以上句子译成英语，则必须补充动词或对两个动词作特殊处理，要么做并列谓语，要么转变成非谓语做其他句子成分。（1）The sky is high and the clouds are pale.（2）He has gone abroad for further studies.（3）I recommended him for membership of association.（4）This contract should be signed by the manager.

由此可见，英语句子有严谨的主谓结构，主语不可或缺，谓语动词是句子的中心；主语和谓语动词搭配，形成句子的核心，句法关系清晰地表露于结构中；英语词语的语法关系反映在单词形态及其排序上，一目了然于词语层面。而汉语的主谓结构较为复杂，主语和谓语形式多样；句子不求结构整齐，而求意思通顺；汉语词语的语法关系要读者去把握，靠的是逻辑联系，句子层面体现不出来。因此我们看出，汉语语法是隐性的，重的是意合，注重行文意义上的连贯；而英语语法是显性的，重的是形合，注重语言形式上的连接。汉英这种差别正如王力所言："就句子的结构而言，西洋语言是法制的，中国语言是人治的。"（王力，1954）这种特点还表现在汉英的句子结构形式上。

3. 汉英句子结构的比较

汉语是一种意合语言，往往用隐形连贯的方法来表示语法关系，在语言表达中较多使用结构松散、随意铺排的"流水句"式的短句、简单句。词与词、句与句等语言单位之间的结合少用甚至不用形式连接手段，而主要是凭借语义上的关联进行，其逻辑关系内化于句子中，内化于语言内，依据语境或共享的信息来判决。而英语是一种形合语言，比较注重句子结构形式的完整和逻辑的合理，句子中的限制和修饰成分可以不断叠加，形成严谨平衡、层次复杂的"多枝共干"式的长句、复合句，句子的逻辑关系依靠各种连接词、关系词、指代词等来表示。

例如：（1）早知今日，何必当初？（2）话不投机半句多。

上述汉语句子不使用任何关联词，却表达了假设关系，例（2）也可理解为条件关系。这一假设关系没有用明确的关联词来表示，而是隐藏于语义的逻辑中，听者需借助语境的解释功能来意会。如：早知今日，何必当初？实际是：如果早知今日，那么何必当初？而英语主从句是需用对应的关联词将其关系明确表示出来的。若要译成英语则为：

（1）If I had known it would come to this, I would have acted differently.

（2）If/When the conversation gets disagreeable, to say one word more is a waste of breath.

由此可以看出，"If"作为条件句的标志，须出现在句子中以标明主从句的关系，句法关系已由 If 表达清楚，语境解释功能较弱，传递的信息编制于语言结构本身。

三　对大学英语教学的影响

汉语文化和英美文化分别具有高语境性和低语境性。这种语境性的不同表现出汉英语言结构上存在差异，这对翻译活动构成了不小的障碍。汉译英时，除了需要把包含于汉语语言本身的信息传输出来，更重要的是要把隐含于语境中的信息补充到低语境的英语中。例如在汉语某些复句中隐含的主语、关联词等，译成英语时，必须补充完整。如果学生在翻译过程中，忽略了汉英在语言方面和语境方面的差异，每个单词、词组只是机械死板地对应翻译，以译语思维去造句，难免会译出西式汉语或中式英语。

学生在跨越汉英两种语境文化进行英文写作中会不可避免地受到母语的干扰。由于对英语的低语境文化特点缺乏了解，他们会不由自主地把英文写作置于汉语高语境文化模式下。例如，学生在写作过程中，因受到汉语话语表达方式的影响，常常写出的句子主谓结构不完整，一句话中多个谓语动词连用，有意或无意地疏漏表示不同逻辑关系的连词，导致不符合英语语法规范的句子出现，严重影响了写作质量。这就要求学生在遣词造句上遵循英语句子的特点，保证结构的完整和形式的严谨性。句子结构有主谓框架限制，主语和谓语是形成全句的主轴线，如有限制和修饰成分可以叠加，但要借助关联词语或其他的外形手段与主轴线相接。汉英两种不同的语境文化还影响到了中国学生在英文写作时的篇章布局。他们习惯于绕弯子，常常避开主题，语篇中往往以间接反复的方式展开，从宽泛的空间和时间入手，先提背景、原因或条件，最后再得出结论表明自己的观点，要靠读者揣摩信息，体会语言。而他们理应运用低语境文化的写作特点，结论或结果在文章一开始就要阐述，表明自己的观点，再分述实例或原因来支持结论，要点紧扣主题，语言传递着具体信息。

四　结语

季羡林先生在《漫谈东西文化》一文中提道："读西方语言写成的书，变格、变位清清楚楚，不必左顾右盼，就能够了解句子的内容。读汉语则不行，你必须左顾右盼，看上下文，看内在和外在的联系，然后才能真正了解句子的内容。"（季羡林，1994）此话精辟概括了分属不同语系的英语和汉语由于其文化背景的差异从而导致了不同的语言表达习惯。文化语境性特征的内在差异外化于语言层面便是语法体系及语言结构的不同，进而句子结构、词语排列不同，表达同一语法关系的手段也不尽相同（申小龙，1988：24）。在大学英语教学中，教师要指导学生从文化根源上了解汉英两种语言在语法和句式结构上的特点和差异，这将有利于学生克服汉语的负迁移并减少由此造成的语用障碍，从而提高学生掌握和运用语言的能力和教学效率。

参考文献

Hall，E. T.，*Beyond Culture*，New York：Doubleday，1976.

［美］爱德华·T. 霍尔：《超越文化》，居延安等译，上海文化出版社1988年版。

季羡林：《漫谈东西文化》，《中华文化论坛》1994年第1期。

蒋磊：《英汉习语的文化关照与对比》，武汉大学出版社2000年版。

林语堂：《开明英文文法》，外语教学与研究出版社1982年版。

申小龙：《中国句型文化》，东北师范大学出版社1988年版。

申小龙：《中国文化语言学》，吉林教育出版社1990年版。

王力：《中国语法理论》，中华书局1954年版。

张鲁宁：《浅析语言结构棱镜下的高语境与低语境文化》，《四川外语学院学报》2003年第1期。

思维导图在英语名词性从句
学习中的应用

杨　倩　刘　丹

摘要： 思维导图是由东尼·博赞发明的一种思维工具，可以应用于学习和工作中，帮助人们厘清思路，提高记忆力，发挥创造性。笔者基于教学实践中存在的问题和对学生学习情况的分析，以名词性从句为例，将思维导图应用于英语学习笔记，以求帮助学生厘清名词性从句的结构。通过前后测试，使学生受益于思维导图学习方法，教给他们新的思维方式，增强他们主动使用这种考虑问题和记笔记的方法，提高学习效率。

关键词： 思维导图；名词性从句；学习笔记

一　理论基础

思维导图是发散性思维的表达，因此也是人类思维的自然功能。它是一种非常有用的图形技术，可以应用于生活和学习的各个方面，改进学习能力，培养清晰的思维，从而改善人的行为。英国著名心理学家东尼·博赞在研究大脑的力量和潜能过程中，发现伟大的艺术家达·芬奇在他的笔记中使用了许多图画、代号和连线。他意识到，这正是达·芬奇拥有超级头脑的秘密所在。在此基础上，博赞于19世纪60年代发明了思维导图这一风靡世界的思维工具。思维导图具有以下基本特点：（1）注意的焦点清晰地集中在中央图像上；（2）主题作为分支从中央图像向四周放射；（3）分支由一个关键的图像或者印在相关线条上的关键词构成，比较不重要的话题也以分支形式表现出来，附在较高层次的分支上；（4）各分支形成一个相互连接的节点结构（博赞，2009：34）。

利用思维导图做笔记，将它应用于学习，博赞（2009：120—121）提出了思维导图的四大益处：（1）提高记忆力，优于线形笔记。（2）有利于学生分析能力的培养。学生从文字信息中分析分类概念和层次概念，建立良好的框架结构。（3）有利于学生创造性的培养。做出具有个人风格的笔记，引发联想的独特的设计对于学生创造性的培养至关重要。（4）有利于设置对话。学生自己在预习和复习中自觉使用思维导图做笔记，修改笔记，就是读者与知识的互动对话。

二　思维导图的制作

思维导图将信息技术与英语教学结合在一起，这种方式有助于整合课程资源，提高学习效率，能帮助教师更好地完成课程目标。具体作图步骤如图 1 所示：

（1）在中央画上核心主题，从白纸的中心开始画，从核心主题延伸出重要主题或标题，延展线条近粗远细。若延伸出去又有小标题或关键词，则画出分支，不断延展。

（2）架构好重要主题，再画出分支。同时使用关键词表达各分支的内容。

（3）用箭头把相关的分支连起来，以立体方式思考，将彼此间的关系显示出来。除文字之外，还可以使用一些简单的小图案、符号或颜色，以增加趣味性。

（4）必要时重新画图。建立自己的风格。（何方平，2013）思维导图是一种工具，除纸笔外，也可以用计算机软件来绘制思维导图，如 EdrawMax、Mindmanager、Mindmapper、FreeMind、Xmind 2008，等等。

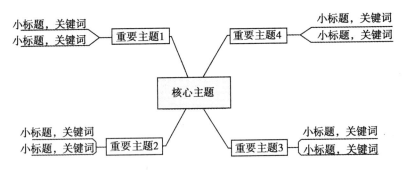

图 1　思维导图制作步骤示意图

三　思维导图在英语教学中的应用

在英语语法教学中，笔者发现学生对于英语中名词性从句的掌握问题较多，四大从句分不清，句子不会翻译，连接词选不对等问题很突出。下面笔者将以名词性从句的学习为例，先呈现名词性从句相关知识的线形学习笔记，然后呈现思维导图笔记，在具体操作中使学生认识思维导图对英语语法学习的辅助及其独特的优势。

（一）名词性从句的要点回顾

（1）名词性从句的概念。名词性从句指在句子中起名词作用的句子。在进行这个概念教授的时候，首先引导学生自己去探究名词在句中可以担当的成分，由名词在句中担当成分的复习过渡到名词性从句担当成分的判断。

Jack goes to school every day. （主语，宾语）

What he does surprises me. （主语从句）

He knows that everything will get better. （宾语从句）

Tomorrow is another day. （表语）

This is what I want to say. （表语从句）

Mr. Smith, our new teacher, is very kind to us. （同位语）

The news that we succeeded in the match excites everybody. （同位语从句）

接着让学生填写名词性从句分类的思维导图，初步认识思维导图。

（2）引导词。名词性从句引导词的学习要抓住语义和语法。引导词分三类：连词（5个）：that（宾语从句或表语从句中"that"有时可以省略），whether、if（均表示"是否"，表明从句内容的不确定性），as if、as though（均表示"好像"、"似乎"），以上连词在从句中均不充当任何成分；连接代词（10个）：what, whatever, who, whoever, whom, whomever, whose, whosever, which, whichever；连接副词（7个）：when, where, how, why, whenever, wherever, however。通过老师讲授，使学生了解名词性从句的引导词类型；在教学中通过翻译进行引导词语义的理解和引导词语法成分的判断。

问题介绍完毕，老师通过提问的方式呈现出名词性从句的完整思维导图。名词性从句思维导图的制作过程：（1）将核心主题"名词性从句"

放在中间。（2）以此为核心画出四条线，列出四个重要主题：名词性从句的概念、分类、引导词和注意问题。这四个重要主题是在教学过程中经常被学生问到的，或是从学生错题多处总结出来的。（3）重要主题再根据需要分成若干小分支，每个节点处写出关键词。图中为了避免重复和增加生动性，用笑脸图代表所有的名词性从句的引导词。以下主语、表语、宾语、同位语从句的思维导图制作步骤以此类推。

（二）思维导图在名词性从句中的应用

下面以名词性从句的教和学的完整过程为例来详细展示老师如何引导学生通过绘制思维导图的形式来学习名词性从句的各个部分，即主语从句、表语从句、宾语从句和同位语从句。

主语从句：

（1）主语从句的概念：在复合句中起主语作用的从句叫主语从句。

（2）主语从句的两种结构：

　　1）主语从句位于句首。

　　2）主语从句位于句尾，it 做形式主语。

（3）主语从句的连接词从属于名词性从句。

（4）主语从句中的虚拟语气。

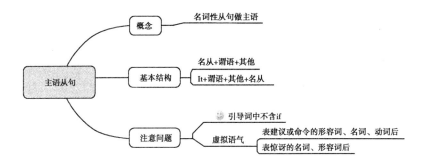

图 2　主语从句思维导图

首先，教师借助思维导图（见图 2）通过提问的方法，由主语引出主语从句的概念，即在复合句中起主语作用的从句叫主语从句。其次，通过两个典型例句，引导学生归纳主语从句的位置和结构：主语从句位于句首和主语从句位于句尾。再次，老师联系思维导图通过讲授法直接说明主语从句学习应当注意的问题，如虚拟语气等。

思维导图清晰直观地呈现出主语从句的概念、基本结构及使用中需要注意的问题，有助于学生形成有关知识点的清晰轮廓，并且便于学生从记忆库中提取相应的信息点。

表语从句：

（1）表语从句的概念：在复合句中起表语作用的从句叫表语从句。

（2）基本结构：主语＋系动词＋名词性从句。

（3）连系动词的范围。

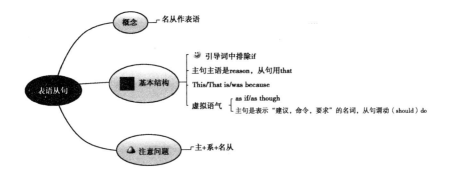

图3　表语从句思维导图

同于主语从句的导入，教师首先借思维导图（见图3）通过提问的方式由表语引出表语从句的概念，即在复合句中起表语作用的从句叫表语从句；再由主系表引出表语从句的基本结构：主语＋系动词＋名词性从句。不同于主语从句，在表语从句学习中，教师需要通过思维导图的提示强调表语从句中的系动词，要对其五种类型进行总结性的讲述，即表示状态、感觉、变化、终止，以及似乎、好像的动词。最后对一些容易出错的问题进行关注式强调。

宾语从句：

（1）宾语从句的概念：在句子中起宾语作用的从句叫做宾语从句。

（2）宾语从句的分类：动词的宾语从句、介词的宾语从句和形容词的宾语从句。

（3）基本结构：主语＋谓语＋名词性从句。

在宾语从句学习中，教师首先借助思维导图（见图4）复习宾语成分、主谓宾结构，引出宾语从句的概念和结构，即在句子中起宾语作用的

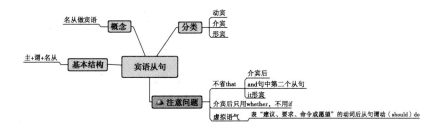

图4　宾语从句思维导图

从句叫做宾语从句，结构是主语＋谓语＋名词性从句。其次，借由导图引导学生通过例句归纳出宾语从句的分类：动词的宾语从句、介词的宾语从句和形容词的宾语从句。然后老师直接讲授几点注意问题。

同位语从句：

（1）同位语从句的概念：在复合句中起同位语作用的从句叫同位语从句。

（2）基本结构：特殊名词＋名词性从句。

（3）注意问题。

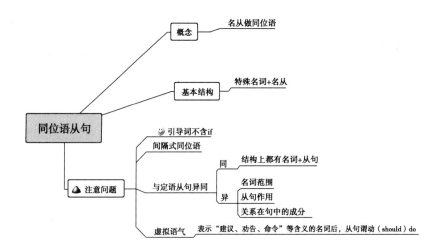

图5　同位语从句思维导图

做法同前，教师借由思维导图（见图5）通过例句引入同位语和同位语从句，进行对比分析，得出同位语从句的概念和作用：在复合句中起同位语作用的从句叫同位语从句。它一般跟在某些名词后面，用以解释或说明该名词表示的具体内容。由此引导学生发现它的基本结构：特殊名词 + 名词性从句。然后老师直接讲授应当注意的几点问题。通过以上线形笔记学习加思维导图复习，可以明显看出导图笔记的简约、概括的特色及优势。语言学习的过程实质上是一个问题解决的过程。学生接受一个语言任务时，能否有解决的办法，不仅与词汇量、语法知识、与主题相关的信息有关，更与这些知识信息在头脑中的组织结构相关，即与其认知图式水平相关。认知图式不仅仅是相关知识的集合，也是学生过去积累的知识、经历以及相应能力在大脑的动态组织，是一种积极的发展模式。思维导图可以不断建构、发展和完善学生的认知图式。而且不同的思维导图可以呈现不同的笔记风格，画出不同色彩和图形来表达感情或精练语言。多次尝试和练习，思维导图能激发学生的学习动力和学习兴趣。

四　实践结果及意义

选择陕西师范大学非英语专业二年级某理科班 40 名同学作为实验对象。先针对实验班学生进行了一次名词性从句的测试，称为测试卷 1。然后利用思维导图对该班进行名词性从句的复习，复习内容和授课老师讲授的相同。复习课结束后对该班进行另一份同等难度的名词性从句的测试，称为测试卷 2。测试卷 1 和 2 题型相同，难度系数接近。

经过测试，实验班后测成绩高于前测成绩者占 60%，测试二成绩与测试一相差不大者占 30%，剩余的有 10% 的学生成绩下降。随后笔者对三类同学采用了访谈法，访谈中，80% 的学生提到，采用思维导图方法授课使他们对名词性从句的结构有了更清晰的了解，学生认为采用这种方法多次练习、讲解、纠正，他们可以更好掌握该语法。由此可见，思维导图对英语语法的辅助作用得到了多数学生的认同。

从教师角度讲，通过思维导图授课，可以使单元知识清晰明了，使学生对知识框架有总体的了解，可用精练的语言和灵活多变的线条传递语法知识。此外，思维导图会给教师备课、上课相当大的弹性自由度。从学生小组合作讲，将思维导图引入学生的合作学习中，能激发学生合作学习的兴趣和提高学生合作学习的能力。学生小组在老师的指导下，能循序渐进地掌握知识和学习方法。这种方法指示清晰，易于操作且使学生容易获得成就感。从学生角度讲，学生受益于这种教学方法后，教师可以鼓励和引导他们制作自己的思维导图，应用于不同科目和不同题型。奥苏贝尔是有意义学习理论的创始人，他指出，人应该进行有意义的学习。借助已有的概念来观察和认识事物是知识建构的源头。学习从本质上讲就是将一个知识网络建立起来，并不断向该网络纳入各种新知识，当学习者把所要学的新知识与现有的知识联系在一起，即将新知识结合到认知结构中去，由此便产生了意义学习（施良方，2001：222—223）。思维导图通过主体与各分支的连接，引发学习者的放射性思维，除了增强知识点间的关联，加速记忆外，还给大脑留下了能够创造的无限想象空间。学生通过老师思维导图方法的讲解，可以进行有组织有意义的建构式学习，从而建立起网状的知识结构，并相互关联。教育心理学认为：多种形式的呈现方法，容易对大脑形成积极的刺激，激发学生的思维。而思维导图提供一个卓有成效的做笔记的工具，它可以运用图文并茂的技巧，厘清思维的脉络，并可供自己或他人回顾整个思维过程（邵志芳，2001：122）。

参考文献

［英］东尼·博赞：《思维导图》，叶刚译，中信出版社 2009 年版。

何方平：《思维导图在高中英语教学中的应用研究》，硕士学位论文，安徽师范大学，2013 年。

彭魁：《信息技术与英语阅读策略教学整合初探》，《语数外学习·高中英语教学》2014 年第 3 期。

邵志芳：《思维心理学》，华东师范大学出版社 2001 年版。

施良方：《学习论》，人民教育出版社 2001 年版。

英语学习者学习难点研究：
基于西部地区英语教师与
学习者的调查分析

石洛祥

摘要：外语表达的地道性问题是外语教学的难点问题之一。本研究分别以英语教师、英语专业和非英语专业本科生为研究对象，通过三个层面的调查问卷，从教师和学习者两个视角了解现阶段中国英语学习者的难点。调查结果表明：要达到与本族语者同样的地道性和流利度，掌握目标语人们的思维方式或者建立起目标语人们思维的概念系统非常重要；以英语惯用语和短语动词为典型的语块层面上的隐喻延伸是英语学习中的难点。英语表达得地道与否，这些约定俗语的作用至关重要。

关键词：学习难点；调查研究；英语教学；词汇；惯用语

一　引言

学习难点是早期对比分析盛行时期描写语言学的一个主要内容。当时主要是以对比分析理论为基础，通过两种语言的对比，预测外语或者二语学习的难点。后来，乔姆斯基（Chomsky）对支撑对比分析假说及其语言学习的理论基础即行为主义心理学进行了批判。埃利斯（Ellis，1985：31）更进一步分析认为，不能把两种语言（即 L1 和 L2）的"差别"等同于学习"难点"；也不能把"难点"与"错误"等同。语言间的"差别"是一个语言层面上的概念，而"难点"或"困难"是心理学层面的概念，因而，学习难点的等级不可能直接从两种语言的语言差异的程度推理而出。然而，此后相当长一段时间内，大概因为对比分析研究的衰微和其他语言习得理论的盛行，学界很少再关注外语学习中的难点问题。目前对学习难点研究的文献基本上还是停留在20世纪80年代及以前。时至今日，随着语言研究从描写走向解释，不同的语言学流派和语言习得理论都试图从不同视角解释语言现象，总结语言学习或者习得的规律。考伊（Cowie，1994）指出，学习者能否像母语使用者那样流利地使用语言取决于他们是否掌握了大量的预制语块。语块结构的构成由于受到语法结构和语义搭配的双重限制，通常作为一个统一的整体进入人们的记忆，有助于提高语言表达的准确性（李红叶，2004）。同时，语块结构还可提高语言表达的流利程度。正如贝克（Becker，1975）所说，我们根据自己想要表达的信息从大脑的词汇库中调出那些"预制短语"，经过细微的加工就可组合成比较符合语法的句子，并将它们变成流利的语言来填充我们概念上的某些空白。所以，对于学习者来说，了解词汇详细的搭配信息即固定和半固定的短语是很有必要的（McAlpine & Myles，2003）。我国目前对学习难点的研究也极为稀少，仅有黄小萍（2008）对难点动词的研究。桂诗春和杨惠中（2002）通过研究中国学习者的大量英语语料后发现：词汇搭配错误是中国学习者最常见的错误。其他研究者（如 Altenberg & Granger，2001；Nesselhuaf，2003）也发现：即便是高级学习者，在掌握词汇的搭配上他们也有相当大的困难。换句话说，二位学者认为，搭配是中国英语学习者词汇学习的难点。因此，研究词语搭配具有积极的教学意义。

在诸多的语言学习难点中，表达的地道性问题一直是困扰外语教学的一个主要难点，而其中又以词汇为最。总体而言，词汇的教学和学习在 L2 教学和研究中长期以来都没有受到足够的重视（Meara，1980；Folse，2004）。我国高校自 20 世纪 80 年代开设大学英语以来，由于教学大纲是基于语法翻译的教学方法，教师们在各自的教学中也尽量体现语法翻译法的教学原则，较多地关注学生语法的准确性，而忽视用词的地道性。很多教师希望通过大量的写作练习来提高表达的地道性，但教学的效果依然不是很明显，学生的写作水平提高得非常缓慢。基于课堂观察以及学生的作文分析，我们发现，学生写作中的用词存在不少问题，很多学生在写作中大量使用中学阶段学习过的词汇，而且多为简单词，很少使用包括短语动词在内的词组，短语搭配经常出错，更不用说使用惯用语等表达。但这只是一个感性观察，缺乏科学的依据和分析。本研究旨在准确把握现阶段我国大学生英语学习的难点。

二　研究方法

（一）研究问题

为了了解中国学生英语学习中的主要问题，特别是词汇中惯用语的使用和回避使用现象，笔者于 2008 年 4 月在陕西师范大学进行了一次问卷调查，问卷主要围绕两大问题，在三个层次上展开。这两大问题是：其一，中国英语学习者学习难点调查；其二，中国英语学习者英语惯用语学习状况调查。

（二）受试

本调查研究的对象为成人英语学习者，分别为中国英语教师、非英语专业学习者和英语专业学习者三个层次。对于第一个问题，笔者主要以所在的陕西师范大学外语学院的部分英语教师和非英语专业学生为调查对象，旨在从教师和学习者两个层面了解中国英语学习者的难点；而对于第二个问题，由于大学公共英语的课程设置和学生水平等因素，专门进行英语惯用语的教学几乎是不可能的，因此，本研究选取了师范英语专业三年级学生作为调查对象。

问卷调查 1 的对象是非英语专业二年级本科生。该调查旨在了解中国英语学习者对英语学习难点的看法。问卷分为两个部分，即口头表达和书面表达。主要围绕两个问题：（1）你认为中国大学生英语口头表达的主要问题是什么？（2）你认为中国大学生英语写作中的主要问题是什么？共抽取了陕西师范大学 2007 级 5 个班、大约 300 名学生为调查对象，学生的专业兼顾了文理科，文科专业有哲学和新闻专业 2 个班，理科专业是生物科学、财经管理和计算机科学等 3 个专业。调查共发放问卷 260 份，回收有效问卷 207 份，回收率为 79.6%，有效问卷率为 100%。

问卷调查 2 的调查对象是中国英语教师。调查的目的是想了解中国英语教师对中国英语学习者英语写作中存在的主要问题或难点的看法。调查的 50 名英语教师来自陕西师范大学外语学院，回收有效问卷 41 份。在回收的这些有效问卷中，10 名教师具有副高以上职称，在高校从教至少已15 年以上；25 名教师具有中级职称，高校教龄基本都在 6 年以上；另外6 名为初级职称教师，在大学任教基本上都满 2 年以上。因此所选的调查对象具有较强的代表性。

问卷调查 3 的调查对象为陕西师范大学师范英语专业三年级本科生。该问卷旨在调查中国英语学习者英语惯用语的学习状况。调查分为两部分，第一部分是关于惯用语学习的基本状况，第二部分主要涉及惯用语的运用及教学现状。共抽取了师范英语专业三年级 4 个自然班，发放问卷

140 份，回收有效问卷 123 份，回收率为 87.9%，有效问卷率为 100%。

（三）数据采集与分析

本研究的数据采集来自三个调查问卷，使用 Microsoft 的 excel 计算出各个因子的出现频率。

三 研究结果

为了比较准确地了解中国英语学习者当前对英语学习难点的认识，问卷调查 1 从口头表达和书面表达两方面进行了调查。口头表达部分主要涉及语音语调、词汇（主要是措辞方面而非一般的词汇量）、语法、内容和两种语言的文化背景等五个大的方面；写作部分则主要涉及措辞的地道性、语法、内容、结构、目标语思维方式和修辞等六个方面。结果表明（见表 1 和表 2），无论是在口头表达还是书面表达方面，词汇都是中国英语学习者的主要问题，尤其是词汇表达的地道性方面，中国英语学习者和英语教师的观点惊人的相似。

表 1   **问卷调查 1 中口头表达部分统计结果**

条目	具体表现	频率（同意、基本同意和非常同意所占百比分）
发音	听不懂对方的发音	81.2
	自己的单词发音不准	55.1
	自己语音语调不准确	64.7
词汇	词不达意	85.0
	不会用英语的惯用语、短语动词、俚语等习惯表达等	89.4
	本族语者经常使用惯用语、俚语和短语动词等习惯表达	90.3
内容		80.1
语法		55.1
文化背景		75.8

调查结果如表 1 所示，学生口头交流的难点是在词汇上，尤其是惯用语等地道表达是影响口头交流的主要障碍。

表 2　　　　　　　　　　　问卷调查 1 书面表达部分结果

条目	具体方面	频率（%）
词汇	词汇量	86.0
	短语动词使用	58.9
	用词不地道；词不达意	95.2；63.3
	不会使用包括惯用语等地道表达	72.9
语法	总体上	65.2
	介词	52.6
	副词	41.5
	时态	59.4
	虚拟语气	73.9
内容		85.5
结构		65.7
文化及思维方式	语言表达不地道，不符合英语语言及文化习惯	88.9
	中国式思维	88.9
修辞		91.3

　　调查问卷 2 是以中国英语教师为对象，针对中国英语学习者学习难点的调查。该调查问卷与问卷 1 中的第 2 部分内容相同，都是以学生的书面表达为基础展开。调查结果如表 3 所示。

表 3　　　　　中国英语教师对英语学习者学习难点调查结果

条目	具体方面	频率（%）
词汇	词汇量	61.0
	短语动词使用	82.9
	用词不地道；词不达意	100；87.8
	不会使用包括惯用语等地道表达	90.2
语法	总体上	58.5
	介词	48.8
	副词	39.0
	时态	63.4

续表

条目	具体方面	频率（%）
	虚拟语气	61.0
内容		80.5
结构		65.9
文化及思维方式	语言表达不地道，不符合英语语言及文化习惯	95.1
	中国式思维	90.2
修辞		78.0

四　讨论与启示

调查问卷 1 的统计结果表明，在笔者所列出的外语（英语）学习的几个方面中，学生认为他们口头交流中的主要问题是词汇，如对词不达意的认同率达 85%；同时，他们认为在自己的表达中存在的主要问题是不会运用英语的惯用语、短语动词、俚语等地道表达（89.4%）；而与英语本族语者交流时听不懂的主要原因，90.3% 认为本族语者经常使用惯用语、俚语、短语动词等地道表达是主因。书面表达中的问题与口头表达在很大程度上有着相似之处，绝大部分学生们认为词汇量是写作中的一个主要问题（86%）；用词不地道的认同率更是达到 95.2%，不会使用包括惯用语、短语动词、俚语等地道表达的有 72.9%；而认为语法是主要难点的只有 65.2%，仅比口头交流时的 55.1% 高 10 个百分点。这说明英语学习者对词汇是英语学习的难点的认同率高于语法。另外一个重要发现是，学生对"写作中的主要问题是语言表达不地道，不符合英语语言及文化习惯"以及"中国式思维是影响写作的主要问题"的认同率竟同时达到 88.9%，反映出的问题同样发人深省。

调查问卷 2 的结果从中国英语教师的角度为我们提供了了解我国英语学习者学习难点的宝贵信息。我们认为，教师的观点理应更加理性、合理，也更具权威性。结果显示，教师认为词汇量是写作主要问题的占 61%，比持相同观点的学生比例下降了 25 个百分点。毕竟，写作并不是一个简单的词汇量问题，虽然词汇量的大小无疑会影响写作的成功。而教师对写作中"用词不地道"的认同率竟然达到惊人的一致（100%），认为"不会使用英语惯用语等地道表达的"也达到 90.2%，这说明，英语教师几乎都认为，写作中的词汇问题主要就是用词的地道与否问题，而表达能否地道，使用英语惯用语、短语动词、俚语等就是关键因素。对于语法的重要性，教师的观点与学生的比较接近，还略有下降，只有58.5%；这表明，相比于词汇，随着我国近几十年的英语教学的普及和发展，语法作为教学的重点的地位已有所下降。对于写作中的"中式思维以及不符合英语语言及文化习惯的不地道表达"，教师也给予极高的认可度，分别为90.2%和95.1%。这反映出外语学习或二语学习中存在的一个本质问题：建立二语的思维体系或概念系统是二语表达地道性和流利度的关键所在。

调查问卷3涉及学习者对英语惯用语学习的基本状况、运用和教学现状的认识两大方面。结果发现，几乎所有的学生（96.4%）对英语的惯用语学习普遍感兴趣（Q2），95.1%的学生认为"英语惯用语是英语语言文化的重要组成部分，对英语学习的重要性不言而喻"（Q3）；但对于惯用语的理解和学习，学生普遍显得信心不足：81.2%的学生对识别文本中出现的惯用语表达缺乏信心（Q7），只有24.4%的学生有信心理解一段话语中惯用语（Q8），21.1%的学生有信心理解一个句子中的惯用语（Q9），而对于某一单独出现的惯用语理解更是显得信心不足（79.8%，Q10）。这说明无论是在哪种语境中，学生对惯用语的理解均存在不同程度的问题（Q8—Q10），即语境在惯用语的加工和理解时起着一定作用，但并不像里昂塔斯（Liontas，2002）的调查研究结果所表明的那样显著。

问卷3的第二部分主要是对我国学生英语惯用语的运用及教学现状的调查。Q1—Q3是关于惯用语与语言学习相关性方面的问题，结果显示，绝大部分学生认为掌握英语惯用语可以提高口头表达和书面表达的流利度（Q12，91.9%），英语惯用语和各种短语搭配是语言表达地道的关键（Q13，91%），因此掌握英语惯用语是学习者语言水平的一个重要标志（Q11，89.4%）；86.2%的学生认为应该将惯用语纳入外语课程中学习。从Q15到Q30主要是关于惯用语的教学现状及使用情况。结果显示，学生喜欢在语境丰富的情景中学习惯用语（95%，Q17），喜欢在各种交际情景中学习（90.2%，Q26），91.9%的学生认为惯用语在日常交际中很有用，这说明惯用语具有交际功能和人际功能；同样也有91.9%的学生比较注意惯用语在文本中的使用情况和功能。Q31到Q37涉及惯用语的理解及学习策略。结果表明，68.5%学生在学习惯用语方面缺乏策略

（Q31），仅有61.5%的学生认为可以从字面意义上猜测到惯用语的比喻义（Q33），因此，89.4%的学生想知道其他更好的理解惯用语的策略（Q34），并希望老师就惯用语的产生（88%，Q36）和理解策略（86.2%，Q35）给予指导。从Q37到Q43是关于惯用语的使用以及是否有回避使用现象。结果发现，虽然有76.4%的学生"喜欢在写日记、小故事和议论文时运用学过的惯用语"（Q39），但也有73.2%的学生会回避使用英语惯用语和许多短语动词（Q40）；认为写作中回避使用惯用语的占69.9%（Q42），回避短语动词的占总人数的71.5%（Q41）。至于回避的惯用语类型，80.5%的学生回避那些在表达和意义上与母语（汉语）差别很大甚至是截然不同的惯用语。

上述三个调查问卷的结果对外语教学和学习具有重要的启发意义。首先，调查结果显示，词汇问题是外语学习的重点问题。这也说明外语教师和学习者已逐渐改变了传统语言教学观下的"语法独尊"观念，已经对词汇有了重新定位；而词汇中的词块（或语块），尤其是惯用语部分更是重中之重，因为它们是目标语表达地道的关键，掌握英语惯用语是学习者目标语水平的一个重要标志。其次，学生虽然对惯用语学习非常感兴趣，但相当一部分学生不能从字面上猜测到惯用语的比喻义，他们缺乏对包括短语动词在内的英语惯用语块的学习和加工策略，希望老师予以指导。同时，调查问卷也启示我们，由于惯用语的语义晦涩性，中国英语学习者在语言产出中存在不同程度的回避现象，特别是英语中那些与汉语在表达和意义上差别很大的惯用语。而这些差别更多地表现在两种语言不同的文化意象性、思维方式和概念结构上。语言表达上的差别是表象的，而概念结构上的不同则是质性的。

最后，但又是非常重要的一点，调查问卷也启示我们，学习一种语言不单纯是一个语言问题，要达到与本族语者同样的地道性和流利度，掌握目标语人们的思维方式或者建立目标语人们思维的概念系统非常重要，这也正是为什么调查中教师和学生均对写作中的"中式思维"是影响写作成果的主要问题这一看法高度认可的原因。根据认知语言学的观点，惯用语的意义产生于人的认知结构，其意义的生成自然深深地印上了本族语概念结构的痕迹（刘正光、周红民，2002）。换句话说，我们可以认为，惯用语是这种语言形式和概念体系的有机结合体。因此，如果把二语习得和教学研究纳入认知语言学的理论框架下，那么二语习得研究的重点将要转向二语学习者要经过怎样的重新训练才能学得一套全新的符号表征系统和无限接近母语者的动态的概念系统。同时，由于语义和概念化在认知语言学中享有核心地位，如何克服母语概念的影响（如中式思维），提高二语概念系统的熟练程度（conceptual fluency）就显得尤为重要。由于目标语的语言单位与母语的语言单位分别代表着人们对现实世界的不同的解读方式，因此在第二语言发展过程中，两种语言体系处于一种直接竞争的关系。第二语言的发展过程，实际上就是目标语系统越来越多地独立和区别于母语系统的过程，也是二语学习者的目标语表达越来越地道和流利，无限接近目标语本族语者表达的过程。最理想的结果是二语习得者能够灵活自如地使用两套独立的约定俗成的语言表达系统（陈亮，2007）。

更为重要的是，由于概念结构、认知能力、身体感知体验和语言之间存在着密不可分的联系，认知语言学让我们认识到不同语言之间的语义系统上的较大差别，语义在很大程度上决定了一个语言的整体面貌。感知体验、概念结构和各种认知能力不仅可以用来对具体的语言现象进行描写、分析和解释，比如分析语言中以惯用语为代表的约定俗成的套语体系，也是近年来二语习得教学研究中不可避免的课题。正是在这个意义上，我们认为，英语惯用语和短语动词等层面上的隐喻延伸都是二语学习中的难点。可以说，英语学得地道与否，主要是看这些约定俗语用得好不好。

参考文献

Altenberg, B. & Granger, S., "The Grammatical and Lexical Patterning of MAKE in Native and Non-native Student Writing", *Applied Linguistics*, 2001, (2): 173—195.

Cowie, A., "Phraseology", In Asher, R. (ed.), *The Encyclopedia of Language and Linguistics*, Vol. 6, Oxford: Pergamon Press Ltd, 1994.

Ellis, R., *Understanding Second Language Acquisition*, Oxford: Oxford University Press, 1985.

Folse, K. S., *Vocabulary Myths: Applying Second Language Research to Classroom Teaching*, Ann Arbor: University of Michigan, 2004.

Liontas, J. I., "Exploring Second Language Learners' Notions of Idiomaticity", *System* 2002, (30): 289—313.

Meara, P., "Vocabulary Acquisition: A Neglected Aspect of Language Learning", *Language Teaching and Linguistics Abstracts*, 1980, (13): 221—246.

McAlpine, J. & Myles, J., "Capturing Phraseology in an Online Dictionary for Advanced Users of English as a Second Language: A Response to User Needs", *System*, 2003, (31): 71—84.

Nesselhauf, N., "The Use of Collocation by Advanced Learners of English and Some Implications for Teaching", *Applied LingUistics*, 2003, (2): 223—242.

陈亮:《认知语言学和二语习得的关联》,载姬建国、蒋楠主编《应用语言学》,中国人民大学出版社 2007 年版。

黄小萍:《大学英语难点词的确定和教学》,《中国外语》2008 年第 2 期。

李红叶:《词汇练习要注意词块的产出训练》,《国外外语教学》2004 年第 3 期。

刘正光、周红民:《惯用语理解的认知研究》,《外语学刊》2002 年第 2 期。

基于师范生焦虑的主题式
大学英语教学模式向分级式教学
模式过渡的调查研究①

刘　丹

摘要： 本项研究通过定量研究和定性研究相结合的方式调查了主题式大学英语创新教学模式对师范生英语学习效果及英语学习焦虑的影响，结果显示该教学模式有助于大学英语教学，学生在听、说、写等能力方面提高显著；对师范生英语学习焦虑有一定改善但不够理想，学生焦虑水平呈现新的两极化趋势。造成这一现象的深层原因是学生英语学习程度及能力存在较大差别，同等程度的输入及同等要求的输出不能实现对不同学生的敦促和刺激，出现了高能力学生"零焦虑"、低能力学生"高焦虑"的问题。针对学生的学习焦虑现况，研究者拟针对原主题式公共英语教学模式进行调整完善，在保留原"视听说读写"主题式一体化教学模式的基础上进行分级教学，对不同程度学生给予不同输入，提出不同的教学要求，实施不同的考核方式，以有效解决学生焦虑两极化的不良走向，实现适度焦虑对英语学习的正刺激，进一步促进学生英语学习水平的提高。

关键词： 英语学习焦虑；主题式英语教学；分级式英语教学

一　引言

在国际交流与合作日趋加快的今天，英语运用能力作为国际交流所必需的能力，已成为全球一体化时代对现代人才基本素质的要求。对于具有同等专业水平和能力的大学师范生，英语运用能力的不同会导致他们在科技资源的占有和利用以及高水平教学合作和交流上产生差别。因此，英语实际应用能力直接关系到师范院校学生（以下简称师范生）的未来发展。

---

①　本文为 2012 年陕西师范大学校级重点教学改革研究项目"师范生英语学习焦虑倾向与'视听说读写'主题式一体化教学模式研究"的研究成果（项目编号：2181）。

但目前，大学英语教与学的现状却有许多令人困惑的地方。学生一方面迫切渴望提高自身英语水平，一方面又对英语学习充满恐惧。据统计，在陕西师范大学，半数以上的学生表示英语学习令他们感到焦虑或严重焦虑。二语习得研究认为，学习者的情感因素与学习的最终效果之间存在紧密的联系，而焦虑在诸多情感因素中是对语言学习影响较大的一个。为此，笔者曾对师范生英语学习焦虑的内在倾向、诱因、表现类型及具体影响进行了调查研究，结果显示英语学习焦虑在师范生中普遍存在；引发焦虑的内在诱因是英语输出；焦虑对英语输出会造成不同程度的输出障碍。为解决学生的这一学习焦虑状况，笔者及研究团队提出了"视听说读写"主题式一体化教学模式，对陕西师范大学公共英语教学模式进行了创新课堂教学实验，变传统的"精读—听说"分离式教学为"视听说读写"主题式一体化教学。经过为期一年多的实验，研究团队对学生的英语学习效果及焦虑现状进行了调查分析以了解并检验主题式英语教学模式对学生英语学习的影响。

二　主题式英语教学模式的实施及教学效果

（一）课堂教学实验的实施

研究团队从陕西师范大学文科理科基础部一年级学生中随机抽选了三个班作为实验班，从 2013 年 2 月至 2014 年 7 月进行了"视听说读写"主题式一体化教学模式课堂教学实验。实验班打破了精读课、听说课的界限，教学不再囿于教材与教材、单元与单元的限制，教师以主题为线索，整合《新标准大学英语》、《大学英语听说教程》、《领先大学英语》、《新世纪大学英语阅读教程》、《新世纪大学英语写作教程》等英语视听说和读写教材，利用新理念大学英语学习平台提供的英语自主学习资源以及项目组成员从网络或其他渠道获得的可用资源，打通听、说、读、写各教学环节，形成听中有说、说中有写、写中有读的一体化运作模式。每学期初，实验班教师先就《新标准大学英语》等视听说和读写教材按主题进行了资源整合，结合教材内容和课时情况确定 5—6 个主题，每个主题分配 6—8 课时进行视听、说、写、读整套技能训练，其中视听说 1—2 课时；说写 1—2 课时；写读 2—4 课时。实验为期两个学期，其中第二学期开始、第二学期末、第三学期末分别对实验班进行英语语言输出测试评估（口语、写作）和英语水平测试评估（听、读、写），以及时判断比对实验效果。

（二）课堂教学实验的结果分析

教学实验实施了三个学期，实验对象包括2012级心理学、环境科学、哲学三个专业共计93人。课题组对实验班学生的成绩进行了实验前测试，记录原始成绩，以及试验后测试，记录成绩（两个学期，每学期一次）。然后将前测成绩与后测成绩进行对比分析。统计结果如下。

经统计分析，在2012年第一学期未采用新的教学方式时，学生在听力（满分35分）、口语（满分100分）、写作（满分15分）方面平均得分分别为14.2、66.5、7.1。在2012年第二学期采用新的教学方式后，学生在听力、口语、写作方面平均得分分别为17.4、69.9、8.1，分别提高了22.5%、5.1%、14.1%。在2013年第一学期继续使用新的教学方式后，学生在听力、口语、写作方面平均得分上升到19.4、75.4、8.6，较未使用新的教学方式时的成绩提高了36.6%、13.4%、21.1%，较上学期成绩提高了11.5%、7.9%、6.2%。从以上数据不难看出，在使用新的教学方式后，学生们在听、说、写等英语能力方面都有所提高，说明"视听说读写"主题式一体式英语创新教学模式在教学效果上是有效的。那么此模式在改善学生英语学习焦虑方面是否同样有效？笔者及团队为此又对实验班学生进行了焦虑表现再测。

三　主题式英语教学模式下学生学习焦虑表现

为测得学生英语学习焦虑水平，笔者及研究团队对主题式英语教学模式下实验班学生再次进行了焦虑问卷调查、访谈，旨在分析学生英语学习焦虑的程度、内因是否较试验前有所变化。调查仍采用国际通用的霍维斯（Horwitz）语言学习焦虑量表，发放问卷93份，收回有效问卷91份。具体结果如下。

1. 学生英语学习焦虑程度差异

表1　　　　　　　　　　　学生英语学习焦虑程度差异

	高焦虑组	中焦虑组	低焦虑组
学生人数	36.0	21.0	34.0
比例	39.6	23.1	37.4
焦虑平均值	99.1	79.2	27.6

据表1显示，在91名受试学生中，36名学生呈现英语学习高焦虑水平，平均焦虑值达到99.1，他们约占据总体的40%；有21名学生表现出中等程度学习焦虑，平均焦虑值79.2，占总体的23.1%；另有约37%的学生未见明显的焦虑表现，平均焦虑值为27.6。以上数据说明英语学习焦虑水平较前有所改善，高、中、低焦虑组中的平均焦虑值都较前有所下降，但也有新的问题出现：即焦虑呈现显著的两极化态势，高焦虑组和低焦虑组的学生比例都有不同程度上升，分别由原先的20%、13.3%上升到39.6%、37.4%，这说明新的教学模式在降低了一部分学生焦虑水平的同时，也使一部分学生的焦虑不降反升。为此，研究组就焦虑的内在表现进一步进行了调查分析。

2. 学生英语学习焦虑内在表现

表2   学生英语学习焦虑内在表现

	输出焦虑	输入焦虑	评价焦虑	输入型测试焦虑	输出型测试焦虑
高焦虑组	4.3	3.8	4.1	4.2	4.6
中焦虑组	2.8	2.2	2.3	2.5	3.3
低焦虑组	2.1	2.0	1.3	2.1	2.4

表2将高、中、低焦虑组学生英语学习的焦虑情况进行了细化，分别就英语输出、输入、社会评价及英语输出型测试、输入型测试对学生产生的焦虑进行了量化。通过对照可以看出，高焦虑组在五个项目中的焦虑值都较前有所增加，尤以评价焦虑值增加显著，由实验前的3.5上升至4.1；中焦虑组除输出型测试焦虑值外其他各项焦虑值均有下降；低焦虑组各项焦虑值继续保持低水平，其中输出型测试焦虑值下降较显著，由实验前3.0下降至2.4；

以上分析结果显示：主题式英语创新教学模式一定程度上缓解了中焦虑学生的英语学习焦虑现状，但对高焦虑学生群，效果不够理想，他们的英语学习焦虑水平不降反升。

四 主题式英语教学模式向分级式教学模式的过渡

（一）主题式英语教学模式的实践结论

"视听说读写"主题式一体化教学模式将听、说、读，写各项技能作为有机的整体有序地进行联动式综合培训：以听带说、以说促写、以写拓读形成完整有序的链条式教学，最大程度上实现输入输出的双边互动，因此，收获了预期的教学效果：实验班学生在课堂上表现活跃，他们踊跃参与讨论、PPT 展示、duty report、辩论等课堂活动，整体参与度较高，通过测试成绩可以看出，学生的听力、口语、写作成绩都较实验前有所提升。大多数学生对于此教学模式表示满意，他们认为这种新的教学模式是有效且必要的。但是，这种新的教学模式在实践过程中也暴露出了它的问题：由于学生英语学习程度不同、基础不同、能力不同，在同样的教学要求、形式、强度下出现了两极化的焦虑表现，原本焦虑水平较高的学生在这种新模式下表现出更强的焦虑，这提示研究团队应根据学生的学习能力、心理、语言水平设计不同的教学目标，提出不同的教学要求，达到不同的教学效果。分级式教学模式势在必行。

（二）分级式教学模式的理论依据

二语习得理论中克拉申（Krashen）提出的"语言深入假说"（the Input Hypothesis）为分级教学提供了语言学理论。克拉申（Krashen，1982）认为，人类只有获得可理解性的语言输入（comprehensible input）时，才能习得语言。也就是说人们习得语言的唯一途径就是通过获得可理解性的语言输入。所谓的可理解性语言输入用公式表示就是：$i+1$，其中 i 表示语言学习者当前的语言知识状态，1 表示略高于语言学习者现有水平的语言知识。如果语言输入远远超出学习者的现有水平（即 $i+2$），他就无法了解；语言输入如果低于学习者的现有水平（即 $i+0$），他就没有进步的余地。语言输入只有稍高于 i 才能收到理想的效果。学习者从其现有的水平 i，通过理解包含 $i+1$ 的语言输入过渡到 $i+1$ 的水平。

主题式一体化英语教学模式仍然以自然班组织教学，而学生参差不齐的英语水平使教师无法在同一课堂上将自己所提供的语言材料控制在"$i+1$"的水平上，也就难以保证所有学生通过理解包含 $i+1$ 的语言输入过渡到 $i+1$ 的英语水平。因此，只有按照学生实际语言水平组织的分级教学，才能够最大限度地保证语言输入是"可理解性输入"，并且最大限度地避免学习者的情感障碍，降低英语学习焦虑。

五　分级式教学模式构建中需要注意的问题

（一）学生对分级考试的认同程度

实施分级教学的第一步是进行新生入学分级考试。许多高校都实行了新生入学分级考试，并把入学分级考试成绩作为分级分班的重要衡量依据。然而，这些分级考试往往都是自上而下的，作为受试对象的大学新生对入学分级考试是持欢迎的态度还是反对的态度，却很少引起人们的注意。学生对分级考试的认同程度决定了他们对日后分级教学分班的接受认可程度。因此，如何将分级分班做到科学、严谨、客观、公正是确保分级教学模式顺利推行的前提。

（二）建立不同级别间的升降级激励制度

分级教学中存在的一个较普遍的问题是学生的学习情绪问题。分到 A 级班的同学容易沾沾自喜，放松学习，分到 B 级和 C 级班的同学则容易意志消沉，认为自己低人一等，产生自卑感，直接影响他们英语学习的效果。黄晓春（2006：58）认为根据每学期期末成绩，实行层间激励调整政策，即低一个层次的可能升入高一个层次，高一个层次的可能降入低一个层次，可以增强学生的自主性，培养学生的创造力和强烈的竞争意识，使学生的心理个性得到良性的发展。

六　结语

大学英语分级教学是对主题式一体化英语创新教学模式的完善和补充，它在变传统的"精读—听说"分离式教学为"视听说读写"主题式一体化教学的基础上，更加强调和重视学生学习能力及基础上的差异，尊重学生语言能力的差异发展规律，实现了以人为本的教育理念。要搞好分层教学，充分发挥其作用，还需要在教学实践过程中不断探索和总结，不断发现问题和解决问题，从而使其更加科学、合理。

参考文献

Krashen, S., *Principles and Practice in Second Language Acquisition*, Oxford：Peragamon Press，1982.

黄晓春：《实施分层教学提高教育教学质量》，《天津职业院校联合学报》2006 年第 8 期。

彭明娥：《从个体素质结构论谈大学英语分级教学》，《浙江海洋学院学报》（人文科学版）2004 年第 2 期。

贺世泉、黎明：《关于对因材施教原则的思考》，《长沙铁道学院学报》（社会科学版）2005 年第 6 期。

教育部高等教育司：《大学英语课程教学要求》，上海外语教育出版社 2004 年版。

从维特根斯坦的语言哲学思想论"红色"一词对于色盲的意义

马　珊

摘要：维特根斯坦（Ludwig Wittgenstein）认为，语言活动是一种受潜在规则制约的游戏，语词的意义不是一种实体，而在于人们在各种语言游戏中使用它的方法。面对来源于多种生活形式的语言游戏时，维特根斯坦提出要通过观察语言的实际使用来发现其中不同的生活形式，不同的生活形式能够提供理解某物意义的合理角度的解释。就威廉·G. 莱肯（William G. Lycan）在其著作当中提出的"红绿色盲是否能理解'红'的意义"这一问题，本文拟从维特根斯坦"语言游戏"，"意义的使用论"和"生活形式"等方面进行分析和解读。

关键词：维特根斯坦；语言游戏；使用；生活形式；色盲

一　意义理论概述

20 世纪以来，哲学研究的兴趣开始转向语言的研究，以期通过语义的研究来弄清哲学问题，因而，语言或语词的意义问题成为语言哲学的两大基本关注点之一（另外一个关注点是语言和世界的关系）。关于"什么是意义"这个问题，很多哲学家提出了不同的阐释。

在众多的意义理论中，指称论是一种历史悠久而且影响力较大的理论，其代表人物为密尔（John Stuart Mill）。"指称论的基本思想是：名称是通过指示或指称外部世界中的事物或事实而具有意义，一个名称的意义就是他所指示或指称的对象，也就是说名称和对象之间存在着相应的关系，一个名称代表、指示或指称他的对象。"（涂纪亮，1988：126）洛克（John Locke）则认为，语言表达式的意义就是说话者在大脑之中拥有的观念，这种观念可以是一个意象、一种思想，或者一个信仰，当一串符号或者声音能够表达以上的某一观念时才具有意义。一个人使用语言说话时就会使自己的观念外在化，"如果他所使用的语词能在别人心中唤起与他自己的观念相同的观念，他对语词的使用就是合适的"。（涂纪亮，1988：142）意义的命题论认为，一个语句是有意义的，是因为它表达了某个命题，无意义的，是因为它没有表达任何命题；两个语句是同义的，是因为它们表达相同的命题，意义不同，是指表达不同的命题；一个语句是歧义句，是因为它可用来表达两个或多个不同的命题；一个语句的意义由其组成要素的意义组合而成。命题说的主要代表人物是罗素（Betrend Russel）、莫尔（G. E. Moore）和弗雷格（Friedrich Ludwig Gottlob Frege）。维特根斯坦提出了"意义即使用"一说，"不要问意义，要问使用"是维特根斯坦《哲学研究》的一个中心思想。他在第 43 节断言："在使用'意义'一词的一大类情况下——尽管不是在所有情况下——可以这样解释'意义'：一个词的意义是它在语言中的用法。"（维特根斯坦，1992：20）格莱斯（H. P. Grice）认为，一个语言表达式之所以有意义，不是因为它表达了一个命题，而是因为它能表达使用者的思想和意图，在这种情况下，一个表达式的意思分为"句子意义"（sentence meaning）和"说话者意义"（speaker meaning），格莱斯的这种理论也被叫作意向意义理论。此外，意义理论还包括实证主义理论和真值条件理论。实证主义理论认为，当且仅当一个句子为真会对我们的未来经验造成不同时，这个句子才有意义；经验无法证实的句子是无意义的。但此种理论遭到了蒯因（Willard Van Orman Quine）的激烈反对。戴维森（Donald Davidson）提出了真值条件理论，他认为，要知道一个句子的意义就是要了解它在什么条件下为真。长句的真值条件是由构成它的短句的真值条件决定的；产生长句的过程会携带与真值相关的语义特征，从而把简单的真值特性复合成复杂的真值特性。

二　"语言游戏"与"意义即使用"理论

据物理学家弗里曼·戴森（Freeman Dyson）说，维特根斯坦在剑桥大学读本科时，有一天，他路过一个正在进行足球比赛的球场，突然联想到语言就是我们用语词进行的一种游戏。这种游戏是指人类的所有活动，换句话说，维特根斯坦把人类的活动都看作一种游戏。他说，"想象一种语言意味着想象一种生活形式"（维特根斯坦，1992：15），"'语言游戏'一词是为了强调一个事实，即运用语言是一种活动"，更"是一种生活方式"（维特根斯坦，1992：19）。关于语言游戏，维特根斯坦举了两个经典的例子。一个是把语言比作下棋，其中"卒"和"车"是由其最初摆放的位置和其符合规则的移动来定义的。还有一个例子是建筑师和他的助手之间的交流，建筑师用各种建筑石料盖房子：石块、石柱、石板、石梁等，他的助手必须按照他的要求把这些石料递过去。每一次建筑师说"石块"、"石柱"、"石板"、"石梁"之中的任何一个词时，助手就必须递给他相应形状的石材。在这个语言游戏中，"石块"、"石柱"、"石板"、"石梁"这四个语词是用来激发一个行为的，而不仅仅是用来指称，也不是用来表达一个命题。根据维特根斯坦，"语言的功能不在于反映世界，而在于像工具那样对世界做出应对"，即"语言的功能是反应而不是反映"（陈嘉映，2010：169）。维特根斯坦也提醒我们，意义并非是一个实体，"使用"这一概念告诉我们，语言是我们用以应对世界的工具，这并不是说我们可以用语言直接改变世界，而是使用语言去理解和表达世界。

维特根斯坦经常把词与工具加以类比，认为各种不同的词正像工具箱中不同的工具。各种工具各有不同的用途，不能说其中哪种用途最为重要，各种词也同样如此。"词在不同的语境中具有不同的用途，达到不同的目的。仅仅从词本身不能了解词的意义，而必须从词的使用中，从词被使用时所处的语境中，从词被使用于达到什么目的中，才能了解词的意义。"（涂纪亮，1988：155）他还强调，既然词和语句的意义都在于它们的使用，因此必须研究词和语句的使用规则，也就是必须研究语言游戏的规则，因为词和语句在不同语境中的使用，词在语句中各种组合方式以及其他，等等，都必须遵守一定的规则。语言游戏的规则就规定了词和语句的使用，从而也规定了词和语句的意义。例如在象棋游戏中，假如有一个"车"不见了，下棋者用一个瓶盖来代替，并且可以用这个瓶盖将死对方。那么，此时，起决定作用的是下棋的规则，即我们对于这个瓶盖的用法，而不是瓶盖的模样。

三　色盲问题及其相关的哲学思考

首先，让我们来看一下什么是红绿色盲。红绿色盲是一种最常见的部分色盲，分为红色盲和绿色盲。患红绿色盲的人不能区分红色和绿色，他们把整个光谱看成两种基本的色调：长波（红、橙、黄、绿）部分为黄色，短波（青、蓝、紫）部分为蓝色。以发生原因来分，色盲可分为"先天性色盲"和"后天性色盲"。先天性色盲多为红绿色盲，对于红绿辨色有障碍。大部分与颜色辨识有关的基因多位于 X 染色体上，且为隐性遗传。后天性色盲的发生原因可能与视网膜、视神经病变有关，例如外伤、青光眼。也就是说，红绿色盲患者会将红、绿两种颜色都看成黄色，既然如此，他们究竟能否理解"红"的意义呢？

（一）"红"的意义是否存在本质

颜色的实质是什么？从物理的角度，物体本身不发光。它是光源色经物体的吸收反射、反映到视觉中枢的光色感觉。普遍意义上的光是由不同波段的光共同组成的，拿太阳光为例，大家很小就知道红橙黄绿蓝靛紫七种颜色。波长决定光的色彩，振幅决定光的明暗。你看到黄色的衣服，不是因为它的颜料本身发黄色的光，是因为它反射了太阳光里的黄色部分的光，吸收了其他部分的光。我们看到某物呈白色是因为它完全反射了太阳光，我们看到某物呈黑色是因为它吸收了所有的光。从生理学上来讲，颜色的辨别主要是靠人眼视网膜中的视锥细胞，因为有了视锥细胞，不同波长的光线作用于视网膜，继而在人脑引起色觉。

维特根斯坦曾说过，颜色的问题并非是关于颜色的物理属性的，而是关于我们对颜色的经验。也就是说，要理解颜色，我们不仅仅是要了解它的物理属性，还必须了解我们是如何经验颜色并与之互动的。因此，对颜色采取的物理方法是"独白"，而对之采用的基于经验的方法则是"对话"。笔者认为，维特根斯坦的观点很有道理。人类关于颜色的经验并不基于对其物理属性或人色觉生理属性的理解，而是主要来自我们对颜色的经验。例如，大部分人都不知道红色光的波长是 700—635mm，更少有人知道感知红色的视锥细胞位于视网膜中的何处，但这一切都不影响人们对于红色的理解。根据维特根斯坦的观点，日常语言具有"模糊性"，人的经验具有"多样性"，而且我们在日常交际中没有办法也没有必要对事物作精确的区分。"太阳是红彤彤的，火焰是红的，晚霞是红的，少女害羞的脸庞也是红的……但到底红色是什么颜色，它跟棕、橙有什么区别，在大多数情况下，判断起来还要凭我们的主观感觉。"（赵亮，2004：80）

维特根斯坦认为，词语的意义在于其使用。而我们一般人受到语言本身的迷惑，往往会问"时间是什么？""存在的意义是什么？""思想的本质是什么？"这样的问题，仿佛在事物的背后隐藏着一个作为本质的实体似的。就时间这个词而言，维特根斯坦认为，正确的问法应是：时间这个词在日常生活中是怎么被使用的。"人们说，'没有时间了'，'你必须准时到'，'当和情人约会的时候，时间过得特别快'，'现在准确的时间是几点'，在这些不同的场合，时间有着不同的使用，它和不同的场景联成一个整体。其实，时间并不在于指称什么，也没有什么确定性的本质，它基于不同的背景和场合的使用，有不同的意义。"（李爱民，2004：63）同理可得，"红"一词的意义并不存在本质。维特根斯坦否认"一般"、"共相"、"本质"的存在，认为一般名词背后并不存在什么普遍的意义，事物并无共同的本质，它们之间的联系只是"家族相似"。同样，"红"的意义本身就是一个模糊集，对之的理解存在着个体的差异。换句话说，人们对于"红"的理解就是在不同的语言游戏、不同的生活形式中，他们对"红"的使用。

（二）红绿色盲与"语言游戏"

"'色盲问题'乃是一个更适合于在维氏晚年的'语言游戏'框架中加以处理的问题。"（徐英瑾，2006：55）既然上文提到，"红"的意义并不存在本质，其意义是由其具体使用决定的，那么在这种角度下，只要红绿色盲能够在语言游戏中正确使用"红"这一词，我们就可以说他们能够理解"红"的意义。这应该分为两种情况。第一种情况是，红绿色盲患者不知道自己是色盲。第二种情况是，红绿色盲患者知道自己是色盲。在第一种情况下，"红"一词作为人类语言的一个日常词汇，应该是存在于每一个人的词汇当中的。红绿色盲患者由于不知道自己的色觉差异，而一直都把红色看成是另一种颜色 R，每当别人提到"红"时，他们就会与"红"对应起来，每当他们看到 R 时，他们就会以为这是红色。他们对红的这种色觉差异，其实并不会妨碍他们在日常生活中与其他人的交流。他们通过语言习得了解并且会表达一些水果成熟后是红色的，如西红柿、苹果、樱桃和草莓，血液是红色的，人害羞时脸会红，只是他们不知道他们眼中的 R 并非常人眼中的"红"。既然他们会使用"红"一词，那么我们就不能否认他们知道"红"的意义。假设突然有一天，某一事件使色盲患者知道了自己的色觉差异，如英国科学家道尔顿，他在送给母亲袜子时知道了自己把樱桃红看成了棕灰色；再如 1875 年瑞典拉格伦的列车相撞事故后肇事火车司机知道了自己是色盲，是自己判断信号灯颜色失误而酿成了惨祸。这样就来到了第二种情况，即色盲患者知道了自己的色觉异常。根据资料，"红色盲者主要是不能分辨红色，对淡红色与深绿色，青色、蓝色和紫红色、紫色堪称是同一色，不能正常分辨；常把绿色视为黄色，紫色看成蓝色，将绿色和蓝色相混为白色。绿色盲者主要不能分辨淡绿色和深红色、紫色与青色，但是他们对绿色和青色可以分辨。他们对于颜色的明度都能分辨"。（钟璇、李霖、朱海红，2012：90）在得知自己的色觉异于常人之后，色盲患者应该会作出一定的调整，因为人是社会动物，为了使自己的行为符合特定的社会规范，色盲患者会观察身边常人对"红"的理解和应对，同时也模仿他们的理解和应对。如英国科学家道尔顿买了一双袜子送给自己的妈妈，结果妈妈觉得这双袜子的颜色过于鲜艳而不适合自己。此后，估计道尔顿应该理解"红色"是一种鲜艳的颜色，不适合上了年龄的人。又如，人们在谈论苹果时，色盲患者发现黄色的苹果更甜、更好吃，可是周围的人却说，红色的苹果更甜，因为红色的苹果是成熟的苹果，还有草莓、樱桃等水果。通过这种交流，红绿色盲患者会建立一种对"红"的理解，那就是，红色的苹果、草莓、樱桃更好吃。红绿色盲患者通过与他人的语言交流应该还会知道，"红"是血液的颜色，是火的颜色。在有红绿灯的十字路口，红绿色盲的人会有一个理解，那就是红灯亮了要停下来，绿灯亮了可以通行。虽然他们从颜色上区分不了哪个是红灯，哪个是绿灯，但是他们可以从红绿灯的固定位置判断，也可以从其他行人或车辆的行为来判断。如前文所述，红绿色盲患者的词汇有"红"这一词，从维特根斯坦的意义即使用理论视角来看，红绿色盲患者可以理解"红"的意义，因为他们可以在日常生活中用"红"说出符合语法的句子，如"西红柿成熟了以后是红色的"，"人在害羞时会脸红"，也可以在看到"红灯"时停下来，等等。

举个反例，人类的眼睛无法识别红外线或紫外线，耳朵无法听到超声波或次声波，那么，我们是否就永远无法像某些鸟类或某些鱼类那样理解"红外线"、"紫外线"、"超声波"、"次声波"的意义了呢？再试想一下，盲人无法看到任何东西，那他就无法理解一切事物的意义吗？我想，答案不言而喻。

（三）红绿色盲与"生活形式"

意义即用法不能仅仅理解为语词的意义在于上下文或语词仅仅在命题中才有意义。"当人们说意义即用法的时候，人们就远远超出了上下文或者命题的范围，而是将其与更为广阔的社会生活形式和场景联系起来。也就是说，词语的意义在于其在不同生活场景中的使用，是镶嵌在习俗和建制之中的东西。"（李爱民，2004：62）这里的用法指的是词语在其日常中的使用，也就是在没有"弄哲学"的时候，人们在日常状态中对一些词语的用法的理解。"维特根斯坦后期哲学抛弃了他前期关于语言和世界的本质的规定：语言并不是由所有描述事实的命题组成的封闭的、完成了的整体，而是由各种各样、或大或小、或原始（简单）或高级（复杂）、功能各异、彼此间仅具有家族相似性的语言游戏组成的异质类聚物；世界并不是由所有可描述的事实组成的封闭的、完成了的整体，而是由各种各样、作用各异但又互为前提、互相交织的生活形式组成的异质类聚物。那所谓生活形式就是指在特定的历史背景下通行的，以特定的、历史地继承下来的风俗习惯、制度传统等为基础的人们的思维方式和行为方式的总体或局部。因而维特根斯坦所谓的'生活形式'概念的外延是非常丰富的：它既可指整个人类社会（或整个部落、整个民族）思想行为的总体，又可指作为整个人类社会（或整个部落、整个民族）之一部分的，相对独立的社会单位——社区、社会群体——的思想和行为的总体或局部。这些或大或小的生活形式的作用多种多样、千差万别，但它们又互相影响、互为前提，根本说来，它们是互相交织缠绕在一起的。此外，生活形式还具有如下特征：首先，一种生活形式就是一种实践，这是由一系列实践活动构成的；其次，任何实践，因而任何生活形式都是在特定的历史背景下通行的，都以特定的风俗、习惯、制度、传统为前提，因而任何生活形式都构成了人类自然史之一部分；最后，人们的任何概念活动都可以引起人们的兴趣。在这里，不同的概念就不再是不可想象的了，事实上，根本说来，只有以这样的方式，不同的概念才成为可想象的。"（韩林合，1998：105）

与"红绿色盲能够理解'红'的意义吗？"这个问题类似的一个问题是，"聋哑人能有声音语言吗？"维特根斯坦曾说，有些人认为聋哑人虽学会了手势语言，但是他们都是用一种声音语言在内心对自己说话。我们并没有一致的尺度来理解所有的语言。面对来源于多种生活形式的语言游戏，维特根斯坦教导我们"不要想，而要看"，通过观察语言的实际使用来发现其中不同的生活形式。

《哲学研究》6 第 2 部分第 11 节有这样一个图例（见图 1）：它是个立方体或是敞口倒置的盒子，还是一个铁丝框架或是由三块板子组成的实

角……这里每一种看法都基于一个不同的视角。维
特根斯坦提醒我们，不要试图分析你的内在经验，
而要看这种图形在生活中的作用。看到这个图形时，
我们可能是要做几何题，也可能在依图做一个模型，
我们对这个图形会有不同的视角，我们每次视角的

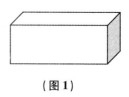

（图1）

转换都意味着一个新的生活场景。"如果你把立体的标准图看作由一个
正方形和两个菱形组成的平面图形，你也许就会以不同于视这张图为三维
图形的人的方式去执行'给我拿来这种东西'的命令。"（转引自方刚，
1997：93）如果你只认为你自己的视角是对的，那么你就大错特错了，
你的视角可能只相对于某一个游戏是合理的，进一步讲，对这个图形的理
解是否合理只是相对于某一种生活形式而言的。"就拿与视觉很有关系的
绘画艺术来说，其'语言'之间的差异是明显的。比如在透视法上，中
国画采用的是多角度散点透视，近代西画所用的是对视网膜映像复制的灭
点透视。古埃及壁画利用的又是平行透视。难道我们能确定只有对视网膜
映像的复制才是真实的艺术吗？假如有人因不懂某种外语而把用这种语言
写成的书视为垃圾，你一定觉得不可思议，可是因为某种绘画没有反映我
们熟悉的视觉语言就遭到否定的事却是经常发生的。视觉语言改变了，要
理解其含义就必须学会'阅读'这种语言。"（方刚，1997：93）

"红"的意义对于红绿色盲患者来说也是同样的道理。世界上患红绿
色盲的人口大约占总人口的8%，那么，根据维特根斯坦的学说，这个群
体的人有他们自己的生活形式，他们对"红"的理解取决于他们对这个
颜色的认知和这个词汇的使用，因此，我们不能仅因大多数人对"红"
的理解而抹杀他们的这种个体差异，也不能因为他们的生活形式与我们的
不同而否认他们的生活形式。总之，我们只能描述一种生活形式或世界图
式，而无法为此给出一个绝对正当的理由。生活形式的东西是在人们的日
常生活中通过语言游戏显现出来而不需证明的。

四　结语

笔者认为，维特根斯坦后期哲学主要体现了一种宽容精神。科学表
明，所谓色盲患者同样是生活在多姿多彩的世界中，他们甚至比常人拥有
更敏锐的色觉，能区分15种不同的黄褐色，他们的异常色觉并不是缺陷，
而是因为他们拥有与我们不太相同的眼睛。关于颜色，他们拥有着不同的

生活形式，进行着不同的语言游戏，就像对普通人来讲，"雪"只具有单一的意义，可是爱斯基摩人的语言中"雪"却有七种不同的意义，难道他们对"雪"的理解是错误的？又如，对于非洲某些民族来说，大于十的数字就足够大了，难道我们能说他们不理解"大"的意义吗？再如，英语与希腊语对颜色词的划分差异很大，以至于在历史上英国人曾经以为希腊人是色盲。如果把以上这些问题放到维特根斯坦后期的哲学框架中，那么它们就能迎刃而解了。维特根斯坦后期的哲学思想给了我们一种处理哲学问题的态度和技术，揭示了语词的意义即是其实际用法这一道理，从而把语词的意义引向生活，引向人。

参考文献

Lycan，William，G.，*Philosophy of Language*，New York：Routledge，2008.

陈嘉映：《语言哲学》，北京大学出版社 2010 年版。

韩林合：《维特根斯坦论"语言游戏"和"生活形式"》，《北京大学学报》（哲学社会科学版）1996 年第 1 期。

李爱民：《意义即用法：解读后期维特根斯坦的一条主线》，《广西社会科学》2004 年第 11 期。

涂纪亮：《英美语言哲学概论》，人民出版社 1988 年版。

维特根斯坦：《哲学研究》，三联出版社 1992 年版。

徐英瑾：《维特根斯坦关于分析判断与综合判断之间"第三种可能性"的思考》，《复旦学报》（社会科学版）2006 年第 5 期。

赵亮：《从索绪尔的语言理论看模糊语言》，《外语学刊》2004 年第 2 期。

钟璇、李霖、朱海红：《针对色觉异常人群的地图设计研究》，《测绘科学》2012 年第 37 卷第 4 期。

马礼逊《华英字典》日常用语和俗语收译研究

李伟芳

摘要： 传教士马礼逊编撰的《华英字典》是世界上第一部汉英字典。该字典首创性地收入了丰富的日常用语和有关普通事物及观念的白话文例词例句，其中不乏民间常用的谚语、成语等俗语，从而保留了当时中国大众用语、文化和社会习俗等方面的语言实证。笔者对《华英字典》中的日常用语和俗语进行了初步归纳分类并对其英译表达的翻译手法和存在的问题进行了分析。

关键词：《华英字典》；日常用语；俗语；翻译

一 引言

马礼逊（Robert Morrison）编撰的《华英字典》是中国乃至世界历史上第一部汉英—英汉字典，富含中国历史、文化、政治、宗教、习俗等各方面的内容，堪称一部中西文化的百科全书。其突出特点之一在于，尽管它是马礼逊参照中国的《康熙字典》和《艺文备览》编撰而成，但却有别于中国传统字书仅从经史文献中收集语料、很少俗话俚语的传统，收录了大量的日常用语和民间俗语，保留了属于民间的事物与观念，为当时在华西人的生活和工作提供了便利，也为学界了解当时的语言使用情况和中西语言接触保存了实据。

二 《华英字典》简介

《华英字典》是来华的第一位英国新教传教士马礼逊的汉学代表作之一。

马礼逊编撰《华英字典》的目的，一方面是为了传教士在华生活和传教工作的顺利开展；另一方面，是为欧洲学者了解中国语言、政治、历

史、制度、习俗、哲学等各方面提供第一手的资料。同时，《华英字典》
也旨在为想要学习英文的中国人服务，正如马礼逊在《华英字典》封面
上所印，此书为"博雅好古之儒所据以为考究，斯亦善读书者之一大
助"。从 1808 年开始，马礼逊历经十几年的资料收集、翻译整理、编撰，
终于在 1822 年完成了这部六卷本字典的出版发行工作。

　　《华英字典》共分为三个部分六卷。其中第一部分共占三卷，名为
《字典》（ A Dictionary of the Chinese Language，Chinese and English，ar-
ranged according to the radicals）。该部分从篇幅和内容上来讲都是《华英
字典》中最为重要的部分。马礼逊将汉字按照 214 个字根进行排列，其
内容主要根据《康熙字典》和《艺文备览》英译，但也加入了马礼逊从
个人生活经历和小说、戏曲等中收集的日常用语表达和俗语，字典还附有
字母索引。

　　马礼逊在 1819—1820 年相继出版了第二部分的第一卷和第二卷。该
部分的中文名为《五车韵府》，将汉字根据音标按英文字母排序。该部第
一卷的附录中列有星辰和星座的中英文对照表。该部的第二卷附录则把汉
文书写的楷书、行书、草书、隶书、篆书、古文六大类分别列出。

　　字典的第三部分是于 1822 年出版的英汉字典，其编写参照了巴西勒
的《拉汉字典》，内容包括单字、词汇、成语和句型的英、汉对照，解释
颇为详尽，例句都有汉译。

　　《华英字典》的发行在为西方在华传教士的生活和工作带来了极大的
便利的同时，也为远在欧洲的汉学研究者提供了中国语言、政治、历史、
制度、习俗、哲学等各方面的珍贵资料。不仅在当时为促进中西文化交流
做出了巨大贡献，即使在将近 200 年后的今天，依旧具有极高的参考和研
究价值。

三　《华英字典》收录的日常用语和俗语

　　马礼逊的《华英字典》的巨大贡献之一即在于它打破了中国传统辞
书在解释词条意义时仅引经据典的条框限制，首次大量引用了文言文以外
的日常用语和中国老百姓中流传的俚语俗言，更为真实地反映了当时的大
众语言使用情况。现将其中收录的日常用语和俗语总结分类如下。

（一）日常用语

　　《华英字典》中的日常用语涉及各个方面，以下本文仅就其主要功能

作出粗略分类。

1. 风俗习惯

《华英字典》中很多日常用语反映了中国文化中特有的风俗习惯，如涉及婚嫁礼仪的"骑过火盆"和"回门"，觐见皇上的"三跪九叩"之礼，以及用钱买官的"捐功名"现象等。

2. 史书典故、传说及戏曲小说故事人物

被马礼逊记录在《华英字典》中的人物或故事不仅来自史书典故，如"屈原"、"诸葛亮"和"金屋藏娇"等，还有一些出自"非正统"的戏剧和小说或传说故事，如"崔莺莺"和"嫦娥"等。

3. 日常事务及用品

《华英字典》中有很多涉及普通老百姓日常用品或事物的词汇，如"历书"、"衣箱"、"荷包"、"咸菜"、"尖头靴"等。

4. 交流信息

马礼逊还从其生活经历和戏剧小说中收录很多普通大众用以交流信息的语句，如"这件货要加些价钱他才肯卖"、"谁做主"和"又有一件事"等。

5. 个人评价或情感表达

涉及个人评价的例句有"主意倒好只是太费本些"、"他待人实在厚道"、"那个人很唠唠叨叨"；而"我巴不得！""了不得！""难道把我劈八瓣子不成！"则是人们在生活中经常使用到的表达情感的用语。

6. 问候寒暄

问候寒暄是各国各族人民生活语言中必不可少的内容，既然《华英字典》是本着帮助在华西人日常生活和传教而编著的，其中自然少不了华人用以寒暄问候的日常用语，如"今天发有什么好风吹送来"、"你往哪里去"、"我出去逛逛"、"吃过饭没有"和"多谢光临"等。

7. "新生事物"

伴随着西方人士的入华生活，一些在中国人看来原本陌生的事物也逐渐进入中文词汇并被马礼逊在他的字典中记录，如用来指奶酪的"牛奶饼"；西方人常喝的饮料"柠檬水"；欧洲人用以书写的笔具"鹅毛笔"；西方传教士建立的收留穷苦孤童的"育婴堂"。

8. "粗言秽语"

为了更为真实地记载普通人的日常用语，一些不可能在传统辞书中出现的"粗言秽语"也被马礼逊如实引用，如"滚你路吧"、"放屁"、"王八蛋"等。

（二）俗语

除过以上列举的白话文的日常用语之外，《华英字典》还有数量众多、内容丰富的俗语。关于俗语的定义，学界仍存在分歧，各种观点莫衷一是。马礼逊本人在《华英字典》中给出的俗语的定义为"the common dialect；a common saying，a proverb"，即俗语为"常用的方言，常用语，谚语"。本文根据此定义，并结合 1989 年版《辞海》中"俗语也叫俗话、俗言，流行于民间的通俗语句，带有一定的方言性，指谚语、俚语、惯用语及口头上常用的成语等"的定义，对马礼逊《华英字典》中的俗语作出以下几种主要分类。

1. 谚语

谚语是熟语（idioms）一种，是流传于民间的比较简练的固定语句，往往用简单通俗的话来反映深刻的道理，被认为是一个国家或民族的普通大众日常经验的概括与总结。马礼逊在《华英字典》中收录了丰富的语言简洁、内容精辟、寓意深远的谚语，如"牡丹虽好终须绿叶扶持"、"不以规矩不能成方圆"、"好事不出门恶事传千里"等。

2. 口头常用的成语

成语是特殊的固定词组，基本为四字组合。但书面色彩较浓的成语不被视为俗语的下位，只有流传于群众之中通俗化的常用成语才能被视为俗语的一种。而《华英字典》收集了为数众多的符合俗语定义的常用成语，如"寿比南山"、"不三不四"、"借刀杀人"、"货真价实"等。

3. 歇后语

短小而形象风趣的歇后语是中国人民在生活实践中创造的另一种特殊的语言形式，它也同样出现在马礼逊的《华英字典》中，如"哑巴吃黄连肚里苦"、"亡羊补牢，未为迟也"和"老鼠拖秤锤自塞洞门"等。

4. 惯用语

惯用语是口语中短小定型的习惯用语，多为三字结构。《华英字典》收集的三字惯用语有"没来头"、"来得紧"、"争口气"、"硬着胆"、"跳火坑"等。

5. 俚语

俚语一般被认为是较为粗俗的、方言性较强的口头语。被收集在

《华英字典》中的俚语有"二五眼子",这是在南方上海地区和北方天津地区老百姓都使用的用以指代"笨手笨脚的人"或"不怎么样"的俚语表达;"火头",即广东地域人们对厨师的民间俗称;"价不中"和"不中用"这两个典型的北方民众常用的俚语分别表示价钱不合适和毫无用处之意。

四　《华英字典》中文日常用语和俗语的英译

马礼逊对于《华英字典》收录的中文字词句均给出英译,以供懂英语的人了解汉语之用。对于翻译,马礼逊以忠实、明晰和简洁为基本原则。马礼逊在将《华英字典》中收录的汉语日常用语和俗语例词和例句翻译成英文时,为了忠实于中文原文而多采用直译的方法。但为了语义的清楚明晰,他也运用加注、释义、增补等翻译策略。以下以《华英字典》中的部分俗语英译为例,简介马礼逊常用的翻译策略和存在的问题。

(一) 翻译策略

1. 字面直译

马礼逊编撰《华英字典》的初衷在于帮助西方人士学习中文、深入了解中国民俗和文化,而包括谚语、成语、歇后语等在内的俗语正是具有独特中华民族文化底蕴的语言精髓。为了保留俗语的原汁原味,马礼逊在对汉语俗语进行翻译时主要采用了既保留原文内容又保留原文语言形式的字面直译法,如以下例句:

"比上不足,比下有余。"(Compared with those above, deficient. Compared with those below, have something to spare.)

"各人自扫门前雪,莫管他人瓦上霜。"(Let every man sweep the snow from before his own door; and not meddle with the hoar frost on top of another man's tiles.)

2. 直译并加注

直译法虽然具有忠实原文的优点,但由于中英两种文化背景、思维方式和语言表达的巨大差别,有时纯粹的直译无法做到正确清晰地传达原文意义,因此马礼逊有时也会采用加注的策略以提供相关的背景知识或语义来源,以更好地保留中文俗语的民族特征。

如谚语"牡丹虽好,终须绿叶扶持",马礼逊先是对其进行字面直译,"Though the Mow tan flower be good, still it must have green leaves to support",然后加注,"They express by this allusion,that,however excellent a man may be,he can not stand alone. The Mow tan, is also called 富贵花,'The rich flower'",从而更为清楚地介绍了牡丹花在中文中的独特意义。

同样,中国老百姓常说的"巧妇不能为无米之炊"也是在英译过程中采用了直译并加注的策略,其翻译如下:"However clever the wife may be,she cannot boil the pot without rice;——a proverbial saying to express the duty of the husband to procure the means of support for his family,and not to blame his wife because she does not perform the impossibilities"。

3. 释义

由于中文俗语承载着中国文化特有的哲理和人文思想,有时很难通过直译的方式达到理想的语义效果,马礼逊则会采用释义,即解释的策略对中文俗语进行翻译。

如成语"出兵不利",马礼逊在翻译时并未将英译语言局限在出兵打仗这一层面,而是根据其内在含义,将原文释义为"to engage without success"。

又如成语"分毫不错",其英译并没有根据原文的表层结构去翻译分和毫这两个对西方人士而言非常陌生的长度单位,而是根据深层意义释义为"not the least error"。

4. 增补

增补是根据上下文,在译文中增加原文中虽无其词但却有其意的语言成分,以避免因文化、历史或观点差异而导致的理解障碍。如成语"咬牙切齿",其本义为"咬紧牙齿,表示痛恨。形容极端仇视或痛恨"。如果仅根据原文的表层结构将其翻译为"gnash one's teeth",则失去了其情感色彩,因此马礼逊在译文中加上了增补成分"with rage and indignation",将其译为"gnash one's teeth with rage and indignation"。

又如,中国人在他人生意开张顺利时常用的祝福语,"大吉大利",其英译为"Great happiness,great prosperity to you,to me,or to this house,and so on"。其中的"to you,to me,or to this house,and so on"即为增补成分,更直接地告诉其英文读者,这是一个特定场合下使用的祝福语。

(二)翻译中的失误

在我们承认马礼逊的《华英字典》的巨大成就和贡献之时,有一点不容忽视,即马礼逊囿于其对中国文化和语言的理解,在汉语例句和例词英译时，还是出现了不准确或是错误的现象。

如"口是心非"，指嘴里说的是一套，心里想的又是一套。但马礼逊将按字面结构直译为"The mouth is right, but the heart is wrong"，没有传达出原文所表达的心口不一的概念。

再比如"声名狼藉"，本义是形容行为不检点，名声极差。但马礼逊却将其译为"a very high reputation"，完全失去了汉语原文的贬义。

另有俗语"多多益善"，它在《华英字典》中的英译为"very advantageous to virtue"（对美德是非常有益的）。可见，马礼逊误解了该成语中"益"和"善"的意思。事实上，在这则成语中，"益"表示"更、越"，而"善"并非指善行或美德，而是"好"的另一种说法，因此这则成语是指"越多越好"，应被译为"the more the better"。

五　结论

作为出版最早的汉英双语词典，《华英字典》在其出版伊始就受到了在华西方人士的衷心欢迎和欧洲汉学学者的极高赞誉。除却其百科全书式的浩繁卷帙和丰富内容，《华英字典》还开创了在词典中记录"村语俗言"的先河，因而对中国从文言到现代白话的过渡也有先导之功。《华英字典》虽然是建立在对中国辞书《康熙字典》的翻译基础之上，但却增加了大量的日常生活用语和极其丰富的包括谚语、成语、俚语等在内的俗语，真实地反映了当时的大众语言使用情况，从语言的角度再现了近代中国的历史文化、风俗习惯和人生哲理。

为了给西方人士了解中国语言和文化提供最大便利，马礼逊对其所有收录在《华英字典》中的汉语例词、例句都给出了英译。本着忠实性、明晰性和简洁性的翻译原则，马礼逊主要采用了直译或直译加注的翻译策略以保留原语言的文化特征。但他也在必要时采用了释义和增补等手段以更好地实现意义的准确表达。尽管出于本身中文知识和文化背景知识的局限，《华英字典》中的中文在英译时出现了个别的不准确或错误等问题，但这部具有开创意义的鸿篇巨制的伟大意义是毋庸置疑的。

参考文献

［英］马礼逊夫人：《马礼逊回忆录》，顾长生译，广西师范大学出版社2004年版。

杨慧玲：《19 世纪汉英词典传统——马礼逊、卫三畏、翟里斯汉英词典的谱系研究》，商务印书馆 2012 年版。

张西平：《传教士汉学研究》，大象出版社 2005 年版。

郭文琦：《浅谈汉英谚语翻译中的变通和补偿手法》，《陕西教育》2010 年第 6 期。

吴宗渊：《关于俗语、成语等的划界问题》，《固原师专学报》1989 年第 4 期。

徐式谷：《历史上的汉英词典（上）》，《辞书研究》2002 年第 1 期。

张美平：《马礼逊经典翻译与中西文化交流》，《浙江教育学院学报》2011 年第 1 期。

周振鹤：《善读书者之一大助》，《中华读书报》1999 年 6 月 23 日。

卓新平：《马礼逊与中国文化的对话——马礼逊文集出版感言》，《世界宗教研究》2010 年第 3 期。

浅谈日语特有的语言表达与岛国思维

尹仙花

摘要： 语言表达恰当与否的基准是能否被社会普遍认可。日本人特有的语言表达，对学日语的中国人来说非常难以准确地把握。日语中存在这些较难的语言表达形式，说到底是由于该民族的思维方式决定的，而思维方式又是在其国家的历史、地理环境的长期影响下形成的，所以我们很难断言该语言表达形式好或不好。同语法规范相比，说话人的思维方式才是决定性的。只有在认同不同思维方式的基础上通过交流来加深理解和了解，异文化间的交流才能得以顺利进行，才能做到真正意义上的相互理解。

关键词： 语言表达；思维；被动句；言外表现

一　引言

世界上存在各种各样不同的语言，而各种语言均具有不同的表达形式和独有的特征。使用不同语言交流难免会不能准确理解对方意图而造成不必要的误会，无意中制造误解。人们常说中国人和日本人在文化上"同文同种"，但实际上中国人和日本人在语言、文化及思维本质上有很多不同之处。异文化间的交流，尤其想做到顺畅沟通（コミュニケーション）可谓困难重重。

下面我们就举两三个例子来了解日本人在语言表达方面的特殊形式，剖析其深层思维，以便在学习、工作、生活中尽可能做到无障碍交流，顺畅沟通。

二　用"被动句"形式表达"主动句"

对汉语和日语稍加比较我们就会发现：虽是表达的内容相同，但用汉语时是主动句，而用日语时往往就是被动句。例如：

汉语：他问我"你为什么没来?"

日语：「なぜ来なかったの?」と彼に聞かれた。

汉语：小王约我明天上街。

日语：王さんから明日街へ行こうと誘われた。

汉语：在俱乐部召开了庆祝大会。

日语：クラブで祝賀大会が開かれた。

日语的被动句大体上可分为三类。①「AはBに（他動詞）れる、られる」②「Bに（自動詞）れる、られる」③「動詞（ごく一部の）れる、られる」。①也称为直接被动句，同汉语被动句的意义、使用方法均相同，表示某一动作的直接被动受体。而②和③是间接被动句，也就是说从语法上来说是被动句，但在意义上并非直接表示动作的被动，而是表示受到负面影响、遭受损失等间接影响，汉语中几乎不使用此类被动。例如「日曜日友達に来られて何も出来なかった。」（星期天来了几个朋友，什么都没干成）这一句，在日语中的「来られて」中包含有"因为朋友来访这一事实而本来必须干的事情却没有干成"之喟叹、惋惜的感情，而通常汉语被动句没有此种意义的功能。这可以说是日语被动句所独有的表现形式。除此之外，日语还经常具有通过采用被动形式来使事物客观化、给人以自然而然之印象等功能。这也可以说是同日本人的社会心理、价值观等相通的地方。

「妻に先立たれ、子に死なれて困っている」作为自动词被动句是一个非常典型的例子，该句译成汉语则为"妻子先死，孩子又死掉了，真没办法"，而无论如何都不能翻译成"被妻子死了"、"被孩子死了"。像这样在日语中使用被动表现大概是来源于「世の中のすべてのことは人間の意志によらず」这种哲学思想吧。也就是说「妻の死と子供の死は」是不可避免而发生的事情，而他们的死又间接地给丈夫带来了困难。倘若把此日语表达改写成主动句的话又会怎样呢？那便是「妻が先立ち、子が死んで……」，此句子从语法上来看完全正确，但在充分表达"丈夫由于妻子和孩子的死而受到的打击和负面影响"之意时，很显然是不如被动句表达得充分。只要是日本人通常都会优先选择使用被动句。从以上分析我们可以看出，日语中的被动句并非是主动和被动双方位置的机械调换，而其中的心理要素、字面上并未表现出来的深层意思才是第一位的。

　　日语被动句的另一个特征就是由人引起的行为也作为"像客观地、自然发生的事物一样"来表现。在这样的句子中，说话和动作的主体通常不会出现。例如把「神州九号が打ち上げられた」译成中文则为主动句"成功发射了神舟九号"。如果要问此日语句是否可以改写成主动句，其实也并非不可以（如「中国が神州九号を打ち上げた。」）。但作为日语，前一种说法更为自然，应该优先选择。

　　综上分析我们可以发现，日本人在表达事物时对动作主体并不怎么关心，而更侧重于对事物结果的表现，重点集中于事物现在处于什么状态、是什么结果。像「彼はみんなにハンサムと呼ばれている」（大家称他是帅哥）这样的表达，正是日本人顺其自然地体现其民族性的语言表现。通过比较「みんなが彼をハンサムと呼んでいます」和「彼はみんなにハンサムと呼ばれています」两个句子可以发现后者更符合日本人的说话方式、更像地道的日语。

　　日本人在说话时喜欢用被动形式，究其原因并非全部源自日本固有的语言表达方式。某些看起来用主动句表达更好的场合也偏偏采用被动形式表达，这不能不说是日本人为以防万一而逃避责任的表现。日本医院的医生诊断书中通常有如下表达：「向こう二週間の安静治療を要するものと認められる」。作为医生，如果写成「二週間の安静治療を要する」是完全合理的，但同时又特意使用了「認められる」一词。通过这样的表达可以说明"依我来判断是这样的，但如果别人的话，可能会得出不同的诊断结论。这是我个人的判断，不能保证绝对准确"之意思（也可以说是婉转表达），即便有万一之事发生，也可以不担责任。而如果只使用「要する」的话就会给人一种过分强调其判断权威性的印象，而且也不符合日本人的说话习惯。正是因为下了比较强烈的判断，日后必须承担相应的责任。可见诊断书中的「認められる」一词是承担着多么重大的"使命"！因此在日常的报纸、杂志里经常使用「言われている、思われる、考えられる、認められる、伝えられる」等被动表达（也称为"自发表现"）。这不过是为逃避责任而特意使用的被动形式，也是慎重选择的外交辞令。

三　用「なる」句表达「する」句

（1）私たちはメーデーに結婚します。

（2）私たちはメーデーに結婚することになりました。

（3）私は今度本社へ転勤します。

（4）私は今度本社へ転勤することになりました。

中国人习惯于「…が…する」结构，而对于「…が…ことになる」结构却似乎不怎么习惯。这是因为汉语喜欢把行为人的动作尽可能主观化，而日语却喜欢将行为人的动作尽量客观化。不过这些不同点并非是绝对的，我们经常遇到语法上正确的句子并非是地道的句子。

「私たち六月に結婚することになりました」（我们六月份结婚）中，「なる」一词削弱了行为人的主观意图。通过用「…ことになる」表达，使"结婚"之事超越了当事人意图而给人一种自然成立的感觉，这种说法很常用。而这与具有强调动作主体倾向的汉语却很不一样。如果让中国学生翻译「私たち六月に結婚することになりました」的话，很多学生就会面露难色。这是因为他们不明白为什么决定结婚的是两位当事人，而却又要用「ことになる」这种有"被他人强迫"感觉的表现呢？可见对于「なる」的偏好在讲日语的人当中已经根深蒂固。也就是说，中国人非常偏爱站在行为人立场上表达事物，而日本人比较偏爱站在第三者立场上把事情说得"非人为地、自然而然就那样"了。

除此之外还有行为意识的因素。中国人通常认为"某事是由某行为人引起的"。但是日本人并不太关心事情是由谁引起的，而对于事情本身的关心更甚，所以对于同一件事情，中国人和日本人关心的侧重点就很不一样。「なる」和「する」表现的不同就在于此。所以日本人比较喜欢尽可能避免主动句的表达形式，更偏好使用"间接的、自然而然性质"的「なる」结构。

四　非语言信息与言外表达的广泛使用

稍有日语学习经验的人都会发现日语是一种非常暧昧的语言。明明是把对方说的单词按语法顺序、规则加以倾听理解的，却经常出现与自己的理解大相径庭的情况而令人哭笑不得。

例如：

じゃ、考えておきますけど

そうですか、それはちょっと

さあ、どうでしょうかね

まあ、今のところでは何とも言えないんですが

如上面句子，从文字表现来看，因为「考えておく」是「考える」和「考慮する」的意思，与「断る」毫不沾边，因此可以认为至少有50%以上的可能性而非常乐观地等待。但是无论怎么等待都没有回音的话，我们可能就会断言此人"不讲信用"、"撒谎"。然而对于以日语为母语的人来说不会出现类似问题，对于非以日语为母语的日语学习者来说却很难真正理解说话人要表达的意思，很容易导致误解甚至麻烦。

从语言意识上来看，这与汉语的语言构造（因汉语是孤立语，文中不出现主语的话前后句意思就不清楚）也应该有某种关系。中国人基本上把语言作为沟通和传达意思的工具，无论是在思维上还是在实践中，尽可能通过说话的方式向对方清楚地表达自己的意思。因此当有什么情况发生时，"快说呀，不说怎么知道"「早く言いなさい。言わないとわかりっこないじゃないか」就如固定的抱怨句子一样自然而然地脱口而出。换句话说，中国人也把「話さなければわからない」作为交流的原则。除却特殊情况，中国人倾向于将自己的所思所想表达清楚透彻。当用外语表达时，更是主语、宾语、谓语均一个不落地用在句子里，以清楚地、准确地表达自己的意思。

与之相反，日本自古就有一句比较有代表性的俗语「言わぬが花」。正如该俗语所暗示的，日本人"不用语言而完成意思传达"的倾向非常强，把「語らぬ」视为美德，很少见到用尽各种句子成分向对方传达意思的情况。由此产生的便是「察し」（揣测）和「気配り」（照料）等非语言信息传递行为。自古以来在日本「沈黙の英雄」很是被人称颂。即便现在，直言不讳、说话太直接还是被人们认为很粗鲁。所以就只好通过言外表达来传达意思。

正因为如此，日本人用微妙的表情、谨慎的肢体动作和眼神等代替语言相互传达意思。这种表现方式得以成立的原因便是「話さないでもわかる」这一"原则"或者说是"前提条件"。所以日本人并不是很积极地向对方传达自己的意图，对自己的意见、主张等并不表述得很透彻明白。那么为什么日本人之间不必说得很明白也会"探知"到对方的意图呢？

中国自古以来就是以汉族为中心、众多少数民族共同生活的幅员辽阔的国家，而且也遭受过外来民族的统治。虽然各民族同根同种，但又是一个语言很不相同的社会，人们为了生活下去必须进行积极的语言交流。而

且为了不招致误解，必须清楚地表达自己的意思。使用不同语言的人们之间的交际、交流之技巧的重要性也就理所当然地被全社会所认同。

相反，日本是处于特殊地理位置的岛国，并没有遭受外来侵略的经历，所以几乎没有外来因素的影响，作为一个纯度相当高的单一民族、单一语言的岛国发展至今。在那里使用的当然是被称为"岛国语言"的特殊语言。缺少流动性的岛国范围内，人们彼此之间的理解度非常高，语言生活的环境非常单纯且彼此间又相互体谅，所以彼此不说话也能明白对方意思。而在现实生活中「話さないでもわかる」的情况也的确普遍存在。

可以说这种"不用多说话或不用语言来相互传达意思"的心理、"不说透彻，缄默中让对方明白"的社会理念、"与其自己说透彻不如让对方明白己方"的消极行为模式等均来自日本的岛国文化背景。

五　结论

前文中列举的例文（汉语和日语）也并不限于该形式，通过另外的表达形式加以说明也是完全可以的。即便上述例句在语法上没有任何错误，在中国人和日本人看来有时会成为病句或非常不自然的句子。语言表达恰当与否的基准是"某种语言表现是否被社会普遍认可"。也就是说，同语法规范相比，说话人的思维方式才是决定性的。

除却我们所说的"暧昧"之外，日语还有一个特点，即便普通的主动句能充分表达也要特意大量使用「させていただく」结构。也就是说，除却"避免语言的透彻表达，注重以心传心、「察する」（揣测）能力"等日本人独特的表现手段之外，还有"在语言交流时注意言外之意、结论部分交与对方加以判断"等许多日本人特有的表达手段，对以日语为外语的外国人来说非常难以准确把握。如果做不到这一点，就很难进行真正意义上的异文化交流。日语中存在这些较难的语言表达形式，说到底是由于该民族的思维方式决定的，而思维方式又是在其国家的历史、地理环境的长期影响下形成的，我们很难说该语言表达形式的好与不好。只能在认同其不同思维方式的基础上通过交流来加深理解和了解。只有这样才能顺利进行异文化间的交流，才能算得上是真正意义上的相互理解。

参考文献

小柳かおる：『新しい言語習得概論』，スリーエーネットワーク2004 年版。

姫岡勤：『文化人类学』，ミネルヴァ书房 1967 年版。

島田裕巳：『異文化とコミュニケーション』，日本評論社 1991 年版。

［日］土居健郎：《日本人的心理结构》，商务印书馆 2006 年版。

"право" 法律概念的翻译

——以中俄比较法律文化的视角研究

李 琳

摘要：本文从中俄比较法律文化的视角，研究"право"法律概念的基本意义与扩展含义，剖析中俄法律概念差异与暗合所蕴含的深刻文化因素，进而阐释"право"法律概念的翻译原则和翻译技巧。

关键词：право 法律概念；法律文化

"право"是法律俄语中出现频率最高、最为重要的概念，它意义广泛、涵盖面宽，使用复杂。中国的"法"概念与"право"概念具有截然不同的法律意义，表达不同的中俄法律文化价值观。

一 "право"概念分析

外语教学与研究出版社的《现代俄汉双解词典》中，"право"的基础释义是：совокупностьустанавливаемых и охраняемых государственной норм и правил，регулирующих отношения людей в обществе，а также наука，изучающая этих норм。（国家权力机关制定和颁行的用于调整社会中人与人之间关系的准则、规范体系，及其研究这些准则的学科体系。）在俄罗斯新版《大百科词典》中"право"的解释是：в более широком смысле охватывает также правовые отношения и основные права гражданина，закрепляемые，гарантируемые и охраняемые государством；в узком значении-система общеобязательных социальных норм，установленных или санкционированных государством。（广义指国家确定和保障的法律关系和公民基本权利；狭义指普遍遵守的国家制定和颁行的社会准则。）

值得注意的是，俄罗斯《大百科辞典》中对"право"首先解释为"правовые отношения и основные права гражданина"（法律关系和法律

权利），狭义上是"социальные нормы"（社会准则）；而外研社《现代俄汉词典》中，"право"解释为"государственные нормы и правила"（国家准则和规则）。显然，这两种版本对"право"概念的解释不论在内涵上，还是外延上都有诸多不同。

由此可见，"право"法律概念具有多重意义，其含义包括有："закон"指国家强制力保障实施的，用以规范人们行为的法律准则，包含有国家制定颁布的法律规范、国家机关和政府机构颁行的规则、社会法人组织及自然人的合同协议，以及社会团体和党派的章程等；"справедливость"指罗马法中以"权利"为核心的公平、正义、合法性、正当性等法律价值观；"власть"指国家通过法律所赋予国家机关和政府机构的权力和权威，同时又制约着国家机关的国家行为和政府行为；"юриспруденция"是所有关于法律问题的知识和理论体系。

在上述"право"概念结构中，与中国"法"概念密不可分的相对应的法律概念，应该是"закон"，其本质为 совокупность установленных или санкционированных государством общеобязательных правил поведения（国家制定和颁行的社会行为准则）。正如我国宪法所规定的"公民在法律面前一律平等，国家尊重和保障公民权利"，这句话可译为"все граждане равны перед законом，и государство обязано соблюдать и защищать права человека"。此句中的"法律"译为"закон"，而"权利"译为"право"，体现了中文"法"与俄文"право"概念的差异性，这一法律概念的核心价值观体现在更深层的法律文化之中。

二　中俄法律文化影响下的"право"概念比较

俄罗斯横跨欧亚两洲，一直身处东西方文化的交融和冲撞之下。历史上的俄罗斯接受的是古罗马法制传统和基督教文明，而且在其法律思想发展历程中，始终受西欧法律思想和法律制度的浓重影响，接受了欧陆国家的民法或私法精神。俄罗斯法律基本上承袭古罗马的法律传统，符合"大陆法系"的特点，即重视法典的创造，法典的编纂内容完备，条款较原则，编排合乎逻辑，注重民事性法律规定等。

"大陆法系"起源于罗马法，包括自公元前6世纪罗马国家产生至公元476年西罗马帝国灭亡这个时期的法律，也包括优士丁尼时期东罗马帝国的法律。中世纪初期，罗马法在东罗马帝国境内一直适用，7—9 世纪之间，它是拜占庭帝国的重要法律渊源，并影响了斯拉夫人国家和俄罗斯的法律。东罗马帝国消亡后，西欧大陆的法律以罗马法为主，吸收并融合了教会法、日耳曼法及其他的法律，形成民法法系，也称大陆法系。俄罗斯接受并移植了欧洲大陆法律，至 19 世纪中叶基本上继承了大陆法系传统。罗马法中的拉丁文 jus（ius）一词所蕴含的"正当"、"公正"等价值观，极大地影响到了俄罗斯"право"的法律概念，并成为"право"概念体系的核心意义。

中国法文化中"法"即为"律"，亦为"刑"。在古代文献记载中"法"这一概念与刑是相互通用的，也往往与"律"并用。《尔雅·释诂》有记载，秦汉时期"法"与"律"便内涵相同，都有着划一、常规、均布的语言含义。《唐律疏义》中也提道："法亦律也，故谓之律"，又说战国的李悝"集诸国刑典，造《法经》六篇……商鞅传授，改法为律"。中国古代的法律精神是"诸法合体，以刑为主"，法、律已合二为一，表明同一种含义。即使是"崇尚法治"的当代中国，法律精神仍然以"惩治训诫"为重，"法"概念中，缺失"权利"概念是显而易见的。

另外，中俄法律思想家都认同法律是一种权威的意志。俄罗斯法学家伊萨耶夫（И. А. Исаев）在他著名的《国家与法》著作中，首先承认"国家制定的法令必须得到遵守"，这种法规和命令是以国家主权为基础，以强制力作为其实施的保证。这种法律的权威性、至高无上性，在苏联时期更是发展到了无以复加的地步。强制性的权威命令"власть"亦是"право"法概念的重要内容。中国古代的商鞅说："法者，国之权衡也。"韩非说："法者，编著之图籍，设之于官府，而布之于百姓也"，还说"君必身自执其度量"。也就是说，法治必须以"权"为基础，"法"的本质就是制度化的权威意志。因此，中俄"法"、"право"概念结构中，具有"власть"权利论的暗合，这种法文化的趋同与中俄两国地理上的接近、历史上的相仿有明显的关系。

三　"право"概念的翻译原则

（一）准确性原则

"право"法律概念结构中，最容易与之混淆的是"закон"，特别是在汉俄翻译中，其相应的"法律"、"法"、"权利"的用法和译法，经常会发生混乱。例如：在法律的类推适用中存在有两个相似的译名 аналогия закона 与 аналогия права，涉及不同的法律概念和术语，аналогия закона 的含义是：В случаях, когда предусмотренные пунктами статьи настоящего Кодекса отношения прямо не урегулированы законодательством или соглашением сторон и отсутствует применимый к ним обычай, к таким отношениям, если это не противоречит их существу, применяется гражданское законодательство, регулирующее сходные отношения.（如本法典几条几款所规定的关系在立法中或当事人的协议中未作明文规定，并且不存在可对之适用的交易习惯，在不与其实质相抵触的情况下，对这样的关系使用调整类似关系的民事立法规范。）而"аналогия права"则是在不能使用"法律类推"的情况下，当事人的权利和义务根据民事立法的一般原则和精神予以确定，即"法的类推"，根据法律精神和法律原则的类推。При невозможности использования аналогии закона права и обязанности сторон определяются исходя из общих начал и смысла гражданского законодательства.

　　了解到这一点，在翻译时就要遵循"право"和"закон"所表达的法律关系性质，准确地选择相应的法律概念。例如：Аналогия закона чаще всего используется в гражданском праве.（法律类推主要适用于民法。）这句话中的"аналогия закона"传达的是具体的民事法律规范的类推，不涉及法的原则和精神，应准确地翻译为"法律类推"。

　　（二）一致性原则

　　译文应该符合俄语法律文本的词汇术语的表达习惯，符合"право"法律概念的目标含义。为了维护"право"同一概念、内涵所指称的事物在法律上始终如一，以免引起歧义和曲解，词语一经选定后就必须前后统一。Структура правовой культуры состоит из трёх основных взаимосвязанных элементов: права, правового сознания, правомерного поведения.（法律文化体系由三部分组成：法律、法律意识、法律行为。）在这句话中出现了四个"право"，在翻译时抓住主要概念"правовая культура"（法律文化），其他的三个"право"按照一致性原则随之译为"法律"。

　　翻译更应符合立法原意，比如"民事法律的基本原则是确认民法所调整关系的参加者一律平等，财产不受侵犯，合同自由，不允许任何人随意干涉私人事务，必须无阻碍地行使民事权利，保障恢复被侵犯的权利及其司法保护"。这句话中，"法律"与"权利"同时出现，为了保证与译文的一致和统一，避免被曲解或误解，应分别使用"закон"和"право"翻译，从而准确无误地表达原文的含义。Гражданский закон основывается на признании равенства участников регулируемых им отношений，неприкосновенности собственности，свободы договора，недопустимости произвольного вмешательства кого-либо в частные дела，необходимости беспрепятственного осуществления гражданских прав，обеспечения восстановления нарушенных прав，их судебной защиты.

（三）忠实性原则

法律语言属庄严文体，体现了法律文本的权威性和庄严性。法律语言的这种文体及其程式化的表述更加要求翻译时尽可能地忠实于原文，在词的选择上忠实于原文"право"概念的功能意义，再现原来法律文件的庄严性和权威性。试比较 При наличии у лица нескольких иностранных гражданств личным законом считается право страны，в которой это лицо имеет место жительства（当自然人具有多重国籍，其本国法为该人的住所地国法律）与право，подлежащее применению при определении гражданской правоспособности физического лица（确定自然人民事权利能力时应适用的法）。前者的"право"仅限于"法则"、"规范"的具体意义，应译为"法律"；后者的"право"虽也可译为"法律"，但它同时还具有"权利"、"正义"和"法规"的含义，是"法律"一词所无法涵盖的，应译为"法"。

俄罗斯法律语言学家马克西姆科（E. C. Максименко）认为："法律翻译的复杂性在于各国具有不同的法律源起，翻译者不仅应具有两国不同的法律术语知识，还更应了解两国的法律体系与法律文化，要充分考虑'俄语'国家特有的法律精神和法律特点。"法律俄语存在有大量"право"的类似概念，分析相关法律概念，进行语用及文化价值观等多方位的剖析，对于法律俄语翻译大有裨益。

参考文献

И. А. Исаев История государства и права России：учебник. Москва，2011.

《商君书·修权》。

《韩非子·扬权》。

Максименко Е. С. Национально-культурная специфика номинации универсальных правовых концептов, создающих научную картину мира. Саратов, 2002.

文学与文化

E. L. 多克托罗《大进军》中的
历史阐释模式①

胡选恩　陈　刚

摘要： 本文拟用海登·怀特有关历史分析形式的理论，探讨 E. L. 多克托罗在《大进军》中的四种历史阐释模式，以揭示多克托罗如何注重文学与艺术、文本与历史之间的关系，以其独特的视觉来把握小说的真实并再现历史的本质，实现了小说思想性和艺术性的完美结合。

关键词： 形式论；有机论；机械论；语境论

　　美国南北战争（1861—1865）是美国历史上一个重要的历史事件，为许多作家提供了丰富的创作题材；斯蒂芬·克莱恩（Stephen Crane，1871—1900）的《红色英勇勋章》（*The Red Badge of Courage*，1895）、玛格丽特·米切尔（Margaret Mitchel，1900—1949）的《飘》（*Gone with the Wind*，1936）、查尔斯·弗雷泽尔（Charles Frazier，1950）的《冷山》（*Cold Mountain*，1997）等大约70部小说从不同角度展现了美国内战及这一时期的社会生活、政治斗争、历史人物和文化思想。

　　作为当代美国文坛上一位杰出的后现代派历史小说家，E. L. 多克托罗（Edgar Lawrence Doctorow，1931—　）自然不会舍本逐末，绕其而行；而是别出心裁，独辟蹊径，用不断创新的后现代派艺术手法重新构建和解读了这一历史，建构了人们的历史意识。《大进军》（*The March*，2005）是多克特罗的第十部小说，以谢尔曼将军率领6万大军横扫美国南部各州为背景，通过众多的人物、宏大的场面、复杂的情节和磅礴的气势真实而又生动地再现了谢尔曼将军所带领的部队是如何烧毁了亚特兰大，向东穿过乔治亚来到海边，又向北进入卡罗来纳州。《大进军》被誉为是一部战争史诗；2005年获得美国书评协会小说奖，2006年获得美国福克纳小说

---

　　① 本文得到国家社科基金项目（项目编号：11BWW028）资助。

奖、美国国家图书奖和《洛杉矶时报》图书奖。

在这部小说中，多克托罗注重文学与艺术、文本与历史之间的关系，以其独特的视觉来把握并揭示小说与历史的真实，实现了小说思想性和艺术性的完美统一。本文拟用海登·怀特（Hayden White，1928—　）有关历史分析形式的理论，探讨多克托罗在《大进军》中的四种历史阐释模式。

一　概述

《元史学：19 世纪欧洲的历史想象》（*Metahistory：the Historical Imagination in Nineteenth Century Europe*，1973）是美国当代著名历史哲学家兼文学批评家海登·怀特（Hayden White，1928—　）的成名之作，被誉为20 世纪下半叶最重要的历史哲学著作，也是当代西方历史哲学研究中语言学转向的标志。在这部论著中，海登·怀特把作为话语论证的历史分析形式分为四种范式：形式论、有机论、机械论和语境论（海登·怀特，2004：10—13）。

形式论模式以探讨历史的本质和历史再现的多样性为宗旨，揭示和论述了历史领域中存在客体的独特性。有机论模式则强调官方历史中所忽略的人物和事件细节的综合过程，并将其描述成某种统一性。机械论模式研究的是支配历史发展的规律，通过历史叙事展示这种规律和作用。语境论模式侧重于把历史事件置于广阔的文化背景下通过对历史事件的合并和取舍，探寻历史线索和意义。

历史小说家通常把表现历史领域中存在客体的实质作为写作的目的，他们采用各种表达形式来组织作为论证的历史。纵观《大进军》的历史阐释模式，多克托罗没有跳出怀特的四种历史阐释模式的范围。

二　历史小说《大进军》

形式论侧重于对历史事件和人物的分散性分析，倾向于识别历史现象的多样性。《大进军》具有真实的历史场景和人物；但是多克托罗几乎不受官方既定历史的束缚和绑架，而是通过小人物展示大历史，通过事实与虚构的融合和历史人物与虚构人物的互动来再现美国内战这一宏大历史画卷；其目的在于拷问和重写历史，探索了历史书写的多样性。在某种意义上，"他让历史人物和事件屈从于小说的叙事，并按照艺术的要求进行驾驭和操控"（Matthew，1997：32—33）。比如，在《大进军》的高潮阶段，多克托罗描述了两个士兵阿里和凯尔文·哈珀试图暗杀谢尔曼将军的场景。战争期间，暗杀将领和士兵的事件时有发生，也符合历史逻辑。但这一事实纯属虚构；内战期间的谢尔曼从未受到过暗杀的威胁。谢尔曼将军作为历史人物肯定是故事场景的聚焦点，但是多克托罗更注重通过阿里和凯尔文这样普通人物的行为来刻画故事中历史人物的形象；以便自己对历史的叙述能够得到认可，且增加了虚构人物的历史意义。

《大进军》作为一部历史小说使得"历史"这一概念化的书写变得丰富多彩。埃弗罗姆·弗莱什曼（Avrom Fleishman，1933—　）在《英国历史小说：从瓦尔特·司各特到弗吉尼亚·伍尔芙》（The English Historical Novel：Walter Scott to Virginia Woolf，1971）一书中写道："历史小说以其与历史特有的盘根错节在小说中独树一帜"；比如"真实的历史人物与虚构的人物相互交织在一起"（Fleishman，1971：4）。涉世不深、天真单纯的读者可能感到困惑，难以区分事实与虚构。但是历史小说是通过叙述想象的历史来强化读者的历史意识和记忆，以凸显历史多样性这一独特性。这种多元化的解释摒弃概念化模式去解读生活在美国内战中的人们眼中当时的社会现实；唯其如此，才能更好地再现美国内战的历史场景，奉献出更富创新意义的历史文本。

三　小说《大进军》中的蒙太奇艺术手法

有机论模式的特点在于对事件的综合性把握，将单个实体视作它们所构成的整体的部分，倾向于谈论历史观和历史原则。多克托罗在对美国内战历史的综合性把握上是按照内战时期美国人活动于其中的意义世界去理解这一历史事件，从而表明了自己的历史观。

在《大进军》中多克托罗用蒙太奇的艺术手法创造了关于美国内战的典型的小说世界。通过一个个时断时续、错杂紊乱的场景向读者展示了一个爱情、友谊和信任完全失去理性的美国社会。人们赖以存在的相互关系建立在需要和方便的基础之上。阿里和凯尔文·哈珀在各自的朋友死去之后开始了共同的人生旅途。尽管凯尔文鄙视阿里，认为他是个疯子；但是凯尔文还是希望有机会把阿里转变成联邦部队的军官。他容忍了阿里的一切，因为他明白一个黑人在南方的危险处境：

在哥伦比亚没有留下马匹，也没有骡子，军队已经拿走了这些人所拥有的一切，凯尔文是从他经过时人们抬头看他的样子中知道这一点的，正是他身边坐着一个白人的事实，使他们不敢抢走伯特。没有伯特拉车，就不会有照片可拍。但是首先，一个黑人拍照片是人们所不会容忍的。在这个人们已经怒气冲冲的地方，要想不惹麻烦，他，凯尔文伪装成只是这个白人的助手，是完全必要的（邹海仑，2007：172）。

凯尔文与阿里结伴为彼此带来了不少方便；用摄影记录这段战争历史是凯尔文责无旁贷的使命；但是没有阿里的白人皮肤作掩护，他难以为继。同样，阿里也需要凯尔文的照相设备和技术来实现他暗杀谢尔曼将军的宏伟计划。作为逃兵的阿里，不可能接近谢尔曼；然而，驾驶着摄影车并且穿着凯尔文死去的老师的衣服作为掩护，阿里就能够轻而易举地接近谢尔曼。

但是，凯尔文并非真正和阿里串通一气，共谋暗杀谢尔曼。他们的关系仅仅建立在自私自利的欲望基础之上，且充满着猜疑，缺乏应有的信任。但他们都意识到这样一种关系是必要的，至少在战争时期不可或缺。小说中其他人物之间的关系也诸如此类，大同小异。珀尔·詹姆森和斯蒂芬·沃尔什是一对恋人，但是珀尔对此感情心存芥蒂。一方面，珀尔喜欢沃尔什的声音、举止和外表；只要有他的出现，珀尔就有一种朗月清风的惬意之感。但另一方面，一想起父亲对母亲的性压迫，她就难以接受沃尔什这个男人。因此她对沃尔什经常不耐烦，甚至发火。他们同床共寝时，沃尔什搂着珀尔。她低头看着斯蒂芬·沃尔什，不禁自问：

"这个白人是谁？他竟然觉得自己有特权用他的一条胳膊搂着我？她像个黑人姑娘一样允许他这样做，并且把自己的身体送过去为了取暖靠着他，她成了什么人？她妈妈曾经和詹姆森爸爸躺在一起，就像今天夜里她紧挨着斯蒂芬·沃尔什一样，毫无疑问，爸爸的胳膊沉重地搂着我妈妈就像斯蒂芬的胳膊搂着我一样。"（邹海仑，2007：217）

她觉得自己白人不像白人，黑人不像黑人，有一种为人所占有的感觉。因此，她和沃尔什始终保持一定的情感距离，试图确认他作为伴侣是否诚实可靠。珀尔觉得她依附于沃尔什就像凯尔文离不开阿里一样仅仅是一个求生的权宜之计。

在某种意义上，战争夺走了人们生活中的稳定与平衡。在《大进军》中，多克托罗把视觉聚焦于人类自然关系的缺失和沦丧，其目的不仅在于突出谢尔曼横扫南部各州时给当地人民生活带来的混乱和灾难，而且是对官方有关美国内战历史评述的批评。对于多克托罗来说，正视大进军所带来的骚乱和祸患是正确解读美国内战的关键之所在。在接受《时代》杂志记者采访中，多克托罗把谢尔曼的大进军描述为"毁灭性的军事战役"，它"严重地摧残了整个文化，制造了成千上万的白人和黑人难民，把他们绑架在大进军的战车上"（Grossman，2005）。多克托罗认为大进军产生了另一种社会现实，另一种生存状态，一个飘摇不定的世界；一切都被颠倒了，人们的身份变异了，过去的安宁和稳定不复存在。

多克托罗如此再现美国内战，其意义一方面是对谢尔曼大进军的讽刺；另一方面表明了他对这场战争的立场和看法。在《作家的信仰》（The Beliefs of Writers，2003）中，他曾抱怨当代小说没有什么力量和权威；作家们也不愿意对社会承担更大的责任；在《总统的性格》（The Character of Presidents，2003）中他谴责罗纳德·里根是一个耳聋的老演员，缺乏正确的意识形态。在《无情的总统》中，他声讨了布什发动伊拉克战争为美国人民所带来的灾难。在布兰蒂斯大学演讲时，他告诫听众有一种毒害正在美国泛滥，不久法西斯就会成为主流。他曾借用雪莱的一句话：作家应该"是世界上没有得到承认的立法者"（Doctorow，2005：87）。他通过虚构的汤普森法官发出了自己对战争的看法和历史观："可怕的战争不仅毁灭了他们的土地，还粉碎了他们所有关于人类自我尊严的预设，在历史上，家庭、文化、家园是多么可怜而愚蠢的虚饰，它如此容易地就被诽谤中伤。上帝在这一切的背后，是上帝如此干的，联邦军就是他的武器。"（邹海仑，2007：55）

四　《大进军》对战争本质的描写

机械论侧重对于事件的还原和探究人类社会和历史发展像自然界那样具有不以人们的意志为转移的客观轨迹。《大进军》以美国内战即将落下帷幕的1864年末和1865年初为背景，还原了谢尔曼将军率领6万大军横扫美国南部、让60英里宽的行军沿途寸草不留的血腥场面。谢尔曼率领的部队抢夺财物，偷走牲畜，烧毁庄稼；并挟持数以万计的黑奴和难民，让他们无家可归，无路可逃。《大进军》围绕着谢尔曼将军的运筹帷幄展开，但是没有特定的主要人物；而是根据许多不同的小人物在内战中的生活经历来再现美国内战这一历史事件；他们中既有白人、黑人、穷人和富人，也有来自联邦和邦联的士兵。他们的命运深陷战争暴力的泥潭，战争创伤的烙印深深地留在他们的记忆里。

在萨凡纳和哥伦比亚，谢尔曼平日里训练有素的部队变成了纵火者、强奸犯和赌场与妓院里的常客；而谢尔曼和他的军官们对此却束手无策。骚乱在哥伦比亚达到了高潮，谢尔曼的部队面对大火肆意狂欢痛饮："到处都是喝得醉醺醺的士兵，有些站在燃烧的房子前面欢呼，另一些东倒西歪地走着，勾肩搭背的，在谢尔曼看来好像一帮冒牌军人。地狱般的城市和部队的道德沦丧可怕的协调一致。这些参加过多次战役的老兵……眼下不是军人。当他们看见无数家庭看着自己的房子熊熊燃烧而站在街道上目瞪口呆的时候，他们像魔鬼一样哈哈大笑。"在某种意义上，这些士兵站到了自己的对立面，他们不是在行使恢复骚乱地区和平的使命，而是一群"酩酊大醉、肆意骚乱的纵火犯……强奸犯和抢劫者"；他们以复仇的心态把"南方推向战争的深渊"（邹海仑，2007：154）。

《大进军》还原了美国内战的历史，再现了战争的血腥场景，其目的是探寻历史发展过程中多次出现的、具有表象相似性或本质共同性的历史现象及其内部和外部的本质联系。透过历史表象，探讨其深层因果联系，揭示历史发展中的普遍性、统一性和必然性。

多克托罗创作《大进军》之时，正值美国在伊拉克和阿富汗鏖战之中。美国内战及其在海外的战争虽然具有各自的特殊性和个性，但是他们也具有普遍性和共性；那就是战争的受害者肯定是参与其中的普通士兵和被迫陷于其中的老百姓，而非战争的决策者和指挥者；"历史不过是追求着自己目的的人的活动而已"（马克思，1980：567），满足了人的自我需要。其普遍性和规律性受到人的动机和目的的制约和驱使；而战争则是达到其目的的手段和途径。

美国在海外的战争以"人权"和"反恐"为旗号，追求着美国国家自身利益的目的；美国内战从表面看是一场为了解放黑奴和维护国家统一的战争，其实质是党派利益之争。众所周知，1860年，奴隶制度的反对派共和党候选人林肯当选为美国总统。对受奴隶主影响很大的民主党来说，这意味着将要失去全国的政权。党派之间的利益之争围绕着奴隶制的问题不断激化，最终升级为一场内战。而谢尔曼将军维护共和党执政及其党派利益的手段就是赶尽杀绝的"焦土政策"，彻底瓦解南部各州支持民主党的决心和意志。

五 　《大进军》对小人物的描写

语境论强调整合特定时间中占据历史场的动作者和动因，并通过他们特定功能的相互关系来证明历史场中所发生的历史事件，在历史领域中发现历史事件的意义和价值。在强调美国内战中的动作者这一点上，多克托罗没有沿袭传统历史小说中突出王侯将相式的历史人物的手法，而是用小人物表现宏大历史，去探索美国内战这一历史事件的意义和价值。

在《大进军》中，多克托罗刻画的小人物有白人、黑人、穷人、富人和士兵，等等，比如佐治亚州菲尔斯德顿的白人种植园主约翰·詹姆森和他的妻子马蒂·詹姆森、汤普森家的年轻黑人女仆威尔玛·琼斯、约翰·詹姆森家的黑奴罗斯科、来自南方邦联的士兵威尔和阿里·威尔科克斯，以及北方联邦的士兵克拉克和斯蒂芬·沃尔什。这些小人物来自不同社会阶层和地方，他们的命运和动因在《大进军》中得到了整合，都被绑架在谢尔曼将军的战车之上。随着谢尔曼大军的南征这些小人物的动作、动因及其相互关系构成了一幅美国内战历史的新画卷。多克托罗从他们的生活和命运中重新审视了这一历史事件的意义和价值。

六 　结语

多克托罗创作《大进军》没有为美国内战中的英雄人物树碑立传、歌功颂德，而是强烈地挖苦和讽刺了当今许多美国人对南北战争的集体记忆。这些美国人像谢尔曼将军一样对过去那段自以为辉煌的历史充满着怀旧情趣和留恋往昔的思绪，而忘记了战争的血腥残酷和人性泯灭。多克托罗认为那些眷恋昔日辉煌的美国人就像小说中一个名叫阿尔比恩·西姆斯的联军士兵；西姆斯在哥伦比亚的城市大火中负伤，一场爆炸中，一颗大钉子插入到他的头颅骨，导致了他的"心智能力表现为一种退潮式的降低"（邹海仑，2007：229）。

多克托罗在暗示人们西姆斯象征着 21 世纪的美国人；他们自我意识模糊，历史记忆缺失，忘记了历史总是重复着昨天的故事。美国人忘记了911 恐怖袭击的巨大伤痛，忘却了帝国主义毁灭性掠夺和错误的外交政策所带来的后果，忽视了历史长河中的因果关系，结果犯下了代价很高的和致命的错误。

多克托罗在《大进军》中有意避开其他历史著作中关于南北战争所

带来的国家统一的正面叙述，以迎合有关美国内战官方的传统记录；而是凸显战争中人性的丧失和社会的骚乱，旨在告诫人们昔日残酷和偏见的教训，以警示今天的当权者。故事叙述中，多克托罗没有从历史学家学术的视觉去解读南北战争；而是运用海登·怀特的四种历史阐释模式和普通民众所熟悉的声音，把美国内战中真实而又被大家所忽视的一面展示给读者，触动了人们的心弦；其目的在于告诫世人：历史不是一剂治愈伤口的良药，而是一面警钟。过去的错误不应当忘记，更不能重复。

参考文献

Doctorow, E. L., *Reporting the Universe*, Boston：Harvard University Press，2003.

Fleishman, Avrom, *The English Historical Novel：Walter Scott to Virginia Woolf*, Baltimore：Johns Hopkins Press，1972. p. 4.

Grossman, Lev, "10 Questions For E. L. Doctorow", *Time*, October 2005，6.

Henry, Matthew A., "Problematized Narratives：History as Fiction in E. L. Doctorow's Billy Bathgate", *Critique* 39，No. 1，1997.

多克托罗：《大进军》，邹海仑译，人民文学出版社 2007 年版。

怀特·海登：《元史学：19 世纪欧洲的历史想象》，陈新译，译林出版社 2004 年版。

《马克思恩格斯全集》第 2 卷，人民出版社 1980 年版。

精神追求者——梭罗

李 洁

摘要：中国正处在经济发展的转型时期，对自然的掠夺和破坏所造成的影响，日益严峻。走在发达国家所经过的路上，我们有必要鉴别其过往的得失优劣，重新审视我们的发展之路。

思想上的问题还是应该在思想领域里找寻答案，本文追根溯源了一位精神追求者梭罗的路，来探讨我们个人和社会发展的路——生态和谐简单生活。

关键词：清教；超验主义；中国文化；生态思想；社会体制

一 引言

亨利·大卫·梭罗（1817—1862）是美国文学史上的一朵奇葩，并非像众多的文学巨匠那样产出很多宏伟的巨著，但其真实的思想书写却孜孜不倦地启示着我们去思考、反省、审视、观察我们的家园、心灵和世界。他是文学家、哲学家、实践派、勇士，他以文学的形式阐释哲学的思想并勇于亲身体验和实践其主张和思想，正如其老师和朋友拉尔夫·沃尔多·爱默生对他的评价一般："没有哪个美国人比梭罗活得更真实"（梭罗，2010）。梭罗的著作和思想在其生前并未得到应有的礼遇，而其先知先觉的精神追求却不断地鼓舞着更多的追随者去追寻他短暂的生命历程。本文拟从阅读梭罗本人的作品以及众多的研究性评论和著作里，梳理影响其思想的源头，并整理出主要的观点，以便于讨论他给我们的启示。

二 梭罗作品简介

《在康科德河和梅里马克河上的一周》（*A Week On The Concord And Merrimack Rivers*）和《瓦尔登湖》（*Walden, Or Life in The Woods*）是梭罗的两部主要著作，以散文的形式描写了其在瓦尔登湖畔的生活观察和思考，另有《缅因森林》（*The Maine woods*）、《科德角》（*Cape Cod*）、《心灵散步》（*Walking*）、《种子的信仰》（*Faith in a Seed*）、《野果集》（*Wild Fruits*）等作品。

《论公民的不服从》（*Civil Disobedience*）是梭罗政治思想的陈述，并对后世产生了深远的影响，还著有其他短文《马萨诸塞州的奴隶制》（*Slavery in Massachusetts*）、《为约翰·布朗队长请命》（*A Plea for Captain John Brown*）等。

其他的创作中，绝大部分为日记（Journals），还有不少手稿和书信，后均由其家人、朋友或敬仰者们整理出版，如《寻找精神家园》（*Letters to a Spiritual Seeker*），在信中表达了自己对人生、社会、国家、历史、文化等诸多方面的深刻感悟。

三　影响梭罗思想的主要源头

梭罗思想的诞生并非凭空而来，有其所在的历史时代的烙印，在汲取他人思想养料的同时，也逐渐形成自己独特的思维方式和精神追求。

（一）受清教思想的影响

梭罗 1817 年出生于马萨诸塞州的康科德城，1837 年毕业于哈佛大学。其所处的时代正是美国建国初期，虽脱离了英国的殖民统治，却摆脱不了 17 世纪受宗教迫害逃往北美的清教徒思想的影响。

清教徒源于拉丁文的 Purus，意为清洁。清教徒不仅仅是一种派别，更加是一种态度、一种倾向、一种价值观。清教徒是最为虔诚、生活最为圣洁的新教徒，他们主张简单、实在、上帝面前人人平等的信徒生活。张孟媛在《美国个人主义的清教源流》（2009）中通过阅读新英格兰殖民地原始资料，提出清教成为美国个人主义的来源之一，它驱动了英国清教徒"建立实践自己信仰的自由乐土，也成为清教殖民地居民争取和捍卫自身政治权利的不竭动力"（2009）。这主要是由于以下三个因素：（1）新教的"因信称义"（justification by faith）和"唯信称义"（justification by faith alone）论；（2）公理制（Congregationalism）的教会体制；（3）崇尚理性的精神。梭罗独自一人来到瓦尔登湖畔，在与大自然的共处中，实践自己信仰的自由乐土，倡导简单质朴的生活，主张充实和完善个人的精神世界。

梭罗所毕业的哈佛大学也是深受清教的影响。陈茂凤在其论文《清

教对北美殖民地时期哈佛学院和耶鲁学院的影响（1636—1775）》（2012）
中，提出清教徒是"北美殖民地高等教育的发起人"，并指出"为了给新
社会培养合格的成员，清教徒非常注重教育。清教是宗教改革的产物，清
教徒都支持宗教改革的基本理论，即每个教徒都应该自己阅读《圣经》。
为了实现这一目的，清教徒执着于教育事业"。他们兴办起了各级各类的
学校，其中也包括哈佛、耶鲁等高等学校，并影响着学校的管理机制、院
长聘任、课程设置和学生管理等方方面面。

（二）受爱默生超验主义的影响

拉尔夫·沃尔多·爱默生（Ralph Waldo Emerson，1803—1882），是
美国超验主义的代表人物，创立了"超验俱乐部"。1836 年创作的《论自
然》（Nature），被称作超验主义理论的"圣经"。1837 年发表的演讲词
《美国学者》（The American Scholar），宣告美国文学已脱离英国文学而独
立，被誉为美国思想文化领域的"独立宣言"。

爱默生与梭罗是师友关系，爱默生激发了梭罗的天资。梭罗从哈佛毕
业后回到了家乡，常常借阅爱默生书籍，同时也吸收其思想。1845 年，
经爱默生的许可，梭罗在瓦尔登湖畔爱默生的属地上建起了一间小木屋，
并在此生活了两年多。他还帮助爱默生修订超验主义的刊物《日晷》（the
Dial）（常耀信，2008）。

爱默生的超验主义影响着梭罗的世界观、人生观等，但刘鹏（2009）
也指出了两者思想的本质差别：爱默生的人类中心主义超验观和梭罗的生
态主义超验观。舒奇志也在《二十年来中国爱默生、梭罗研究述评》
（2007）中对比了两人在自然观和宗教观、个人观、社会观和诗学观等方
面的差异。在自然观方面，梭罗明显超越了爱默生的自然观；其宗教观
"具有一种泛神论思想，希求从宁静的大自然中去寻找心灵的慰藉"，是
入世的斗士；个人观和社会观主张简化物质生活，追求精神充实，在文明
与自然间达成平衡，提倡构建精神生活充裕的社会。

（三）受当时社会和历史的影响

罗伯特在《重塑梭罗》（2002）一书中，重新勾勒出了梭罗事业的轮
廓，并谈到了梭罗处理"关系问题"的考虑，包括与同胞的关系、职业
的问题等。正如其在第一章"尴尬的社会地位"中所探讨的，当时文人
的境地，就像爱默生所描述的那样找不到适合自己的"天赋"事业，感
觉自己是"虚度光阴"。梭罗在一首诗中也承认了这一点。1841 年，他和

哥哥一起开办的学校关门了，工作的压力更为严峻。"作为儿子和弟弟依附家里的生活，他感到不自在。"

又如，超验主义者对当时商业制度的态度，按爱默生所评价的是一种"自私的制度"。梭罗内心对这一制度充满了复杂而矛盾的思考，在其1841—1842 年的日记中，他对有用和无用进行了微妙的推理，为自己的"四处闲逛"开辟了一块道德阵地。梭罗真正想得到的是"隐士和实干家之间的一种和谐"（罗伯特，2002）。

梭罗的著作和想法在其所在的时代并未得到大家的认可，他自费出版的第一本书《在康科德河和梅里马克河上的一周》，也因负债累累而和他的好友兼老师爱默生分道扬镳。为了实现自我的完善，也为了以"入世"的态度构建理想的社会秩序，梭罗并未放弃，他以独特的视角为后世书写了一种崭新的生活方式和生活态度。

（四）受中国文化和东方哲学的影响

在《论梭罗与中国的关系》（李洁，2008）一文中，李洁详细地分析了梭罗与中国古典思想的关系，其中提到了他接触中国思想的原因和过程，并论及儒家和道家思想对梭罗产生的影响。1776 年的独立革命使美国成为一个独立的民族，"在政治上摆脱对旧大陆的君臣关系后，在思想和文化上也力图摆脱欧洲习气的桎梏，迫切希望建构独属于美利坚合众国的民族气质"。"美国文学没有饱满的传统，向西看又找不到出路，那转向可以任由自己驰骋想象的东方正好成了别无他选的最佳选择。"19 世纪40 年代，迅速刮起了一股学习东方哲学的热潮。

梭罗也是"这一文化先锋浪潮当中的一员"。在《瓦尔登湖》中，他多次直接引用中国古代思想家孔子、孟子等人的格言语录。虽然内容书写的是儒家思想，但却散发出似道家的气质（李洁，2008）。刘玉宇在《从〈瓦尔登湖〉中的儒学语录看梭罗的儒家渊源》（2009）中，却详细分析了梭罗引用的本质含义，并从中西方思想对比的角度重新审视其对中国文化的吸收和理解。他指出："梭罗在阅读来自遥远的古代中国的儒家经典时，往往是从自己既有的意识框架出发，对孔孟的思想进行一番无意识的改造，以适合自己的需要。"学者们对梭罗作品中国元素的研究，无疑肯定了中国文化与梭罗之间的关系，即使其中包含"曲解"，也可看出他在东方思想中寻求精神共鸣和支撑的意图。

四　梭罗思想梳理及启示

对梭罗作品研究中，主要关注两大主题：（1）从生态保护的视角阅读并分析，其崇尚自然，渴望与自然合而为一，倡导简朴无欲的生活，反对奢侈和享乐。（2）从社会制度的视角，提出建立公正、民主的社会秩序。以上这两点对我们的启示，影响深远，以下作一梳理。

（一）生态思想

伴随着经济发展而产生的生存、环境和社会等问题日益凸显，人类在现实生活中找不到出路，似乎这些问题于我们与生俱来、不可避免，又难以遏制、无法消亡。人们在思考这些问题的同时，也在前人的思想上借鉴"火花"，梭罗就成了我们的精神导师。既因为他也曾为之所困，更为重要的是他找到了解决问题的答案，并得以实践来证明其可行性。

在本文第二部分梭罗作品简介第一段中列出了研究梭罗生态思想的主要作品。梭罗的散文把大自然作为审美对象；在他的心目中，"自然界充满生机，能净化人的心灵"，具有朴素、健康的象征意义；人类是自然不可分割的组成部分，作为自然之子应热爱和尊重自然。除了感性的书写外，对自然科学的喜爱也在其中处处可见，包括植物学、动物学、鸟类学、昆虫学、鱼类学等，为其作品深深地烙上了环境保护的印章（陈凯，2004）。

作为读者，我们在阅读中体验大自然的美——生动、狂野、原汁原味。既熟悉又陌生，熟悉是因为我们也是自然的一部分，而陌生却是因为我们的生活已远离自然的怀抱。这不禁让我们深度思考导致我们疏离、破坏和敬畏自然的原因，更提醒我们纠正固有的陈旧观念（即征服和利用自然），重新出发——去保护和热爱自然。梭罗所倡导的生态理念，随着环境问题的凸显，越来越深入人心。只是我们缺乏真正的实践和意识的彻底转变，所受的约束和局限都在影响我们继续向前迈出更重要的一步。梭罗所提倡的简单朴素的生活方式直接明了，但我们总被一种叫欲望的概念所迷惑而迷失自我。不是我们找不到出路，而是我们都像笼子里的螃蟹一样，屈于现实、过于盲从而忘了我们到底需要什么。

（二）论公民的不服从

"真正的哲学和哲学家必然有现实关怀与救世意识，这种意识来源于现实政治与完美理念之间存在的差异。知识人特有的存在困境就是始终活在完美理念与现实政治之间，面对现实的龌龊，他自降大任，亲挥椽笔，试图以理念规训政治，教化政治，最终取消政治。"（张伟，2013）在讨论知识人与权力的关系一文中提出，"每个时代都会有一些怀揣知识的智者走出观念世界"，试图打通知识与权力两个性质相左世界的秘密通道。

《论公民的不服从》即是在美国对外穷兵黩武、对内姑息奴隶制的背景下应运而生，表明了对当时美国内政外交政策坚决的批评态度。文章阐述了对"良知"、"政府"和"变革"的认识，人们根据自己的良知对不同社会现象做出合乎道德价值取向的评判；政府对公民进行约束和协调，但也需要监督和管理；公民对政府的不公正行为有采取抵制措施的权利。这三者构成一个合理的系统，以人性为最基本的因素，破除对政府的消极依赖或等待其自然而然的改善，启发公民参政议政而不是对政府的无条件服从（朱小琳，2003）。

中国的文化培养人们无条件服从于权力的一方，强调确立君臣、父子、长幼等关系，以利于社会的发展。在此种体系之下，处于弱势一方的利益往往受到侵害却无所适从。虽然我们现在的政治体制也主张公正、民主、公平，但也还需要我们发挥个人的主体作用，促进这一体制的改进和完善。

五 结语

初读梭罗的《瓦尔登湖》，接触到他的思想和理念，即受到感染。联系当今中国的社会、经济、教育、道德等现实问题，即发现原来两个世纪前已有人思考过相同的问题，并已给出了答案。感慨前人智慧和勇气的同时，亦不得不再做深思——为何人类要绕这么大的弯路，并不计后果地寻求发展，而真正的发展又是什么呢？是以地球的毁灭为终极目标，还是以人类的消失为结点呢？其实答案也是不言而喻的，在此不得不佐引梭罗的思想来说明这一问题，人类和其他物种皆是自然中的一分子，我们自诩的强大在自然面前不值一提。发展的道路还是应该先解决思想上的问题，不然我们到底去向何方，为什么而为之？

参考文献

[美] 亨利·戴维·梭罗：《寻找精神家园》，方碧霞译，外语教学与研究出版社2010年版。

［美］梭罗：《瓦尔登湖》，徐迟译，上海译文出版社2006年版。

张孟媛：《美国个人主义的清教源流》，《美国研究》2009年第3期。

陈茂凤：《清教对北美殖民地时期哈佛学院和耶鲁学院的影响（1636—1775）》，硕士学位论文，山东师范大学，2012年。

常耀信：《美国文学简史》（第三版），南开大学出版社2008年版。

刘鹏：《从人类中心主义到生态中心主义：梭罗生态哲学阐析》，《齐鲁学刊》2009年第1期。

舒奇志：《二十年来中国爱默生、梭罗研究述评》，《求索》2007年第4期。

［美］罗伯特·米尔德：《重塑梭罗》，马会娟、管兴忠译，东方出版社2002年版。

李洁：《论梭罗与中国的关系》，博士学位论文，复旦大学，2008年。

刘玉宇：《从〈瓦尔登湖〉中的儒学语录看梭罗的儒家渊源》，《外国文学评论》2009年第3期。

陈凯：《绿色的视野——谈梭罗的自然观》，《外国文学研究》2004年第4期。

张伟：《知识人与权力的关系探微——关于"海德格尔公案"的思考》，《清华大学教育研究》2013年第6期。

朱小琳：《重读梭罗：公民为何不服从?》，《北京第二外国语学院学报》2003年第6期。

骑士浪漫传奇的颠覆
——简析约瑟夫·康拉德的《西方注视下》

吕竞男

摘要：约瑟夫·康拉德在《西方注视下》选择插入一位介于全知与半全知的叙述者，将一个俄国的故事放置在西方人物的视角下。英国教师这位叙述者的刻意改造使故事背景和主要人物具有骑士浪漫传奇的结构特色。然而男主人公拉祖莫夫的告白推拒了叙述者为其安排的英雄骑士的重担，从根本上颠覆了骑士浪漫传奇，这也应和了 19 世纪反骑士文学的潮流。

关键词：叙述者；叙述；骑士浪漫传奇

一　引言

《西方注视下》是约瑟夫·康拉德的最后一部政治小说，而且也被很多批评家认为是其文学创作生涯中的一个重要转折点，标志着康拉德从成熟期进入创作枯竭阶段。然而，只要谈及康拉德的代表作，这部小说就从未被排除在外。正如 F. R. 李维斯在《伟大的传统》一书中所说，"在众多能保证康拉德作为最伟大英国作家之一的作品中，《西方注视下》定是其中一部"（Leavis，1979）。虽然关于康拉德的评论更多聚焦于《黑暗的心》、《吉姆爷》、《诺斯托罗莫》，但对于这部小说的解读角度非常广泛。无论是联系康拉德生平的揭秘、政治及道德层面的分析，还是从语言、写作与现实关系方面、叙事学角度的阐释，都展示出小说的非凡魅力以及康拉德这位语言大师的高明。

二　叙述与叙述者

小说的主人公疑为某大人物私生子的拉祖莫夫一心期待因优异学业获得大人物的认可。厌恶变革的他却深得学生革命领袖赫尔丁的推崇和信任。后者在暗杀政府官员后藏在拉祖莫夫的居所。拉祖莫夫受托替赫尔丁寻找脱身之法，失败后因害怕被牵连，他告发了赫尔丁，导致后者被政府处死。在当局的胁迫下，拉祖莫夫无奈地前往日内瓦刺探俄国流亡革命者的情报。在日内瓦，他偶遇并爱上了视他为哥哥挚友的赫尔丁的妹妹纳塔尼娅。在爱恋和良心不安的双重折磨下，拉祖莫夫坦陈真相，因而遭到革命者的报复。小说的结尾提到残疾病弱的拉祖莫夫隐居在偏僻的小镇，却获得表达思想的自由。

康拉德在创作之初只是打算写一篇以主人公命名的短篇，但后来却将其写成了一部完整篇幅的小说，加入了两部分内容、一位新的叙述者以及不同的故事结局，而且名字也改为《西方注视下》。作为故事参与者之一的英国教师成为故事的叙述者，他的出现不仅仅是加入了一位介于全知和半知之间的叙述者，还将整个故事带入一个更为广阔的"西方"视野内。而正如小说标题所标明的，一个俄国青年的故事被放置在以叙述者——一位无名无姓的英国教师——为代表的"西方"意识范围内，于是故事的视角便从俄国青年抑或俄国意识内部转移到外部的"西方"，拉祖莫夫也从陈述者变成了被审视被解读的对象，读者也因此而看到了一个西方视角阐释下的俄国故事。

第三人称叙述者的出现是《西方注视下》的一个重要特点。对于英国教师这一叙述者的加入，评论家有着不同的看法。有人认为，"整体来说，《西方注视下》是一部好作品，尽管存在一个主要缺陷：叙述者"（Laskowsky，1992：170）。然而更多人则是对叙述者在叙述中的作用及价值进行探索。从英国教师所扮演的角色看，他不仅是故事外的叙述者，而且还是故事内的参与者。与此同时，他占有着故事最主要的来源：拉祖莫夫用俄语写下的日记，是作为小说基础的日记这一文案的翻译者、编辑者以及情节的设计者。一方面，英国教师带着叙述者的面具告知读者，他的叙述都是依据拉祖莫夫的日记，并否认自己有任何艺术加工的能力；而另一方面，因为叙述者的重新编排，读者无从还原拉祖莫夫的日记。叙述者时不时地表达自己对俄国故事的看法，或是不理解，或是讥讽；还不断将各种道听途说的情报补充进来。这样，拉祖莫夫日记变成了"英国教师的拉祖莫夫日记"。正如 Penn R. Szittya 所指出的，小说存在着"两种叙述，一种是语言教师的，一种是拉祖莫夫的"。而"叙述者本人声称的观点同叙述整体所包含的主题性暗示之间隐藏的对比就发展成为《西方注视下》叙述的复杂性"（Jakob Lothe，1989：302）。

三　骑士浪漫传奇的应和与颠覆

英国教师的叙述视角受到西方文化政治意识的影响，在他的叙述中体现着骑士精神与骑士文学这一欧洲文化文学的重要传统。自中世纪起，几个世纪的欧洲社会、政治、经济、技术、军事、宗教和文化因素共同造就了骑士精神，这种精神深深植根于欧洲文化。"如迪格比指出，骑士最显著的品德是对上帝的信仰与信任、慷慨豪爽、捍卫荣誉、个性独立，真诚坦率、对朋友领主忠诚、能忍受苦难、鄙视奢侈、礼貌谦卑、富于人性关怀、尊重女性……捍卫荣誉包括拒绝失信和谎言、不行苟且之事、永不乞求怜悯。"（Dryden，2000：18）这样的骑士精神成为 19 世纪绅士概念的基础，是社会各个阶层都遵循的行为准则。而骑士作为欧洲文学中常见的英雄形象之一，始终活跃于不同历史时期的各类文本当中。直到 18 世纪末至 19 世纪中叶英、法及欧洲其他国家文学文本中的骑士形象依然以追求正义和玫瑰的梦想为精神基础。由此形成的"骑士文学一般采用传奇的体裁，即非现实的叙事诗和幻想小说；以忠君、护教、行侠为内容；以英雄与美人，冒险与恋爱为题材；采用即兴的、自由的、浪漫的创作方法编撰而成。这类作品均由封建社会帮闲的行吟诗人和宫廷诗人（或称弦歌诗人）所作"（唐国清，2006：43）。从 12 世纪开始，骑士浪漫传奇（romance）大量涌现，颂扬骑士高尚品德和英雄业绩，表现情节曲折的爱情故事，并成为随后几个世纪欧洲文学的主流。

英国教师的职业使他熟悉西方文学传统。在谈及自己的年纪时，他说，"我还没有像浪漫民谣里隐士那样的长胡子"（164）。从这句对自己外表特征的概括中不难看出他个人对于浪漫的骑士传统的偏好，另外还暗示他希望成为浪漫传奇的传唱者。这样的意图让他的叙述不自觉地跳入浪漫传奇的规约和框架之中。无论是对当时社会背景和故事氛围的描绘，还是对主要人物的塑造，都能体现出这一点。而且从形式上来说，他在叙述中不自觉地套用着骑士文学的结构，并且尽可能地编排出一场英雄救美的戏码。

首先，从故事背景及相关外部环境来考察，英国教师来自西方民主社会，尤其是英国这个通过政变而建立起来的君主立宪国家，认为通过非暴力的形式才能达到自由民主。因而俄国专制统治和暴力革命在英国教师的眼中显然都成为邪恶的代表。小说的第一章第一节就是从政府要员被刺杀开始的，暴力血腥所带出的紧张压抑成为隐藏在故事情节背后的晦暗基调。这一事件的中心——臭名昭著的总理德·P——"对兴起一代的无情镇压似乎就是为了毁灭自由的希望"（58）。圣彼得堡在这种人的严控之下始终给人一种寒冷阴沉的感觉，"雪整夜都下个不停，虽然天色还早，但道路却已经晦暗不清，马车行驶起来异常沉重而艰难。雪依然落得密集"（59）。当拉祖莫夫前去寻找扎尔米尼基时，"雪橇发出叮叮当当的声音，幽灵一般地穿行在从黑暗夜空飘落的惨白之中"。即便远离被控制森严的俄国本土，"无论投降，还是反抗，俄国人都置身于专制的阴影之下"（138）。而在日内瓦，流亡革命者的聚集地——著名的革命中心波莱尔庄园则是"贵族阴谋的巢穴"（163）。"那处荒地被高高低低的树丛遮蔽"，"遗世独立的特质使其成为酝酿更大阴谋的理想之地"（164）。在英国教师眼中，对于一个"纯真、诚实、未经世事到令人担忧的"赫尔丁小姐来说，这里隐含着重重危机，幽暗荒僻。故事的背景在叙述者着力的描绘中带上了压抑人性、阴森诡异、充满危险的基调，就如同骑士浪漫传奇中困住贵妇的邪恶古堡。这一点恰恰符合骑士浪漫传奇背景环境的特点。

其次，在叙述者的描绘中，主次人物都能在骑士浪漫传奇中找到对应形象。在对西方文化影响深远的骑士文学中，如亚瑟王、圆桌骑士的传说等，常常会出现一位胆识过人且英俊潇洒的骑士英雄和一位被邪恶力量侵扰的无助贵妇。英勇正直的骑士为了正义而以身犯险，在危机之中收获爱情艳遇，这是骑士文学中常见的叙事范式。英国教师便依据他对拉祖莫夫故事的解读在自己的叙述中强化了这种叙事母题中所需要的各种条件。

从故事的反面角色考察，英国教师从西方民主观念出发将以暴力反抗俄国专制统治的革命者设定为阴谋家，虚伪而危险，是一种邪恶力量。他刻意丑化了革命者的代表人物，彼得·伊凡诺维奇和德·S—夫人。当他初次遇见彼得·伊凡诺维奇时，还没有正式会面，英国教师便对他"用油腔滑调的低沉声音滔滔不绝地讲个不停"（145）而感到厌恶。最先映入他眼帘的是彼得·伊凡诺维奇"穿着宽大的黑色衣服的粗壮背影"（146），这样的形象给人以压抑的感觉。而进一步细致地观察彼得·伊凡诺维奇时，英国教师将他描绘得几乎没有作为人的特征。"他拥有俄国人那种长满胡子的脸庞，形状不明，就是一堆肉和毛发，完全没有一丝能显示个性的特点。他的眼睛隐藏在黑墨镜背后，根本露不出任何表情……所有日内瓦人都知道他穿着黑衣的健壮身形。"（146）英国教师用陌生化的手法呈现出一个样貌野蛮、身形粗壮、毫无人类感情的怪物。而对于另外一位备受革命者推崇的德·S—夫人，英国教师同样没有任何好感。德·S—夫人长着"爪子一样的手"，"食尸鬼似的大假牙"（222）。当赫尔丁小姐没能如愿见到德·S—夫人时，他十分高兴，因为他知道这位著名的夫人"贪得无厌、寡廉鲜耻"。就他所知，德·S—夫人"因为钱而和前夫的家族自私自利、不顾一切地争吵"（179）。即拥有革命者的身份，又同时是俄国专制政府间谍的尼基塔在英国教师的笔下同样是"怪物般可怕的"。这位"著名的屠夫""大脸庞泛着青灰色，大腹便便，牛一样的脖子，还有一双大手"（338）。尼基塔代表了故事中的两股势力，粗鲁残暴地将拉祖莫夫打伤残，象征着这两股势力对主人公的摧残。

　　从故事的正面角色考察，美丽纯洁的赫尔丁小姐毫无疑问是英国教师眼中受邪恶力量逼迫的高贵少女。她举止优雅，性格坚强，但在暴力革命的阴影之下却显得十分无助，需要一位勇敢的骑士带着爱情来拯救。"俄国生活的巨大阴影如同夜晚渐深的黑暗，在她周围越来越浓重，要将她吞噬。"（210）赫尔丁小姐拥有一双"灰色的眼睛，黑色的睫毛投下淡淡的阴影……这对一个男人来说如此有吸引力"（132）。她的眼神"直接"而"充满信任"，她"天真无邪"却能"思虑周全"。赫尔丁小姐即便面对哥哥的离世、母亲的病弱也依然能时常微笑，"连冬日上午清冷的阳光在她灰色的眼中变得柔和"（135）。在谈论局势时，赫尔丁小姐表现得"非常平静而且有一种年轻的优越感"。英国教师尽力将赫尔丁小姐描绘得如同浪漫传奇中身陷囹圄的优雅贵妇一般。

　　骑士浪漫传奇所需的条件基本齐备，只缺少一位能担当深入虎穴拯救受困的美丽少女的骑士英雄。英国教师虽然对赫尔丁小姐颇为喜爱，但是他的年纪，尤其是作为外国人不可能被哈尔丁小姐接受，这让英国教师无法担此角色。而主人公拉祖莫夫因其与赫尔丁小姐的特殊关联成为英国教师所期冀的骑士。初一见面，英国教师便称其留下了"完全的好印象"。拉祖莫夫有一种"聪慧的气质"，"他的下巴轮廓刚劲，发黄的脸颊胡子刮得很干净；鼻梁高耸却不突兀，黑色的卷发长到脖颈；不太合身的棕色外衣下是健壮的四肢；略微弯下的背部显露出一副令人满意的宽阔肩膀。整体而言，我（英国教师）对他并不失望。刻苦用功——活力强健——

羞涩内向……"（192）

按照这样的套路，故事的结局应该是正义的骑士出现，拯救受困的高贵少女。然而，拉祖莫夫却没能承担起拯救的重担。他并非英雄。因为他无法面对来自暴力专制的压力，早已将赫尔丁出卖。来到日内瓦也是在政府的胁迫下充当暗探，无奈地生活在谎言的困局之中。政府和革命者都不是拉祖莫夫的信仰，所以他献不出骑士的忠诚，也就更做不到勇往直前地解救陷入暴力阴影的高贵少女并赢得属于骑士的典雅爱情。至此，英国教师的叙述已经无法再向着骑士浪漫传奇的传统结局继续。被选定为骑士英雄的男主人公用自剖式的告白冲破了压抑其个人成长的两股残暴势力的束缚，也由此颠覆了叙述者英国教师精心编织的骑士浪漫传奇的框架。

四 结语

《西方注视下》是康拉德唯一一部以俄国为背景的小说。作为反抗沙俄统治的波兰革命者后裔，反抗压迫、弘扬正义应是康拉德从父辈身上继承的血脉。然而，幼年坎坷的流亡经历给他留下的不仅是痛苦，还有对暴力以及对所谓革命的厌恶。康拉德始终拒绝追随父亲的遗志，不愿成为披荆斩棘的骑士去拯救危亡，他甚至刻意忽视自己波兰后裔的身份，连墓志铭都选用英语镌刻。在《西方注视下》这部作品中，康拉德操控下的叙述者苦心经营着骑士浪漫传奇的构架，然而男主人公却拒绝像骑士那样负载英雄的神圣光环抗衡专制暴政与暴力革命的威压，无力拯救高贵少女。由此，骑士浪漫传奇似一场闹剧终以男主人公拉祖莫夫的身残隐居和女主人公的成熟自立宣告破产。联系当时的社会背景，这样的处理也应和了19世纪骑士精神与骑士文学衰落的大潮。

参考文献

Conrad, Joseph, *Under Western Eyes*, London: Penguin Books, 1985.

Dryden, Linda, *Joseph Conrad and the Imperial Romance*, Houndmills: Macmillan Press Ltd., 2000.

Laskowsky, Henry J., "Conrad's Under Western Eyes: A Marxian View", *Joseph Conrad: Critical Assessments*, Ed. Keith Carabine, Mountfield: Helm Information Ltd., 1992.

Leavis, F. R. , *The Great Tradition*：*George Eliot*, *James Joyce*, *Joseph Conrad*, New York：New York University Press, 1979.

Lothe, Jakob, *Conrad's Narrative Method*, Oxford：Oxford University Press, 1989.

李菊红：《试论骑士精神在英美文学中的衍变》,《作家杂志》2012 年第 2 期。

刘建军：《欧洲中世纪叙事文学的形式特征》,《外国文学评论》1994 年第 3 期。

唐国清：《试论欧洲文学中的骑士精神》,《苏州教育学院学报》2006 年第 3 期。

浅析《复活》中的自我救赎

戴 瑞 王晓芸

摘要： 托尔斯泰在其小说《复活》中成功地塑造了聂赫留朵夫这一忏悔贵族和被侮辱、被损害、走入迷途的喀秋莎·玛丝洛娃形象。本文主要分析堕落贵族聂赫留朵夫不断探索人性"复活"之路，最终走向自我救赎的过程，进而分析在他的感召之下，玛丝洛娃通过精神重生完成的自我救赎。从而让读者深深地领会隐含其中的托尔斯泰式的忏悔和自我救赎之路。

关键词： 聂赫留朵夫；道德重生；玛丝洛娃；精神复活；自我救赎

一 引言

《复活》是托尔斯泰的代表作，完成于 1888—1899 年。此间，托尔斯泰的思想体系中最主要的内容之一就是主张道德自我完善，勿以暴力抗恶。托尔斯泰在《复活》中自觉而充分地把这一思想赋予了聂赫留道夫和玛丝洛娃的"复活"（杨荣，1995）。这个"复活"实际上就是二人"自我救赎"的成功。

二 道德重生——聂赫留朵夫的自我救赎之路

（一）从纯洁到堕落

大学时期的聂赫留朵夫，思想进步、道德高尚。因为受斯宾塞《社会静力学》"土地不能私有"理论的影响，不仅把从父亲那里继承下来的土地分送给了农民，而且还对此撰写论文。后在姑姑家认识了天真美丽的玛丝洛娃，并对之产生了纯洁的爱情。

然而，贵族的社会地位和生活环境使这位曾经纯洁的青年堕落了。聂赫留朵夫进入彼得堡当禁卫军后，挥金如土、喝酒、打牌、玩女人的军官生活渐渐地成了他的习惯。第二次去姑姑家时，诱奸了玛丝洛娃，扔下一百卢布之后就音信全无。其间也一度有过良心的苛责，但当他想到上流社会的人都这么干时，便心安理得了。随后就把这事忘得一干二净。小说开头交代他与首席贵族的妻子和富家小姐同时保持着恋情，表明他已经习惯了这种不道德的生活。在堕落中浑然不觉地生活着。

（二）对堕落的反省

十年后，在法庭上，他与玛丝洛娃不期而遇。玛丝洛娃是罪犯，而他是陪审团成员。他很快就认出了自己曾经爱过并诱奸的玛丝洛娃。这使他想起了过去：纯洁无邪的青春，诱奸她的那个可怕的夜晚。玛丝洛娃的眼光偶然飘落到他身上时，紧张和害怕被认出继而可能当众出丑的恐惧感笼罩着他，他感到"既厌恶又痛苦"。当玛丝洛娃的目光再次盯着他时，他本能地往后一缩。好在她的目光很快游离到别人的身上，才使他松了一口气，盼案子尽早审完。看到检察官竭力要证明玛丝洛娃"天生有犯罪的性格"，而玛丝洛娃不做任何申辩，只是低头哭泣，他身不由己地感到一阵难受。当法庭宣判玛丝洛娃有罪并流放西伯利亚四年时，他想到的是："西伯利亚和苦工，立刻斩断了跟她保持任何联系的可能，也就不会叫他想起她的存在了"。然而，当玛丝洛娃听到判决后哀怨无助、撕心裂肺地叫喊"我没罪、我没罪"时，聂赫留朵夫完全被触动了，他决定为玛丝洛娃申冤，同时也为自己赎罪。

（三）自觉的自我救赎

他找庭长，说明案件的不合理之处。庭长告诉他，法庭是根据陪审团成员的意见定案的。这加重了聂赫留朵夫的内疚。庭长建议他找个理由上诉。"同庭长谈了话，又呼吸到清新的空气，聂赫留朵夫心里稍微平静了些。"然后他找了律师，请求把案件转到枢密院去，并愿意承担办理此事的全部费用。"他同律师谈过话，又采取了措施替玛丝洛娃辩护，觉得心里平静多了。"这个空隙里，他开始反思自己，"打扫灵魂"。他的这种净化灵魂的活动已经有好几次了，"他良心上的要求同他所过的生活太不协调了。他看到这个矛盾，不由得心惊胆战"。

他能认识到自己灵魂的肮脏，并有意识地"打扫"，这正说明了他的自我救赎是有意识的。他决定去请求玛丝洛娃的原谅并与她结婚，借这个新的契机完成一次彻底的灵魂清扫。他从三个方面着手，来完成这次"清扫"。第一，帮助玛丝洛娃。主要是为"告御状"奔走，争取支持，以及为"西伯利亚之行"做好准备。第二，处理地产。在巴诺沃，土地已交给农民，由他们缴付地租，作为农民的公益金。农民们不信任他，但他仍然坚持做了。第三，帮助囚犯们，来求他的人也越来越多了。在这一过程中，他看到了农民悲惨的生活，农民与贵族不可调和的矛盾，以及只顾私利的上层官僚，这更坚定了他对自己所走过的生活之路批判，以及与自己所属的贵族阶级决裂的决心。

（四）自我救赎的升华与完成

自我救赎之路不平坦，但恰好造就了自我救赎的升华。告御状没有达到预期的效果，玛丝洛娃也不接受他结婚的请求。但这并没有击退他，他想到最坏的结果是：如果案件上诉不成功，即使玛丝洛娃不愿意同自己结婚，他也要跟她一起去流放。她走到哪儿，他便跟到哪儿。最终，玛丝洛娃的上诉案没有批准。聂赫留朵夫离开彼得堡，跟她一起去西伯利亚。在路上，聂赫留朵夫一路为犯人恶劣的处境四处奔波说情，他几乎成了犯人的袒护者。这一路，也是聂赫留朵夫自我救赎从"对玛丝洛娃的帮助"升华为"对众多犯人的帮助"的过程。

在聂赫留朵夫的坚持下，玛丝洛娃所判苦役改为流放，在西伯利亚较近处执行。他告知了玛丝洛娃这一消息并再次提出想跟她结婚。这次，他得到的回答是：玛丝洛娃决定跟政治犯走，因为她爱上了政治犯西蒙松。虽遭拒绝，但这一次他没有痛苦的感觉。因为他看到了芸芸众生的悲苦生存状态，罪恶与不平、苦难与恐怖，他不明白为什么会这样，他需要解决问题的答案。这比起他和玛丝洛娃之间的纠葛，更为重要。他随手打开英国人送给他留作纪念的福音书，"据说什么问题都可以在那里找到答案"，他翻开福音书，找到了答案："对上帝要虔诚、不起誓、要忍辱、爱敌人、勿反抗。"他明白了，人们如果遵循这五条法则并不断悔过自新，就可以"建立地上的天国"。此时，他完成了自我救赎，开始过一种全新的精神生活，是一种比年轻时候更纯洁更高尚的生活。

聂赫留朵夫的自我救赎是通过自我的自觉行动与宗教信条规约下的道德重生共同完成的。聂赫留朵夫的完全"复活"，从作者主观上来说，是以主人公手捧福音书，深深领略了福音书的教义而完成的。聂赫留朵夫的"复活"不是简单地复归到青年时代的正直、纯洁、善良等道德方面，而是彻底地抛弃了旧我，与他出身的阶级彻底决裂，并且对这个阶级进行了极其尖锐的批判（陈遐，2006）。

三　精神重生——玛丝洛娃的自我救赎之路

（一）纯洁被毁灭

少女时代的玛丝洛娃，系着洁白的围裙，明眸善睐，俏丽可爱。那双纯洁的略带斜睨的黑眼睛那么笑盈盈地从脚到头打量人。她过着半是小姐半是女仆的生活。16 岁的时候，她和女主人的侄儿年轻的大学生聂赫留朵夫相爱。三年之后，已经堕落的聂赫留朵夫来到姑妈家，诱奸了她。此后，她满心希望他能回来，因为她有了他的孩子。可是，那个漆黑的夜晚改变了一切。她不再相信"善"，她对世界的信任崩塌了。"不论什么人，除了寻欢作乐，除了肉体的淫乐，活在世界上就没有别的事了。"之后，她沦为妓女并习惯了这一身份。她的世界观是：

凡是男人，不论年老年轻，不论是中学生还是将军，受过教育的还是没有受过教育的，无一例外，个个认为同富有魅力的女人性交就是人生最大的乐事。因此，凡是男人，表面上都装作在为别的事忙碌，其实都一味渴望着这件事。她是一个富有魅力的女人，可以满足，也可以不满足他们的这种欲望，因此她是一个重要的不可缺少的人物。

她以这样的观点生活，完全成了一个退化的人。抽烟，喝酒，打情骂俏，以身体换取金钱，成了她理所当然的生活方式。所以，后来被诬陷入狱，在监狱里见到并认出带着忏悔出现在他面前的贵族老爷聂赫留朵夫时，她职业般地献上那双妖媚的乌黑发亮的斜睨眼睛，只为了从这位富人身上多弄些钱。与聂赫留朵夫初次交谈后，她只想着如何利用这个贵族老爷，完全不在乎他的忏悔。

（二）爱情被唤醒

聂赫留朵夫的出现及其真诚忏悔、不弃追随，逐渐唤醒了玛丝洛娃的爱情，她开始重新爱上了他，并有意识地自我改变。

聂赫留朵夫的真诚的话语使她回到了那个她无法理解而对之满怀仇恨的世界。断然拒绝他的结婚请求之后，她的内心展开了痛苦的活动：现在她已经无法把往事搁在一边，浑浑噩噩地过日子，而要清醒地生活下去又实在太痛苦了。可是她想不明白，到傍晚，她就又买了些酒，跟同伴们一起痛饮起来。此时，她还是想逃避眼前所面临的选择。

聂赫留朵夫为她的案件写诉状，请律师，承担一切的费用，几次三番地探监，勇敢地承认自己的罪行，愿意彻底地忏悔并坚决表示：自己再不会重演当初诱奸她之后一去不复返，而是坚定地陪在她身边并和她结婚。这样的执着唤醒了玛丝洛娃的爱情的复苏。她不知不觉按照聂赫留朵夫的意愿改变着自己：

> 玛丝洛娃已经在那里。她从铁栅栏后面走出来，模样文静而羞怯。她走到聂赫留朵夫紧跟前，眼睛不看他，低声说：
> "请您原谅我，德米特里—伊凡为奇，前天我话说得不好。"

再也没有了勾魂的媚眼，取而代之的是文静羞涩。说话开始用"请"了。从神态到语言有了多大的变化！她请求聂赫留朵夫离开自己，并且接受了他为自己协调的医院监狱的工作，向他保证自己戒酒了。聂赫留朵夫再次见到她时：

> 玛丝洛娃穿一件条纹连衣裙，外面系着白围裙，头上扎着一块三角巾，盖住头发。她一看见聂赫留朵夫，脸刷地红起来，迟疑不决地站住，然后皱起眉头，垂下眼睛，踏着走廊里的长地毯快步向他走来……今天她完全不同，脸上出现了一种新的表情：拘谨，羞怯……她整个脸上洋溢着快乐的神采。

玛丝洛娃变成了一个因爱情改变自己的女子，往事仿佛一去不返。

（三）人性在矛盾中复归

然而，玛丝洛娃的内心常常十分矛盾。他送来的老照片勾起了她对过往的回忆，妓院里那种年复一年的日子归根结底都是他造成的。对他的旧恨顿时又涌上她的心头。她真想把他训斥一番，痛骂一顿。她后悔今天错过机会没有再对他说：她知道他是个怎样的人，她决不受他欺骗，不让他在精神上利用她，就像从前在肉体上利用她那样，也不让他借她来显示他的宽宏大量。她又是怜惜自己，又是徒然责备他。

聂赫留朵夫把案件驳回的坏消息告诉玛丝洛娃时，得知她因为和医士勾搭已经离开医院。而玛丝洛娃是被冤枉的，她在意的不是案件有没有上诉的希望，"她用泪汪汪的眼睛凄苦地斜睨着他，她从牢房里出来同聂赫留朵夫见面，猜想他一定已听到她的新罪名，想为自己辩白一番，说这事是冤枉的。她本来要开口辩白，但觉得他不会相信，只会更加怀疑，于是哽住喉咙，说不下去"。她在乎自己在聂赫留朵夫心里的形象，"但一想到他瞧不起她，认为她还是原来那样的人，而没有看到她精神上的变化，她觉得十分委屈。他现在可能认为她在医院里做了什么丑事。这个念头比她听到最后判决服苦役的消息还要使她伤心"——我们欣喜地看到：自尊，做人的尊严回到了玛丝洛娃的身上！

在聂赫留朵夫的感召之下，玛丝洛娃回归为一个正常女子，并且是有道德原则的、能区分善恶并能作出自主判断与选择的女子。

在流放西伯利亚最初的途中，玛丝洛娃由于相貌迷人和尽人皆知的身世，常常受到男犯人、男看守、男押解人员的纠缠。她严词拒绝他们，坚守了自己的身体和心灵的贞洁。至于如何解决她与聂赫留朵夫之间的问题，她的善良的本能告诉她：有过那样的人生经历，毕竟不再清白。如果答应了聂赫留朵夫的求婚，对贵族的他来说，是一种伤害。而自己又怎么可以伤害深爱自己的人？于是，她清醒地断然拒绝了他，最终决定追随自己仰慕并且愿意保护她的政治犯西蒙松而去。她用她重新获得的善良、纯洁，用放弃成全理想中的纯美爱情，将自由留给聂赫留朵夫，而自己选择了现实中的一段全新的爱情，生活从此展开全新的一页。这就是托尔斯泰所描写的玛丝洛娃的"复活"的内核，即：完全为别人着想，为此不惜牺牲自己的个人感情、个人幸福，从而求得道德和自我完善。

玛丝洛娃的自我救赎是在聂赫留朵夫的忏悔与行动的感召下，通过爱情的重新唤醒，逐渐实现人性的复归与个体人格精神的重建。玛丝洛娃的"复活"，与聂赫留道夫由悔罪到为玛丝洛娃的幸福而甘愿自我牺牲的"复活"，实质是毫无二致的。玛丝洛娃与聂赫留朵夫殊途同归，实现了同一人生归宿——最终双双在精神上得到了"复活"（杨荣，1995）。

四　结语

《复活》写了聂赫留朵夫因为良心觉悟而忏悔的过程。它探讨了忏悔是如何发生的，并且它对一个人的心灵——有罪的心灵起着什么作用，一种恢复它的正常功能、滋养它、培育它的能力，即一种向欢乐的幸福新境界飞跃的能力，这种能力完全可以自我救赎，从而完成了人之所以为人的真正意义。这种能力也可以感染别人，玛丝洛娃就是深受感染并自我救赎成功的例证。每一个人，无论是东方文化氛围中成长起来的，还是西方文化底蕴造就的。大致都经历了一个这样的过程：曾经年轻，单纯，正直，追求真理；若干年后，不再年轻，不再单纯，不再正直，不再相信真理。面对历史的灾难，要么摆出一副世人皆醉我独醒的姿态批判别人，要么就是摆出一副受伤的总是我的可怜相，无休止地埋怨诉苦、怨天尤人。很少有人对自己进行严厉的自我解剖和真诚的自我忏悔。所以很少有人能完成自我救赎。《复活》给了我们很多的人生感慨和启发。这也是托翁最终的心愿：希望人人能够在忏悔中完成自我救赎。

参考文献

陈退：《忏悔与救赎：十九世纪俄罗斯作家与前期创造社文学家的宗教意识》，《佳木斯大学社会科学学报》2006 年第 5 期。

［俄］列夫·托尔斯泰：《复活》，吉林摄影出版社 2004 年版。

［俄］列夫·托尔斯泰：《托尔斯泰小说全集》，草婴译，现代出版社 2012 年版。

马家骏：《俄国文学史略》，中国社会科学出版社 2004 年版。

任光宣：《俄罗斯文学简史》，北京大学出版社 2006 年版。

杨荣：《从"复活"实质看托尔斯泰的乌托邦幻想及其文化思维模式》，《九江师专学报（哲学社会科学版）》1995 年第 2 期。

如何细读，为什么细读

游建荣

摘要： 20世纪80年代以降，各种西方理论学说的不断引进，导致诸多新方法和新理念在学术界的盛行，学者们不断汲取东渐的西学理论，对文学（史）的理论研究逐渐取代了具体的作家作品研究，文本细读越来越不被学界重视，日益远离了文学研究和大学校园。然而，对于当今的文学研究和文学教育而言，文本细读非但不应被束之高阁，而且有着非常重要的强化和推广的意义。

关键词： 细读；文学；高校文学教育

一　引言

20世纪80年代以降，各种西方理论学说的不断引进，导致诸多新方法和新理念在学术界的盛行，学者们不断汲取东渐的西学理论，对文学（史）的理论研究逐渐取代了具体的作家作品研究，细读越来越不被学界重视，而这种趋势自然会影响到对学生的文学教育，乃至学生的自主学习上。一个显著的现象是，每一届的莘莘学子都能洋洋洒洒拿出数千言的宏观理论体系论文，这些拿来主义的理论也许可以自圆其说，然而由于缺乏对文学原著的细读，导致所谓的理论底气不足。一些敏锐的教授们甚至发现，很多研究生"对于文学作品阅读量不仅相当少，而且几乎不具备解读作品的能力"（陈思和，2004）。

毫不夸张地说，文本细读已日益远离文学研究和教学的大雅之堂，而这显然是一个极大的谬误。这一令人担忧的现象早已引起学界的重视，例如，复旦大学中文系的陈思和教授就积极提倡文本细读，他认为"提倡细读文学作品，不仅仅是提倡一种批评方法，也是为弥补当前高校文学教育的严重缺失。细读是一种方法，通过细读，培养不讨巧、不趋时、实事求是、知难而上的治学态度，以及重感受、重艺术、重独立想象的读书技巧"（陈思和，2004）。

二 为何要细读

细读（Close Reading）的说法源于流行于 20 世纪 30—60 年代的文学批评流派——英美新批评。按照新批评的观点，在完成文本的创作后，作者对文本便不再拥有控制权，文本是一个封闭的内在结构，文本结构的意义需要通过读者的阅读来加以体现，读者必须在文本的字里行间找寻暗示，从而谋求理解文本。细读要求读者细密地研究作品的上下文及其言外之意，探究词句之间的精微联系，找寻篇章之间的隐蔽关联。英美新批评学派的学者认为，唯有如此细致的分析，才能鉴赏出一部作品的总体，从而在文学史上确定其艺术价值。不过近年来，欧美批评风气转向文化批评，文学批评大有被文化研究取代之势，而离文学的本义越来越远，新批评和文本细读似乎都已过时落伍了。然而，笔者认为，作为一种方法论，文本细读法把作品文本视为一个有独立生命的对象，通过对文本结构、意象、语义等细致精到的剖析，实现对文本意义的解读，这依然是我们接近文本、探求文本意义的最佳途径。

文学，首先是一门艺术。通常情况下，文学不会直白地把要表达的意思说出来，而是通过象征、借代、拟人、想象、夸张、隐喻等艺术手法来加以表达。因此，对于文学，唯有通过细读，才能将艺术特性细细地品味出来，感受出来，才能给作品实事求是的评价。"要读用人类语言表达的人类情绪，你必须有能力用人性来读，用你的全部身心来读。"（布鲁姆，2011：13）美国当代著名文学理论家哈罗德·布鲁姆的"全部身心"一说，可以表明我们应该对于细读所持的态度。"细读"是一种专注的阅读，也是一种开放式的阅读。"如果你善读深读，那么你就别无选择：你将成为哈姆雷特，最重要的不是他的窘境，而是你获得的馈赠：他将扩张你的心智和精神，因为除此之外再无其他理解他的方式。但是，有所得即有所失，他也将把你赶入他的意识的深渊，其中的虚无意义元素远甚于埃古，或《李尔王》里的埃德蒙，或《冬天的故事》里的里昂提斯。"（布鲁姆，2011：236）

一条民谣与一首诗的区别到底有多大？仅从文字层面是很难回答的，我们必须从文学性的角度出发进行探索，而文学性的发掘更多的是需要借助文本细读的方法。细读文本有助于我们解读文学作品，提升艺术审美能力，认识文学史的过程和意义，发现文学之所以为文学的文学性。在文学作品的阅读中，首次阅读往往是一种纯粹的乐趣，而在重读和细读之下，那会是一种不同和更好的经验。细读的读者会获得解放，进入到以前触及不到的视角，你知道会发生什么事情，但是你的视角会更加专注于如何发生以及为什么发生，对于更细微、更深刻的篇章，会有愈来愈新的领悟。

此外，文学作品特有的文字游戏，要求读者必须亲身和具体地参与，而这种参与只能通过细读来完成。文本的阅读体验本身就是不断满足读者的好奇心和阅读期待。在文本阅读这一依赖语言而进行的游戏中，读者的阅读体验是独有的、不可替代的，即便是短期间的两次阅读同一部作品，其阅读体验也是截然不同的。对文本意义深层次的进一步理解，要求读者在文本的字里行间迤逦而行。文本的意义就如希腊神话中幽禁着牛头怪弥诺陶洛斯的克里特迷宫，读者需要亲身体验，才能体会迷宫的精妙所在，倘若解开迷宫的线团是由别人（即便是教师乃至大师）牵引着，那么再绝妙的文本都将索然无味。

某些时候，我们在分析和评价文学作品时，会陷入非此即彼的二元对立思维方式，要么赞扬，要么批评。其实，世界本就是丰富多彩的，在光明和黑暗之间，其实存在很多的中间状态。文学作品的世界里也是如此，在彼此、是非、善恶、美丑之间，同样存在着许多的中间状态，这才符合文学的原始状态。细读文本，可以帮助我们摆脱教条化的或理论化的单一解读方式，提出新颖独到的看法。唯有通过这样的细读和分析，我们方能触及文本展示的真正的艺术内涵。

当然，英美新批评所倡导的"细读"方法的局限性，也引起了学界的广泛关注。close reading 理论的根本与精华是"细读语义"，但是其过分强调"个体批评"和封闭式讨论——既反对对作者进行研究，也反对文学类型学和文体学的研究，它将传统文学批评的作家生平、历史背景、社会环境、时代精神等研究彻底扬弃了，认为这些研究都不是真正的文学研究，并非文学批评的目的，不是评价作品优劣的圭臬。有鉴于此，"当我们认识了'细读'的重要性、并且针对具体的文本进行'细读'的时候，我们既应该对某种方法保持着高度的警惕，也应该针对不同的文本选择不同的方法，同时还应该积极主动地兼收并蓄。也只有这样，才能够达到对文学作品的正确而又深入的理解"（阎开振，2007）。

三　如何进行细读

无疑，细读需要花费大量的时间，因此我们不应把时间浪费在不值得读的文字上。并非所有的文本都适合细读。如何进行细读的前提是，我们应该选择值得阅读的文本，那些意蕴丰富、具有广阔的解读与研讨空间的文本。以色列著名作家阿摩司·奥兹 1996 年出版的一部小说研究专著《故事开始了》就以十部大师的作品为例，以细腻而又独到的方式探讨了小说如何开头的问题。奥兹把小说的开头看作"作者和读者之间的一种合同"（奥兹，2011：9），要求读者认真阅读合同的每个条款。他在结语部分谦虚地说："本书中所提的建议，对十部长篇小说或短篇小说的开篇合同的十次粗览，倒可以作为慢速阅读教程的入门。阅读的乐趣和其他的乐趣一样，应该是小口啜饮，慢慢品味。"（奥兹，2011：142）

文学大师的细读功夫让人叹为观止，但对一般读者和学生来说，细读尽管达不到那样高的境界，但也并非无从下手。细读的时候，要仔细考察关于文本的事实和细节，可以专注于某个段落，或者整篇文章。目标可以是了解文本的所有标志性特征，包括修辞上的特点、结构要素、文化相关的因素；或者，也可以有选择性地关注文本的某些特征——比如说对立性和一致性，或特定的历史相关资料。这些缜密的考察之后，就是对考察结果进行解读：从对特定事实和细节的观察导向某种基于这些考察的结论或解读。

随时"标记"那些重要的、令人吃惊、引起各种情绪波动的关键语句，并在留白处"记录"自己的心得感受。这样的做法，可以帮助我们做到注意力的集中（这是细读的最基本要求），更可以让我们像作者一样思考（或者最少我们主观上是在向作者的立场靠近），这样我们就从一个单纯的读者角度转为某种意义上的作者角度，我们肯定可以由此获得以前无法想象的收获。"细读"还要求我们在阅读的时候，更多地进行提问，尤其是"如何"和"为什么"。尽管我们选择了接近作者的立场，但是在细读的时候，我们更多的身份是像侦探般，找寻更多的"证据"。

勤做阅读笔记是一个良好的习惯。以教师授课为例，教师在阅读作品的时候要做笔记，不仅对人物情节时间地点等有清晰的线索，同时对叙事、文风、节奏、韵律等方面的特征也要细细品读；在备课时必定要通读全书，而且应该对作者的写作背景、生平经历、关于作品的经典评论、文学史意义等方面的知识做充分的准备。

需要特别指出的是，在细读中我们应注意结合适当的批评理论。"正如柯林斯·布鲁克斯所说，无论是充分阅读还是细读，充分与细都是相对而言的。在何处细读，其实在很大程度上与我们采用什么批评方法有关。在导读《简·爱》的时候，引导学生特别注意对简·爱在罗彻斯特求婚以及失明之后的心理描写，注意简·爱如何描述罗彻斯特身边的其他女性，比如英格拉姆小姐，比如'阁楼上的疯女人'，对这些细节的勘察有助于我们发现《简·爱》叙事中内在化的男权文化结构。显然，在此引入了女性主义的批评视角。在讲解鲁迅的小说时，注意叙事时间、叙事视角的变换，这又颇多地借助了叙事学的理论。"（袁甲，2009）

四　细读与高校文学教育

目前，在日益大众化的高等教育中，文学教育不仅对中文、英语等专业的学生至关重要，也是大学生通识教育重要的组成部分。但是，由于学生的客观水平与教学内容、教学课时与教学内容之间存在着的诸多矛盾，往往使文学课的教学流于形式，达不到预期的效果和目的，如何解决这些矛盾也就成为文学课程教学改革的重要内容。甘阳教授 2006 年在清华大学开设的一门通识课程，面向全校所有专业的本科生，以细读莎士比亚历史剧中的第二个四联剧的方式，辅之以小班的讨论，探讨有关政治哲学的问题，收到了很好的反响。尤其是细读文本让学生不仅对过去望而生畏的文学经典产生了浓厚的兴趣，而且让学生真正学会了阅读。正如一名英文系的学生所说："通过这门课程，我首先学会了深入阅读文本。"（赵晓力、吴飞，2006）

课堂教学中，教师若能在细读的基础上，很好地通过自己的讲解激发学生与自己进行对话，就能不断激发学生细读文学文本，找寻更多的证据佐证自己的观点。文本细读的目的就是让学生更多地发现文本的意义，更大限度地训练自己的思维能力。

学生初次接触某一作家的作品时，可能不会立即产生阅读兴趣，因此，教师可以通过布置一定量的阅读任务，辅以一定的问题，在方向上引导学生课外细读文本，并以此激发学生的文本细读兴趣。这种教学方法有如下几个优点：第一，克服学生的阅读畏惧心理。学生通常对经典长篇小说都有一种阅读抗拒心理，通过阅读部分章节解决某一特定问题可以使学生在心理上产生阅读负担降低的效应，同时，某一特定问题的解决任务又会让学生学会重视文本的细节，逐步培养细读文本的能力。第二，将文本细读与写作相结合可以锻炼学生的思维能力和观点表达能力，同时还能对文本形成独特的看法，学会总结。第三，任务型的文学课程教学法可以使教师更好地观察学生的文本细读效果，发现更多的问题，适时调整教学进度。

在倡导不断加强大学生素质教育的背景下，细读英美文学作品可以激发学生学习英语的热情，帮助他们深层次地了解和认识英美文化、历史，增强对事物的认识和分析能力，提高他们的综合人文素质。为了实现上述的目的，教师始终应该重视文本细读在教学中的重要地位，在教学中应引导学生以研究性的态度深入细读文本。

而对于文学专业的学生来说，专业基础是否扎实的关键所在，恰恰是有没有大量地阅读细读文学作品，形成自己的文学感受。于是就有了陈思和教授的专门撰文，重提"文本细读在当代的意义"，并强调现在"有必要从文学史教学最基本的教学类型——细读文本出发，解读文学作品，提升艺术审美性，认识文学史的过程和意义，实现'细读文本'作为主体心灵审美体验的交融与碰撞，回到文学之所以为文学的文学性上来"（陈思和，2004）。可见，尽管新批评已经淡出人们的视线，但文本细读的方法对于当下中国大学的文学教育仍然是急需强化的基本训练之一。

参考文献

陈思和：《文本细读在当代的意义及其方法》，《河北学刊》2004 年第 2 期。

［美］哈罗德·布鲁姆：《如何读，为什么读》，黄灿然译，译林出版社 2011 年版。

阎开振：《文学研究和教学中的细读问题》，《文学教育》2007 年第 6 期。

［以色列］阿摩司·奥兹：《故事开始了》，杨振同译，译林出版社 2011 年版。

赵晓力、吴飞：《〈莎士比亚与政治哲学〉：一次以经典细读和小班讨论为核心的通识课程试验》，《国外文学》2006 年第 4 期。

袁甲：《徜徉在言语之途——外国文学经典的文本细读与大学生审美素质培养研究》，《文教资料》2009 年第 21 期。

翻译与文化

理雅各中国经典翻译述略

史 凯

摘要：本文以英国汉学家理雅各的典籍翻译活动为中心，简要梳理译者本人从基督教传教士到中国思想阐释者的发展脉络。理雅各以宣教布道者的身份自西徂东，凭阐释中国思想奠定杰出地位，这一过程映射着发生中外交流场域中的相互涵化与融合，他的研究型译本也成为 19 世纪中西对话的时代切片，为今人架通中西的工作提供着直接线索和材料。

关键词：理雅各；典籍翻译；阐释

一 引言

他是传教士，不远万里来到遥远的东方，向西方世界眼中的"异教徒"和"野蛮人"传播上帝的福音；他是书院院长，主理香港第一所中国人学习英文的学校；他是汉学教授，在牛津大学的首个汉学讲席任职超过 20 年；不过，提到他，人们首先想到的称呼是翻译家。他第一次将中国儒家经典完整地翻译成欧洲语言，译本被视为中西文化交流史的一个里程碑，影响至今无人能出其右。他就是人称汉学界三大巨擘之一的苏格兰人理雅各（James Legge）。

理雅各用"注释圣经的严肃态度研究孔子及其学派"（马祖毅，1983：45），他对儒家思想的阐释和翻译向西方读者提供了一把开启中华民族思想文化传统的钥匙，帮助西方认识、了解中华民族的精神特征和文化根基。在构建西方世界的中国观这一意义上，他扮演了与莱布尼茨、黑格尔、杜威等思想家同等重要的角色。本文拟对理雅各的典籍翻译事业做一外围综述，以期提供解读其译的历史底版。

二 生平纪略

1815 年 12 月理雅各出生在苏格兰阿伯丁郡（Huntly, Aberdeen-shire）。幼年时就表现出对文化和语言的天赋。受家中宗教氛围的影响，又深为英国海外传教运动所吸引，理雅各很早便立志于传教事业。1836 年他从阿伯丁英王学院毕业不久就即进入伦敦希伯利神学院专修神学两年。加入伦敦会后，于 1838 年师从伦敦大学首任汉学教授基德（Samuel Kidd）学习中文。1839 年底，25 岁的理雅各到达马六甲。此行是受伦敦会指派，前往接任马礼逊（Robert Morrison）的英华书院（Anglo-Chinese College）院长一职。在马六甲，理雅各较为系统地接触到四书五经。在向当地华人传教的过程中，他愈加意识到，传教事业的成功必须依靠华人教士的力量，而借力中华文化的思想传统是促成华人接受福音的基础。正如他在《中国经典》第一、二卷再版前言所写的那样，"一个西方来华传教士，如果没有完全掌握那些中国经典，还没有亲自调查那些中国圣贤们曾经涉足的思想领域的话，他就不适合他所担当的职责和正在从事的工作，因为在那些经典和那些领域当中，正可以找寻到中国人民的道德、社会和政治生活的基础"（段怀清，2006：93）。

鸦片战争后，香港成为英国的殖民地。1843 年，根据理雅各等人的申请，伦敦会决定将英华书院迁往香港，理雅各继续担任院长，书院专门培育华人神职人员。从 1843 年起，理雅各客居香港 30 年，致力于福音传播。在此过程中他开始研究中国的古代经典，香港这个架通中西的桥头堡也见证了理雅各在中学西渐上的卓越贡献。

三 译书缘起

无论是以利玛窦（Matteo Ricci）为代表的早期来华天主教传教士，还是马礼逊、米怜（William Milne）、理雅各等新教传教士先驱，都扮演了中西文化双向使者的角色。即是说，他们一方面把西学新知引入中国，另一方面又把中国的语言文化介绍给西方大众和知识界。他们对中国语言文化的关注，直接动力仍然源自服务上帝、传播福音：唯有掌握当地的语言并对其特点和规律加以研究，才能在异语语境下表达基督教教义，将圣言化为人言，而要进一步实现征服异教徒的传教目标，就必须足够了解宣教对象的民族特征和社会心理。理雅各本人就坦言："传教士应该利用它们力量范围内的一切手段，去熟悉那些宗教……这样就能够与他们的最为博学者或者'先生'登堂入室而谈了。"（雷雨田，2004：287）理雅各的女儿也曾经这样评价父亲："理雅各……不像那些使人讨厌并且反感的传教士。他明白，如果想引起一个民族的注意，而不去试图了解这个民族，那将是一个悲剧。因此他开始研究中国的古典文学。"（Legge，1905：32）

随着对中国古代思想了解的深入，理雅各日渐超越实用性驱动的文化适应策略，他敏锐地提醒人们思考中华文明历经千年长盛不衰的原因。在理雅各看来，尽管中华民族与西方存在着巨大的差异，但绝非所谓的野蛮师姐，恰恰相反，有一种"最伟大的美德和社会原则"支撑着中华文明生生不息。他反对把儒家思想和基督教信仰对立起来的做法，他认为儒家学说作为一种探讨东方问题的特定体系，同样存在值得传教士深入探讨的思想文化遗产（吴义雄，2000：469）。为此，他告诫其他传教士，"只有透彻地掌握中国人的经书，亲自考察中国圣贤所建立的道德、社会和政治生活基础的整个思想领域，才能被认为与自己所处的地位和承担的职责相称"（雷雨田，2004：287）。

由此我们看到，理雅各投身中国典籍翻译的决定有其内在的思想逻辑。面对浩如烟海的中国经典，他选择从四书五经入手。因为，"在浩如烟海的中国文献里，有九部著作占据着至高无上的地位。一部据称是孔子的独著，其他几部也可见他的影子。直到今天它们的影响都是无法估量的。读懂这九部书意味着登上中国教育的巅峰；只消熟稔部分内容，就足以高居要职；若对它们一窍不通，再卑微的官职也是痴心妄想。它们是政府的政务指南，也是评判一切公共和私人行为的准则。对所有有头脑的人来说，这九部书在过去的两三千年里牢牢地规训着中国数百万知识分子，不能不引起极大的关注。尽管其中一些书有过译本，价值或多或少，但迄今为止还没有一个统一的译本"（Legge，1905：32）。怀着打开中国人思想密码的热情，理雅各以认真而尊重的态度开始了数十载殚精竭虑经年付出的伟大事业。

四　翻译特色

从1861年起，理雅各翻译的四书五经陆续在香港出版，总名《中国经典》（*Chinese Classics*）。今天它们依然被奉为圭臬，这在很大程度上取决于译者采用的研究式翻译模式。以体例而言，每一卷书都附带了极为详尽和丰富的注释、绪论、索引，它们或解释篇章主题、名词概念、文化习俗，或概述原典版本、注疏集注、译者参考资料等，内容包罗万千。这些学术性的细节全面展示出译者对中国思想深入的研究，为西方读者提供了进入中国思想世界的通道。难怪翟理斯（H. A. Giles）之子、汉学家翟林奈（Lionel Giles）如是感言："五十余年来，使得英国读者皆能博览孔子经典者，吾人不能不感激理雅各氏不朽之作也。"（忻平，1990：79）

以理雅各的中文造诣，何以能完成如此艰巨的任务？尽管他的中文素养不俗，但毕竟随基德学习中文时已经 24 岁，面对文辞古奥、语义晦涩的古代经典，困难可想而知。这里就不得不提到中外人士的助力，其中合作时间最长、知名度最高的翻译伙伴莫过于王韬。

王韬在上海时曾辅助伦敦会传教士麦都思翻译《新约全书》，通过麦都思结识理雅各。后因暗中帮助太平天国军队东窗事发，为躲避清政府抓捕流亡香港，由此拉开与理雅各十年的合作大幕（1862—1873）（柯文，1995：58）。

王韬本人并不通晓外文，但在传统学术与古典文学方面具有专才。早在流亡香港之前，他就以秀才之身份长期工作于墨海书馆，对于译书工作并不陌生。据今人考证，王韬的助译工作主要集中在两方面：第一，为其搜集整理各家相关的注释、训诂等参考资料；第二，制作索引，方便理雅各分辨和掌握部分深奥复杂的文字（林国辉、黄文江，2000：511）。理雅各致妻子的家书也从一个侧面反映出王韬的角色不可或缺。他写道："日用消费甚巨……其中包括当地助手王韬的二十镑月薪，有时，我真不愿意继续留用他……只有一流的当地学者对我才有价值，而在此地我找不到比他更出色的人了。"（Legge，1905：43）

理雅各聘用王韬协助自己的翻译，但并不全盘接受对方的意见，做到了保持独立思考，不囿于一家之言。例如，《诗经》译本中有 16 处注明译者不同意王韬的解释。在《春秋》和《左传》上千页的译本中，理雅各只在 6 处引用了王韬的著述，其中一次还是提出反对意见。在《礼记》两大卷的译本中，理雅各在第一卷 6 次援引王韬的观点，另有 5 次表明自己的看法异于王韬，第二卷则只字未提（岳峰，2004：55）。王韬本人在《送西儒理雅各回国序》中亦直言："其言经也，不主一家，不专一说，博采旁涉，务极其通。"（史静寰、王立新，1998：120）

这种批判精神同样表现在他对中华文明的态度上。理雅各崇敬中华文化，认为它是值得研究的，但这并不影响他自己对西方文明的信仰。他声称自己敬佩但不能颂扬孔子，认为对孔子的信仰是社会改良的最大障碍（柯文，1995：62），他与中国首任驻英大使郭嵩焘对谈，认为即便以道德而论，也几乎不可能将英国置于中国之后，这些言论都表明他始终与儒教保持一定的距离。在赛珍珠这里，我们也看到类似的复杂情感："我在一个双重世界长大——一个是父母的美国人长老会世界，一个小而干净的白人世界，另一个是忠实可爱的中国人世界——两者之间隔着一堵墙。在中国人世界里，我说话、做事、吃饭都和中国人一个样，思想感情也与其息息相通，身处美国人世界时，我就关上了通向另一个世界的门。"（赛珍珠，1991：9）

五　牛津岁月

1873 年，理雅各回到阔别多年的英国。此时，他已凭借对中国经典的阐释和翻译扬名欧洲。1875 年他成为首届儒莲奖得主。当时英国国内日渐意识到研究中国的重要性，英国《波迈宪报》（*Pall Mall Gazette*）评论理雅各获奖时就写道："虽然我们在东方特别是中国的利益超过其他欧洲国家的总和，但我们在东方语言和文学方面的工作远远逊于法国和德国……我们欣喜地获知人们终于开始推动在牛津大学设立中文教席。首选当然是理雅各博士。"（Legge，1905：204—205）。同年，牛津大学东方学家、比较与文学家穆勒（Max Muller）致信理雅各时如是说："亲爱的理雅各博士，我满心期待您的到来，牛津再需要学者不过了，否则就会沦为区区一所中学。"（Legge，1905：243）

1876 年 10 月 27 日，理雅各在谢尔登剧院发表就职演说，就任牛津大学首任汉学教授（沈建青、李敏辞，2011：204）。理雅各在牛津期间，保持着在香港时期的工作规律，一如既往地研究和翻译中国古代经典。这一时期他的主要译著是六卷本的《中国圣书》，包括《尚书》、《易经》、《礼记》、《诗经》之宗教部分、《道德经》、《庄子》、《太上感应篇》。《离骚》、《法显行传》的英译工作也相继完成。直到 1897 年去世前，他还在翻译《楚辞》。此外，他还撰写了一批讨论中国宗教和文学的文章，例如《孔子的生平与学说》、《孟子的生平与学说》、《中国的宗教》等。这些文章与他的译本共同彰显着理雅各跨文化的关怀。

六　结语

理雅各以传教士身份来到东方，却与揭示中国人的思想奥秘结下一生之缘，这不能不说是文化交流的奇妙所在。他以毕生心血致力于中国文化的阐释和翻译，对中国文化认识之深刻，对西方汉学界的影响之深远，至今罕有来者。经典翻译是理雅各人生的关键词，理雅各也因经典翻译成为汉学史上的里程碑。他不仅为中西对话提供了宝贵的资料和直接线索，也让今人得以了解西方人如何面对中国的思想与文化。从这层意义上讲，我们与其急于展开各种古代典籍的今译重译，不如努力摸清理雅各译本在西方世界的接受程度，并在此基础上进一步修正与完善，助推中国文化更好地走向世界。

参考文献

Legge, H. E. James Legge, *Missionary and Scholar*, London: Religious Tract Society, 1905.

段怀清：《理雅各〈中国经典〉翻译缘起及体例考略》，《浙江大学学报》（人文社会科学版）2006年第3期。

［美］柯文：《在传统与现代性之间——王韬与晚清改革》，雷颐、罗检秋译，江苏人民出版社1995年版。

林国辉、黄文江：《王韬研究述评附研究书目及补篇》，载林启彦、黄文江主编《王韬与近代世界》，香港教育图书公司2000年版。

雷雨田主编：《近代来粤传教士评传》，百家出版社2004年版。

马祖毅：《〈四书〉〈五经〉的英译者理雅各》，《中国翻译》1983年第6期。

史静寰、王立新：《基督教教育与中国知识分子》，福建教育出版社1998年版。

沈建青、李敏辞：《从〈就职演讲〉看理雅各的汉学思想》，《中国文化研究》2011年夏之卷。

赛珍珠：《我的中国世界——美国著名女作家赛珍珠自传》，尚营林译，湖南文艺出版社1991年版。

吴义雄：《在宗教与世俗之间——基督教新教传教士在华南沿海的早期活动研究》，广东教育出版社2000年版。

岳峰：《关于理雅各英译中国古经的研究综述——兼论跨学科研究翻译的必要》，《集美大学学报》（哲学社会科学版）2004年第2期。

从变译理论看《共产党宣言》早期的中译本

杨冬敏

摘要：《共产党宣言》是马克思、恩格斯最重要的著作之一，曾先后被翻译成多种文字。现有的《共产党宣言》中译本既包括将其进行完整翻译的全译本，也有选取部分内容进行翻译的节译本。本文以变译理论为基础，通过分析《共产党宣言》早期的中译本，发现这些译本主要采用摘译、译述和摘译加译述的方法，并呈现出译者身份多样、摘译内容不一、译本形式不同等特点，而这些特点又与翻译过程中的主体和客体有密切关系。

关键词：《共产党宣言》；变译；中译本

一　引言

《共产党宣言》（以下简称《宣言》）是马克思、恩格斯最重要的著作之一，标志着马克思主义的诞生，是第一部较为完整而系统地阐述科学社会主义基本原理的著作。《宣言》最初由马克思、恩格斯于 1848 年用德语写成，目前已经被翻译成 100 多种文字，出版 1000 余次（姚颖，2011），同时也包括中译本。从目前对《宣言》译本和版本的研究来看，现有的中译本中既有将《宣言》完整翻译的全译本，也有选取部分内容进行翻译和介绍的节译本，其中不同的节译本和介绍本在选取内容、翻译方法等方面也有很大差异。这些非全译本在节译内容和翻译方法上有什么特点？出现这些特点的原因是什么？本文尝试以黄忠廉提出的变译理论为分析框架，分析《宣言》早期几个中译本的翻译特点及其原因。

二　变译理论简介

翻译作为一种跨语言和跨文化的语际转换活动，最终目的是将原文信息忠实完整地传译到译文之中，并做到不增不减，风格一致。不过，在具体的翻译实践中，并不是所有的翻译都是将原文信息完整传达到译文的。由于受自身素质和社会文化环境等主客观诸多因素的影响，许多时候译者会有选择地对原文中的信息进行翻译，以适应特定的翻译目的和读者需求，这些翻译方法产生的结果，就是不完全的翻译。

　　黄忠廉教授认为，翻译方法按保存原文完整性程度，可分为全译和变译两大类，其中变译是"译者根据特定条件下特定读者的特殊需求，采用增、减、编、述、缩、并、改等变通手段摄取原作有关内容的翻译活动"（黄忠廉，2001：19）。从这一概念可以看出，变译并不是译者随心所欲进行的，而是在特定的社会历史条件影响或制约下，充分考虑到特定读者的特殊需求，通过一系列变通手段将原文的内容译介到目的语的过程。在变译过程中，译者要采取增、减、编、述、缩、并、改等7种方法作为变通手段进行翻译，并将这些变通手段相结合，形成11种变译方法，包括摘译、编译、译述、缩译、综述、述评、译评、阐译、改译、改写、参译，其中摘译、编译、译述、缩译、综述全部信息来自原作，述评、译评、改评、阐评、译写、参译信息来自原作内外（黄忠廉，2001：19；2002）。

　　黄忠廉指出，变译是对原作有意的不忠实，是有意为之，是目的性极强的行为。变译过程中的变译主体、变译中介和变译客体构成了变译系统。变译主体包括读者和译者。读者决定了译者的行为指南，从原则上讲，读者需要什么，译者就译什么。读者在制约译者活动的各种因素中有重要影响作用。译者是进行变译活动的行动执行者，具有极强的主观能动性。变译的读者和译者可以分别是个人，也可以是群体。变译中介即采用变译的具体方法，介于变译客体和主体之间，是二者相互作用、相互转化的中间环节。变译客体是译者变译的对象和读者接受的对象，分别为原作和变译作品。变译作品如果读者不满意，会再次向译者发出指令，重新变译，或修改不足之处（黄忠廉，2001：89—95；2002）。

　　黄忠廉提出的变译理论，将翻译过程中全译之外的翻译变体进行探讨，从理论上界定了变译这一特殊但又常见翻译现象的基本类别和特点、变译过程中涉及的基本因素以及各因素之间的关系。这一理论不但可以用来指导翻译实践过程中的各种翻译活动，还可以用来解释译者在变译过程中采取的具体变译方法以及各种不完全翻译产生的原因。

三　《共产党宣言》及其在中国的译介

《宣言》由马克思执笔，用德语撰写，并于1948年2月在伦敦出版，第一版只包括前言和正文四个章节，在随后的版本和译本中又出现了序言和注释，除1872年德文版序言为马克思和恩格斯合作撰写外，其余1882年俄文版序言、1883年德文版序言、1888年英文版序言、1890年德文版序言、1892年波兰文版序言和1893年意大利文版序言均为恩格斯单独撰写，其中1888年英文版序言还有恩格斯增加的一些注释。

《宣言》在中国的译介最早可追溯到1899年上海《万国公报》刊登的英国来华传教士李提摩太（Timothy Richard）对《宣言》的摘译（罗列，2006），其后出现了一系列对《宣言》的介绍和翻译。不过，从翻译的角度看，现有的《宣言》译本可以按照对原文内容传译的完整程度分为全译本和不完全译本，而且自1920年陈望道翻译并出版的第一个全译本起，《宣言》的中译本主要为全译本。因此考察《宣言》的变译，主要以1899年至1920年出现的中译本为主要研究对象。

从对《宣言》的早期译介研究来看，自李提摩太起，先后有多人通过各种方式对《宣言》进行了译介，包括马君武、赵必振、朱执信、宋教仁、叶夏生、蜀魂、刘师培和何震、民鸣、成舍我、渊泉、刘秉麟、李大钊、李泽彰等人，其译本不但在国内，而且在日本出版发行。不过，一些对《宣言》的译介主要是对《宣言》产生背景的介绍，没有涉及《宣言》的具体内容，另一些译本因各种原因无法找到原文，无法考证翻译的具体情况。因此，本文主要关注的是对《宣言》内容进行翻译和介绍的中译本。

四　从变译理论看《宣言》早期的中译本

（一）《宣言》早期中译本主要采取的变译方法及特点

通过对1989—1920年间问世的《宣言》各译本进行分析，我们发现，现有可考的早期《宣言》中译本主要采用摘译、译述、摘译加译述三种变译方法。

第一，摘译，即根据特定要求抽取原作中的部分内容进行翻译（黄忠廉，2002）。采用摘译的主要译本包括：1899年上海《万国公报》刊登英国传教士李提摩太摘译、蔡尔康撰文的《大同学·今世景象》一文，其中摘译了《宣言》中的一句话，原文为英国哲学家本杰明·基德（Benjamin Kidd）所著《社会进化》（王英鹏，2011）；1906 年 6 月宋教仁在《民报》发表《万国社会党大会史略》，其中翻译了《宣言》的最后一段；同年，《民报》刊登叶夏生的《无政府党与革命党之说明》，文中列举了《宣言》的十条纲领；1907 年刘师培、何震以"震述"为笔名在日本《天义报》刊登《女子革命与经济革命》一文，文后以附录的形式摘译《宣言》第二章关于家庭和婚姻制度的论述；1919 年成舍我摘译《宣言》第二章"无产者和共产党人"末尾段落，包括十大纲领；同年李泽彰在《国民》杂志发表《宣言》第一章译文，后撤回。

　　第二，译述，即译者用自己的语言对原文内容或部分内容进行介绍（黄忠廉，2002）。采用译述方法进行翻译的译本包括：1903 年，日本东京杂志《译书汇编》刊发马君武撰写《社会主义与进化论比较——附社会党巨子所著书记》一文，介绍《宣言》思想；1912 年上海《新世界》第二期刊发由煮尘重治作、势伸译述《社会主义大家马儿克之学说》，介绍《宣言》的主要内容。译述类变译实际上并没有对《宣言》进行实质性的翻译，而是对《宣言》的主要内容、背景知识等进行介绍。

　　第三，摘译加译述，即在摘译的同时对《宣言》的内容或部分内容进行介绍。这类译本包括：1903 年赵必振翻译日本学者福井准造的《近世社会主义》一书，介绍了马克思撰写《宣言》的始末根由，并摘引《宣言》最后一段话（蒲国良，2008）；1905 年《民报》刊发朱执信的《德意志社会革命家小传》一文，重点介绍《宣言》第一、二、四章基本内容，并完整译出若干段落，及《宣言》第二章的十条纲领全文；1919 年 5 月，《晨报》分三期连载渊泉（陈博贤，渊泉为笔名）翻译的河上肇《马克思的唯物史观》一文，摘要介绍《宣言》第一章；1919 年《新青年》刊发李大钊的《我的马克思主义观》，摘译介绍《宣言》关于生产力决定生产关系、经济基础决定上层建筑、阶级斗争推动社会历史发展以及无产阶级的历史使命和无产阶级国际主义等重要论述，并进行阐述。

　　以上三种变译方法中，变译的译者主体既有西方传教士，也有中土人士，既有留日学生、资产阶级革命派、无政府主义者，也有早期的马克思主义者。从变译的方法来看，选取翻译的内容从一句、一个段落、几个段落，到一个章节，且选取的内容多不相同，其中对《宣言》第一章、第二章的十条纲领和《宣言》最后一段的摘译较多。译述的内容则既有对

《宣言》内容或部分内容的介绍，也有对《宣言》背景知识的介绍。从选取的原文来看，除一些译文是从《宣言》中直接选取内容进行翻译外，还有部分译文（包括李提摩太译本、势伸译本、赵必振译本、渊泉译本）则是在翻译其他著作的同时将其中有关《宣言》的内容进行翻译。从变译的最终结果——译本来看，既有以其他译作内在成分的方式呈现的，也有以译者所著文章的内在成分方式呈现的，而作为《宣言》单独呈现的译本只有两个译本（成舍我译本和李泽彰译本），相比之下并不多。此外，这些译本多刊登于国内和日本的报刊之上，单独出版的也不多。

（二）《宣言》变译特点的形成原因

从以上分析可以看出，《宣言》早期的中译本主要采用摘译、译述和摘译加译述的方法，并且在翻译过程中呈现出一定的特色。尤其在选择原文内容进行摘译和译述方面，不同的译本呈现出一定的特点，而这些变译中介的特点与变译的主体和客体有密切关系。下面我们就以刘师培、何震译本和朱执信译本为例，探讨这些变译特点形成的原因。

首先看刘师培和何震译本。刘师培和何震翻译的是《宣言》的第二章"无产者和共产党人"中关于资产阶级家庭的内容，并作为附录放在其著作《女子革命与经济革命》一文之后。《宣言》第二章主要说明了无产阶级政党的性质、特点、目的和任务，以及共产党的理论和纲领，其中有一部分是关于家庭和婚姻制度的论述。刘师培和何震在自己的著作中专门选择这一部分进行翻译，是与他们的政治立场分不开的。刘师培和何震曾为同盟会成员，后成为无政府主义者，宣扬无政府主义和女权运动。因此，他们对《宣言》部分内容的翻译，并不是为了宣传马克思主义，而是为自己的政治观点寻求佐证。从译文要面对的读者群来看，《女子革命与经济革命》刊载于女子复权会的机关刊物《天义报》，以宣扬男女平等、女权运动为主，读者多关注无政府主义、家庭问题、女性及社会问题（焦霓、郭院林，2010）。因此，可以说，刘师培和何震作为译者，为了迎合自己的政治观点，为自己的观点需求支持，同时考虑到读者群体的需求和整理立场，特意采取了摘译的方法，选取《宣言》中与他们观点相关的内容进行翻译，而这种翻译结果虽然迎合了读者的需求，但却没有将《宣言》最重要的思想传达出来。

其次看朱执信译本。朱执信在《德意志社会革命家小传》中介绍了《宣言》的第一章"资产者和无产者"、第二章"无产者和共产党人"和

第四章"共产党人对各种反对党派的态度",同时并摘译了《宣言》第二章的十条纲领。朱执信选取这些内容进行摘译和译述,同他本人的政治观点也是密不可分的。朱执信为同盟会会员,属于资产阶级革命派,希望以革命的方式改良中国社会,因此他对《宣言》中所论述的阶级、阶级斗争等理论有浓厚的兴趣。同时,《宣言》中关于经济、社会的十条具体措施,旨在通过改变资本主义社会的所有制形式来解决阶级和阶级冲突,反映了朱执信认同马克思所说的变革生产关系是从根源上解决阶级斗争的关键。因此,译者采取摘译和译述的方法,一方面是向读者介绍阶级和阶级斗争的理论,另一方面着重提出阶级斗争对改变整个社会的重要作用。从译本的读者群来看,《德意志社会革命家小传》刊于同盟会的机关刊物《民报》,主要面向资产阶级知识分子,包括资产阶级革命派,朱执信将《宣言》有关阶级斗争的内容摘译、介绍并刊发,充分考虑到了《民报》的读者群,并希望其观点能在读者中引起注意,采取措施使资产积极革命与无产阶级革命"毕其功于一役"(王英鹏,2011)。

从以上分析可以看出,在对《宣言》进行变译的过程中,译者作为变译的主体之一,充分考虑到自身的政治观点、翻译目的和面对读者,有目的、有意识地选取《宣言》中的部分内容进行摘译和译述。而读者作为变译的另一主体,主要对变译中的原文内容选择起到隐形的影响作用,其内在需求也是影响译者选取变译客体进行翻译的重要因素。而译者采用摘译、译述等具体变译方法,也达到了他们的目的。

五 结论

本文分析了共产党《宣言》早期的几个译本,以变译理论为基础,探讨了《宣言》早期中译本中主要的变译方法、特点及其形成原因。通过分析,我们发现,在1920年陈望道版全译本之前,共产党《宣言》的中译本主要是不完全翻译,译者采用摘译、译述和摘译加译述的变译方法,并呈现出译者身份多样、摘译内容不一、译本形式不同等特点。而以其中的两个中译本进行分析,我们发现,这些变译方法与译者的政治立场、翻译目的、读者期待、译文形式等方面有密切关系,是译者将各种主客观因素综合考虑的结果。而正是由于采用这些变译方法,使《宣言》早期的中译本并没有真正体现马克思主义的理论和观点,只能算是对《宣言》片面的介绍。

参考文献

黄忠廉：《变译理论》，中国对外翻译出版公司 2001 年版。

黄忠廉：《变译理论：一种全新的翻译理论》，《国外外语教学》2002 年第 1 期。

焦霓、郭院林：《〈天义报〉宗旨与刘师培、何震的妇女解放论》，《云梦学刊》2010 年第 4 期。

罗列：《马克思主义在中国早期的译介》，《求索》2006 年第 1 期。

蒲国良：《〈共产党宣言〉在中国传播史研究中的几个问题》，《湖南师范大学社会科学学报》2008 年第 6 期。

王英鹏：《从跨文化传播视角看翻译的功能——以建党前马克思主义在中国的译介为例》，《杭州电子科技大学学报》（社会科学版）2011 年第 3 期。

姚颖：《〈共产党宣言〉在俄国十月革命前的翻译与传播》，《马克思主义与现实》2011 年第 2 期。

浅谈"十条"

张霄军　　张瑞雪

摘要：彦琮的《辩证论》是我国历史上的第一篇正式的翻译专论，其中提出了佛经翻译涉及的"十条"与"八备"。可是，研究者们大多只对"八备"做出了深入的探讨和研究。相较之下，译界没有对"十条"的研究给予应有的重视，其内涵价值没有得到进一步的挖掘。本文对"十条"出处及各条内涵进行探讨研究。

关键词：佛经翻译；十条；彦琮

佛经翻译是我国有文字记载的翻译活动的开端，所以我国的传统译论也植根于佛经翻译实践。随着佛经翻译的发展，相关译经理论也散见于佛经序跋之中，为我国传统译论的发展奠定了基础。作为我国佛经翻译的大家，彦琮为佛经翻译做出了巨大的贡献，其《辩证论》是我国首篇正式的翻译专论（陈福康，2000：25）。彦琮在《辩证论》中所提出的"八备"说，从学识修养、工作态度及人格修养等方面对译者做出了详尽的要求，对翻译的主体性进行了初步的探讨。历代学者对"八备"说也推崇备至，并进行了深入的研究和挖掘，其影响之深远之广泛毋庸置疑。本文对"八备"说不再赘言。"十条"之说，一直备受争议，下文便对"十条"的出处及各条内涵进行研究和诠释，并借此对中国传统译论进行了思考。

一　"十条"及其出处

在彦琮《辩证论》中，十条所述如下：

"安之所述，大启元门。其间曲细，由或未尽。更凭正文，助光遗迹。粗开要例，则有十条：字声一，句韵二，问答三，名义四，经论五，歌颂六，咒功七，品题八，专业九，异本十。各疏其相，广文如论。"

以上是马祖毅等所编撰的《中国翻译通史》及陈福康所著的《中国译学理论史稿》所采用的断句标点方法。而罗新璋编撰的《翻译论集》中收录的《辩证论》此处所采用的断句标点如下：

"粗开要例，则有十条字声。一句韵，二问答，三名义，四经论，五歌颂，六咒功，七品题，八专业，九异本，十各疏其相。广文如论。"

如果按照这种断句方法，句韵、问答甚至异本等条的内容皆属于"字声"的范畴，这样划分显然前后矛盾、不合逻辑。

历代以来，人们对"十条"出处争议不断，其不同的观点主要有三种：一、"十条"为彦琮所属，在其《辩证论》之前，没有任何关于"十条"的记载（刘长庆，2009）；二、"十条"为道安所属，其证据是《辩证论》的上下文语境："安之所述，大启元门。其间曲细，由或未尽。更凭正文，助光遗迹。粗开要例，则有十条……"（陈福康，2000）三、"十条"既非彦琮所总结，也非道安所提出，而是"历来佛经翻译所通常遵循的方法"（马祖毅，2006）。经过资料查阅及对比研究，笔者更赞成第三种说法，但是认为"十条"不仅仅"历来佛经翻译所通常遵循的方法"，更强调的是佛经翻译所要注意的几个方面。原因如下：

首先，在彦琮所著《辩证论》中，"十条"与"八备"两说显然是美丽绸缎上镶嵌的两颗熠熠生辉的钻石，但是，彦琮本人对"八备"所用笔墨甚多，并一一进行了详细的阐述，而对"十条"，虽然其涉及佛经翻译的方方面面，却只是简单的罗列，寥寥数笔，一带而过。如果"十条"为彦琮所提出或者所总结，那么，他理应对"十条"像对待"八备"那样，进行进一步的诠释和解读。而且以彦琮一丝不苟、严谨认真的翻译工作态度，他不应在首创性的翻译理论一文中，有如此严重的"疏漏"。

其次，有人联系上下文"安之所述，大启玄门"推断出"十条"是道安的观点，彦琮只是对其进行介绍。然而这一观点也只是一种推测，除了根据《辩证论》中提出"十条"的上下文语境的推断，之前之后都没有任何史料证明"十条"出自道安。道安本人也从未谈及"十条"。若坚持"十条"为道安之说，靠这种站不住脚的"上下文推断"显然不行，需要准确的资料佐证。

再次，历代以来涉及"十条"的传论著作，对待"十条"出处都十分谨慎，甚至避开不谈。道宣在《大恩寺释玄奘传论》中高度赞扬了有关翻译的理论："道安论著，五失易窥；彦琮属文，八例难涉。斯并古今通叙，岂妄登临。"（罗新璋，1984）赞宁在《宋高僧传》的《译经篇》的第三卷也提到了之前著名的翻译理论："逖观道安也，论'五失三不易'；彦琮也，籍其'八备'；明则也，撰《翻译仪式》……"（陈福康，2000）无论道宣还是赞宁，都在佛经翻译史中占据重要地位，两人距彦琮所处年代不甚久远，各方面记载也比今天要丰富全面，二人在总结佛经翻译类的文章中均未轻易地将"十条"算为谁的"功劳"。

　　最后，"十条"系统地介绍了佛经翻译的方方面面，从字声、句韵到异本的各个方面，贯穿于佛经翻译的始终，涉及音译、句法、名实、版本等多方面的翻译问题。而且纵观历代的佛经翻译家所提出的翻译理论都或多或少地与"十条"中的内容重叠（此观点将在后文中分条详细阐述），有的只是提法不同，名称有异，但是实际内容都与"十条"中的内容有重合之处。因此，"十条"更确切地说是佛经翻译通常遵循的方法以及佛经翻译的注意事项，系统全面地总结了佛经翻译涉及的具体内容与方法。而在今天，"十条"所涉及的翻译方法及翻译思想对我们的翻译工作仍然有巨大的指导意义。

二　"十条"内涵浅谈

　　我国古代的佛经翻译大致可以分为草创、发展、全盛及基本结束四个阶段（马祖毅，2006）。佛经翻译的主要力量由僧侣组成，既有来华的西方僧侣又有西行求法取经的中国僧侣。早期的佛经翻译的形式主要是口授，在译场设立、译经工作步入正轨之后，佛经翻译工作变得严密有序，大多要经过诵读、度语、笔受、润文等步骤。《辩证论》中所涉及的"十条"系统总结了佛经翻译所应遵循的方法以及需要注意的几个方面。并且"十条"中的各个条目条条相承，环环相扣，紧密相连，提纲挈领，将佛经翻译的整个过程和各种问题及解决方法进行了总结，其蕴藏的翻译思想与翻译方法对于当今的翻译工作仍然意义重大。

　　字声一。佛经翻译中的字声，包括两个方面：一、胡梵有别。二、胡/梵语与汉语音义不同。首先，在胡语梵言方面，佛经翻译之时，对原本不辨胡梵。道安之前统称胡语，到彦琮则矫枉过正，统称为梵语，直至北宋赞宁，才对胡语梵言做出了系统的明确的区分。其次，在胡梵语汉译之时，由于音义不同，佛经翻译采用"音义两收，兼言翻译"的方法，译者在译经过程中必须注意字声的问题。因此，音译、意译之争便由来已久。南朝齐梁时的僧佑对胡汉音义的异同造成的译事之难进行了探讨。他认为，由于"国音之不同"、"立义之异旨"造成了"译音胥讹，未能明练"，提出了"字音犹然，况于义乎"（陈福康，2000）的疑问。唐玄奘提出了"五不翻"的原则，即音译的五种情况，注意到音译方法可以赋予译文感染力。赞宁六例中的"译字译音"进一步讨论了音译意译的翻译方法问题。另外，上文中提到，我国古代佛经翻译都是译主口授，另有人度语和笔受。就是以汉字记口授梵语佛经的梵音，然后再将汉字记录的梵音翻译成汉语。这种翻译的方法会不会造成音讹？会不会进一步造成语谬？这恐怕也是字声阶段要考虑的问题。在现代的翻译工作进行过程中，音译、意译的问题仍然需要译者谨慎思考。在当今空前频繁广泛的经济文化交流中，如果翻译工作者可以根据实际情况，采用相应的音译意译方法，有效地处理文本，不仅可以使跨文化交际有效进行，还可以丰富交流双方的语言词汇。

句韵二。句韵承接字声，涉及的一是句法顺序的问题，二是佛经译文韵律的问题。早在道安的"五失本"中，便涉及"胡语尽倒，而使从秦"，即句法顺序的问题。由于两种语言结构不同，在翻译的过程中无可避免地存在改变句法顺序的情况。而且梵文佛经有韵，可以伴随音乐吟唱，并且在唱诵中形成一种神秘庄严的气氛。因此，如何在译文中保持原文韵律及这种韵律带来的效果，便成为佛经翻译中的难题。在玄奘所主持的译场中，译经完成后都要经过"梵呗"阶段，检查音调是否和谐，是否便于僧侣诵读。慧皎主张翻译佛经时，声音也要译得美，觉得音韵和谐才能传达佛旨，"转读之为懿，贵在声文两得"（朱志瑜、朱晓农，2006）句韵所翻译的问题也在其他文体的翻译中有所体现，尤其是诗歌的翻译，如何在诗歌翻译中保持原文的韵脚和原文的意境，也是诗歌翻译的重点问题。许渊冲所提出的"三美"标准中的"音美"，便是对诗歌翻译的韵律提出的标准。

问答三。佛经翻译早期多为口授，而且传译与讲经同时进行。根据相关史料记载，译场组织译经时，许多人便聚到译场听佛经讲解。僧人以宣讲佛经为天职，而且讲解过程中允许听众质询辩难。译经既有宣讲和质难环节，那么必定会出现"诤论问答"的局面。在人数如此之多的情况下，必然会有浅薄鄙俗之分子，在"问答"环节存心刁难，戏谑捣乱，也许这便是彦琮在"八备"中要求译者"将践觉场，先牢戒足，不染尘讥"、

"襟抱平恕，器量虚融，不好专执"的原因之一。现在，我们在做翻译工作时，也要全力以赴使自己的译作经住实践的检验，对于前辈给予的批评和建议，要虚心接受，力求进步。但是，对于一些流言蜚语与居心叵测之词则要有平和淡然的襟怀。

名义四。这一条目指的是翻译的名实问题，与"字声"密不可分。我国早期的佛经翻译多采用附会方术、格义玄学的方法，一方面使佛经可以植根于我国的本土文化，但另一方面，也造成了译文言不达旨、偏差乖谬的情况。早在后秦，僧睿便意识到名实不谨使人们对经文的理解有误，并且批评其师父鸠摩罗什的翻译也有不贴切之处。玄奘主张对"一名一义"、"一名多义"、"一名多义"的现象采用"不翻"的策略。佛经翻译的名实问题是佛经翻译中至关重要的一个方面。名义问题不解决，汉译佛经就得不到原文的真旨（同上，2006）。名实问题，不仅对佛经翻译意义重大，在其他文体、其他题材的翻译上，名实问题也是需要首要解决的问题。晚清傅兰雅首先提出科技译名的统一，并制定了译名的基本规则，其对许多专业名词的汇编影响深远，许多译名沿用至今。而到 20 世纪初，我国章士钊与胡以鲁关于音译意译的争论实质便是名实问题的讨论。翻译工作中译名的统一工作十分重要，可以避免概念混乱，有利于生产生活的顺利进行。而且我们在翻译工作进行时，多会遇到"双关"甚至"多关"现象，这就要求我们在处理时要有一定的技巧。

经论五。在对字声、句韵和名义等小单位进行探讨后，至此条，"十条"对佛经翻译的阐述便由字词句的翻译转入主体内容的翻译。"经论"是佛经翻译的主要内容，也是"十条"中的重中之重。这一条也可以分为两个方面。从内容上讲，涉及内容的删减。道安"五失本"中的第三、四、五条，都涉及译文对原文进行的删减。佛经原文中在散文（长行）的叙述之后，往往有韵文进行概括，或有"义说"复述，反复咏唱，以加深印象，然而，如果原原本本地译入我国，汉人必然觉得译文啰唆冗余。所以，道安认为，这种"失本"是不可避免的。而对删减行为进行得最为大胆的便是鸠摩罗什，他所译的经典只有《十诵律》未删减。从文体上说，佛经翻译开始繁盛之时，正值骈体文泛滥，然而，读佛典的人必然会"觉其文体与他书迥然殊异"（罗新璋，1984）。梁启超、胡适等都认为，佛经翻译对汉语文体的发展有着深刻的影响，甚至说佛经翻译"创造了不少新文体"（罗新璋，1984）。而佛经翻译之初便有"文质之争",不同的译者对翻译佛经时采用的语言风格和文体风格各有所好。"世高译业在南,支谦译业在北……好文好质,隐表南北气分之殊。"(罗新璋,1984)"文质之争"一直相持不下,直到慧远提出"厥中论",强调翻译时既不能"以质应文"也不能"以文应质",对两种翻译方法要视实际情况,合理掌握一定的尺度。唐玄奘则更上一层楼,在"既需求真,又需喻俗"的翻译标准的指导下,达到"圆满调和"的境界(陈福康,2000)。这种文质兼备、圆满调和的境界也是我们当今进行翻译工作时所要追求的。90年代末,郑海凌的《翻译标准新说:和谐说》正是对这种翻译理念的现代阐释。

歌颂六。"十条"中,条条相承,紧密相连。歌颂便于句韵相连,但"歌颂"的重点在于"颂"。颂,即偈颂,经文在长行之后的复述,类似于"副歌"。佛经原文在大段长行之后,还有韵文对其总结复述,在书写不便的情况下,这种形式可以加深印象,便于口口相传。但是,如果按原文形式译为汉语,在汉人看来就有啰唆之嫌。这便是道安"五失本"中不得不"失本"的原因之一。然而,佛经的散文与偈体夹杂并用的这种体裁直接影响了中国后来弹词中说白与韵文夹杂并用的形式。

咒功七。咒,指不能以言语说明的秘密语,具有特殊灵力,是祈愿时所唱诵之秘密章句。咒原作祝,系向神明祷告、祈愿时所诵念之密语。在我国古代,人们对神秘力量甚是迷信,相信咒术的力量。咒,既为密语,翻译时如何处理才能使咒的神秘力量经过翻译仍然可以保持?玄奘的"秘密故"便是采用"不翻"策略的原因之一。赞宁的"直语密语"也涉及了这个方面。佛经翻译是为佛教的传播而服务的,宗教的神秘主义必然对佛经翻译有不同的要求,南朝道生有言"夫象以尽意,得意则象忘;言以寄理,入理则言息",也就是说,能否超越语言文字的桎梏而直取佛经原意(朱志瑜、朱晓农,2006)。现在翻译工作中,咒语出现的范围较小,一般涉及宗教等的翻译时才会遇到。畅销小说《达芬奇密码》就在翻译时保留这种"宗教密语",而以脚注的方式对这种宗教语言进行注解,既不会打扰读者的阅读,也可以保持原文神秘特点。

品题八。"品"是佛经划分章节、内容种类的单位,可以指篇章,可以指品类、品别。"题"指佛经的题头。佛经的题头涉及许多抽象符号,却有不同的深层含义。赞宁所提倡的策略便是"音字俱不译"(王宏印,2003)。

专业九。早在公元 5 世纪，僧人道秦取经归来，北凉王命其翻译一部佛经，道秦对之不熟悉，不敢翻译，直到他认识了精通此经的天竺僧人，才以助手身份完成王命。这个小故事，便是"专业"的一个例证。彦琮在其"八备"中要求译者"荃晓三藏，义贯两乘，不暗苦滞"，便是对译者的专业知识做出的要求。而且在译经的过程中，既有讲解、问答环节，如果术业不精、积累不够，如何能够正确翻译、准确讲解、从容对答？因此，专业知识是翻译工作的关键。在"十条"之中，问答三和专业九都是针对译者的专业能力、个人修养所提出的。可见，在佛经翻译的过程中，人们就注意要专业素质的重要性。因此，要做一名称职的翻译工作者，我们首先要积累专业知识，在精通专业知识之外，还要博览群书，触类旁通，使自己成为"杂家"。

异本十。异本，即版本不同。佛经在翻译之初，皆无原本，一方面由于书写不便，一方面认为书写佛经是一种亵渎，佛经的传播依靠口口相传。所以，佛经的翻译也是先有暗诵之人，后有译本。在暗诵阶段佛经传译内容也值得怀疑。后来佛经翻译有了可译之原本，其版本也有不同。一，胡本与梵本有异，这也牵扯到"直译"与"重译"的问题；二，同本异译的不同版本情况。彦琮首先意识到版本不同的问题，提倡引进梵本直译，甚至提出悲观的"废译"论。赞宁则提倡对胡本、梵本、胡语梵语混合版本分别采用不同的翻译策略。道安不懂梵语，他对翻译的研究主要是通过对同本异译的对比进行的。在我们的翻译工作中，也可以进行文本的比较，通过文本比较可以让我们取他人所长，补自己之短，也可以在文本的比较中得到灵感。

各疏其相，广文如论。如果在佛经翻译中充分注意到各个条目，并使各个条目的作用得到最大体现，并且相互配合，使之相得益彰，那么译文定会影响深远，流传广泛。

三 结语

综上所述，"十条"的内涵丰富，对佛经翻译遇到的问题、译者的专业要求都有涉及，其中多条在当今的翻译工作中，仍然具有巨大的指导意义。本文对"十条"进行了探讨研究，希望能够使"十条"得到应有的重视，其内涵能够得到更深入的挖掘，其价值能够得到更广泛的发挥。

参考文献

陈福康:《中国译学理论史稿》,上海外语教育出版社 2000 年版。

刘长庆:《佛经译场中的翻译理论探索》,《四川外语学院学报》2009 年第 1 期。

罗新璋:《翻译论集》,商务印书馆 1984 年版。.

马祖毅:《中国翻译通史·古代部分》,湖北教育出版社 2006 年版。

王宏印:《中国传统译论经典诠释——从道安到傅雷》,湖北教育出版社 2003 年版。

朱志瑜、朱晓农:《中国佛籍译论选辑评注》,清华大学出版社 2006 年版。

非英语专业研究生英译汉语言特点分析

马乐梅　苟红岚

摘要： 本文从语料分析非英语专业研究生的英译汉语言的特点，发现非英语专业研究生在英译汉时，将源语的表层结构迁移到母语中，翻译语言极大地受到源语的影响，其用词、语法、结构、句型等都呈现出英语而非汉语的一些特点。本文进而分析了造成这种现象的原因，探讨非英语专业研究生翻译教学需加强改进的方面。

关键词： 非英语专业研究生；英译汉语言；翻译理论与技巧；形式对等

一　引言

对于特定语言间翻译产品特点即翻译语言（translationese）的研究一直是翻译研究的一个重要方面（Santas，1995：60）。这类研究对于了解翻译语言的特点、提高译文的质量有很大帮助，也有助于译者在翻译时有意识地避免源语的干扰。

本文的研究对象是非英语专业研究生的英译汉语言特点。非英语专业研究生中有专业英语背景的人不多，在笔者的调查中，只有4.3%的学生具有专业英语背景，其余的学生没有受到翻译的专门培训，对于翻译的了解只局限于英语综合课中的涉及，或考研前的培训，对于翻译理论、翻译方法所知甚少。他们的英汉翻译更多地呈现的是一种"天然"状态，但这种"天然"状态也充分显示出我们非英语专业英语教学的现状，是反思我们非英语专业英语教学的一面镜子。本文旨在分析非英语专业研究生英译汉语言特点，进而分析其形成原因，以及对非专业英语教学，尤其是翻译教学的启示。

本文研究使用的素材和例句均取自笔者收集的一千余份非英语专业研

究生翻译练习语料（以下简称语料），学生的专业有文有理，文科占36.7%，理科占63.3%，能够反映非英语专业研究生的基本构成。例句的行文为典型范例，在统计时包括其他与之有细微差别的句子。而翻译练习选自陕西省硕士研究生通用的由杜瑞清、白靖宇主编的《21世纪研究生英语》，下文所出现的例句未加说明者均出自该书。

二　英译汉语言特点分析

（一）词汇层面

1. 大量使用名词或名词词组

众所周知，英语中名词使用频繁，而汉语动词活跃，这种感性认识最近得到了语料库统计数据的支持（王克非、秦洪武，2004、2009）。英译汉译文会呈现哪种语言特点呢？非英语专业研究生的翻译语料中最明显的一个特点就是译文中大量使用名词和名词性词组，呈现的是源语（source language）的特点。请看下例：

例1　Ther predicted effects of global warming include melting of the polar ice caps, flooding of coastlines, severe storms, changes in precipitation patterns, and widespread changes I the existing ecological balance. （一册，33页）

学生译文：关于全球变暖所预测的其他结果还包括极地冰川的融化，海岸线的升高，严重的暴风雪，降雨量模式的改变，以及现存生态平衡的全球范围的变化。

在笔者所收集到的173份有关此句的语料中，属于这种句式的有164份，占总数的94.8%。只有6份（3.47%）将句子中动作性名词词组转化为汉语的动词词组 。

例2　Infectious diseases may increase due to an expansion of habitat for disease vectors like mosquitoes. （一册，34页）

学生译文：由于像蚊子一样的传播疾病的昆虫的栖息地的扩大，传染性疾病也将变得越来越多。

语料中将"expansion"译成名词"扩大"的译文比例为74.3%，只有16.6%的语料把"due to"之后的名词词组转变词性，译为动词词组。

2. 大量使用连词，尤其是句间连词

汉语常常把句间逻辑关系隐含起来，而英语却大量使用句间连词，明示逻辑关系，行文更为严谨。笔者的语料显示非英语专业研究生的译文大量使用句间连词。

例3　Patricia Hewitt speaks softly. She constructs her sentences carefully. When she gets passionate, her voice tends to quiver. "After September 11, we began to make quite a powerful coalition around the world against terrorism. But if we are going to have a durable, a really powerful international coalition against terrorism and for greater security, then we have to have an equally powerful economic coalition—in other words, a coalition for free and fair trade around the world, because we will never deal with terrorism and other threats to world peace if we don't deal with the hunger and misery and frustration across the developing world. "（一册，111 页）

学生译文：帕蒂西·赫威特轻声地说着，她小心地措辞造句。当她激动的时候，她的声音有些颤抖。"在9·11事件之后，我们开始在全球范围内建立一个强有力的反恐联盟。但是，如果我们要建立一个持久的、真正强有力的国际反恐联盟来确保安全，那么我们就得建立一个同样强有力的经济联盟。因为如果我们不去解决整个发展中国家所面临的饥饿、苦难、挫败等问题，那么我们永远解决不了恐怖主义以及其他危及世界和平的问题。"

英语原文中共有 6 个句间连词（when, but, if, then, because, if），而语料显化了所有逻辑关系词（当……时候、但是、如果、那么、因为、如果……那么）。208 份语料中，6 个句间连词全部显化的有 73 份，占 35.1%；出现 5 个的有 87 个，占 41.8%；出现 4 个的有 37 份，占 17.8%；句间连词少于 3 个的（包括 3 个）11 份，占 5.29%。据统计，笔者所占有的语料中，句间连词显化处理的占到 71.43%，结果直接导致译文中大量使用句间连词的现象。

3. 大量使用代词

在笔者的语料中，代词的高频使用也非常引人注目，其实，有些完全可以省略，比如：

例4　Our government, in line with its predecessors…（一册，34 页）

学生译文：我们的政府，与它的前任们一样……

其中"它的"完全可以省去。有些需要换成其所指代的实词，比如：

例5　The United Nations passed a declaration banning all forms of human cloning in February，2005，saying it is contrary to human dignity. （二册，150 页）

学生译文：联合国于 2005 年 2 月通过一项宣言，禁止所有形式的人类克隆，宣称它与人类尊严相背。

译文中的"它"应该按照汉语的习惯换成"人类克隆"。语料也显示译文中的代词更忠实于英语表达而非汉语习惯，比如：

例 6　…and the great ship，tense and anxious，groped her way toward the shore with plummet and sounding-line. （Helen Keller：The Story of My Life）

学生译文：大船又紧张又不安，用铅锤和测探索摸索着她的路线，向岸边靠去。

英语用代词指代船只时，用女性第三人称，但汉语没有这个文化，一般都用"它"，其实，这句译文中"她的路线"完全可以省略不译。

在笔者的语料中，高频出现的代词有"我（我们)"、"它"、"他/她"以及"这（这一)"。这与秦洪武、王克非的结论一致。但不一致的地方在于，这些代词的英汉对应率远远高过一般翻译文本，在笔者的语料中，we 与"我们"的对应率为 99.18%，It 与"它"的对应率为 70.4%，he/she 与"他/她"的对应率为 78.1%，this（that）与"这（这一)"的对应率为 71.6%。

4. 大量使用双音节词

在语料中，单音节的汉语词汇很少见，同样出现不多的还有颇具中国特色的四字结构。非常有意思的是这些学生的原创中文呈现言简意赅的古文化趋势和辞藻华丽的美文化趋势，但在译文中，拙朴的双音节词汇出现最多。请看下面几例

例 7　There in the mist，enormous，majestic，silent，and terrible，stood the Grate Wall of China. … Menacingly，the grim watchtowers，stark and foursquare，at due intervals stood as their posts. … Fearlessly，it went on its endless journey，league upon league to the furthermost regions of Asia，in utter solitude，mysterious like the grate empire it guarded. （二册，166 页）

学生译文：在迷雾之中矗立着长城，巨大、宏伟、安静、可怕。……坚固的四方形的灰暗的烽火台威胁地每隔一段出现一个。……它勇敢地继续着它无尽的旅程，在极度孤单中一程又一程来到亚洲的最远处，就像它

保卫的伟大帝国一样神秘。

在这段描写长城的文字中，英语原作措辞华丽，庄严高雅，气势磅礴，工整对仗。但在语料的译文中，词汇选用常见简单的双音节词汇，干瘪无味，毫无神采。比较一下笔者在网上找到的一个翻译版本：

> 雾气萦绕，长城巍然挺立，高大巍峨，肃然可畏。……长城是威猛的，冷峻的瞭望塔威严四方，相互守望，守卫在城墙之上。……长城是无畏的，一望无际的长城穿州过府，一直延伸到亚细亚极远之地，如同它所守护的中央帝国一般至高无上、神秘莫测。（http://bbs. translators. com. cn/mtsbbs/viewthread?thread = 54785）

5. 词的搭配扩大化、新颖化

在词组层面上呈现的特点是词的搭配不再局限于中文原有习惯，出现了一些新的搭配形式，对此，有人感到突兀，认为是对汉语言的滥用，有人感到惊喜，认为是对汉语言的发展。

例 8 Discipline does not need to be … manipulative …（一册，130 页）

学生译文：管教孩子不必是……操纵性的……

例 9 …be greening individual leaves on a dying tree（一册，26 页）

学生译文：……弄（涂）绿一棵将死之树上的几片叶子。

例 10 … if we don't deal with the hunger and misery and frustration across the developing world.（一册，111 页）

学生译文：如果我们不解决（处理）发展中国家的饥饿、痛苦和挫败……

例 11 …treated for monkeys with a test vaccine.（一册，53 页）

学生译文：……用实验疫苗治疗四只猴子。

（二）句子层面

1. 长句

在笔者所收集的翻译语料中，长句现象非常明显。一些句子容量大，信息多，一句话在 60 字以上的现象比比皆是，读得让人喘不过气来，有的甚至要反复读几遍才能读懂，与原创中文明显不同。请看以下几例。

例 12　After a bitter divorce, a custody battle that resulted in total estrangement from his teenage daughter and a mid-life crisis, Steven Dworman decided to produce and direct a funny movie based on his troubles. （二册，93页）

学生译文：经历过一场苦涩的离婚，一场因为离婚而导致的对十几岁女儿监护权的争夺战和中年危机后，史蒂文道尔曼决定编导一部以他的麻烦为原型的喜剧电影。

例 13　But if private space agencies would eschew manned space travel for show purposes, there is ample reason to believe that they would do a wonderful job of serving people who, for personal, commercial, scientific or any other reasons, want or need to go into space. （一册，166 页）

学生译文：但是如果私人航空机构回避出于炫耀目的载人航空旅行，那么，我们有充分理由相信他们将为那些出于个人、商业、科研以及其他等原因需要去太空的人提供良好的服务。

例 14　The NIAID research team, led by Alexander Bukreyev, treated four monkeys with a test vaccine produced by inserting the gene responsible for producing a key SARS protei (known as SARS-S) into a weakened version of a human influenza virus. （一册，53 页）

学生译文：由亚历山大伯克勒耶夫领导的 NIAID 科研小组把产生主要非典蛋白的基因（叫做 SARS-S）插入一种削弱的人类流感病毒，并用这样培养出来的实验疫苗治疗四只猴子。

语料中，译文句子的长短基本取决于原文句子的长度，句子结构更倾向于模仿原文结构，从而使译文变得复杂化，冗长化。笔者的语料中，译文改变原文句子结构，采用分译的只有 18.7%，且多用于应对定语从句；而合译的更少，低至 1.6%。

2. 固化句式

非英语专业研究生的英汉译文中的另一明显特点是某些相对固定的表达出现的频率相对较高。比如：

例 15　Spanish dollars were so common in the colonies that the coin was eventually adopted as the monetary unit of the United States. （一册，14—15 页）

学生译文：西班牙元在殖民地是如此普遍，以至于这种硬币最后成为美国的货币单位。

在 196 份语料中，译为"如此……以至于……"的语料有 167 份，占 85.2%。这与秦洪武、王克非基于英汉语平行语料库对 so…that 结构的汉语对应结构的分析结果不同，他们的分析结果是：

so…that 的主要对应形式不是"如此……以至于……"及类似的"前后对应"式结构，而是零对应；so…that 在汉语译文中有多种对应形式，而汉语原文中没有固定的结构与 so…that 对应…（《现代外语》2004，I）

这种基于不同语料分析得出的不同结果充分说明了非英语专业研究生英译汉语言的特点：学生的翻译更受制于原文的形式，更注重结构对应。语料中反映出的其他固化表达还有"太……以至于不能……"（对应"too…to…"结构）；"是……的。"（对应"N + V + adj."句式）；"（伴）随着……"（对应"with + independent genitive, main clause"句型）；"一……就……"（对应"as long as"）；"当（在）……时候"（对应"when-clause"）；"某地有某物"（对应"there be"句型）；等等。在汉语翻译语言里，受英语影响的某些典型译法变成了相对稳定的表达形式，这些对应表达方式一旦被广泛接受和认可，就会形成固化句型，高频出现在译语中。

3. 羡余现象

羡余是从现代信息论中引进的语言学术语，是一切自然语言所共有的本质特征。"羡余"也称"剩余信息"、"多余信息"、"冗余信息"，指语言包含的信息量超出实际的需要。语言学上把这种性质叫羡余性，把这种现象称为羡余现象（张卫东，2008）。但非英语专业研究生的英汉译文中所呈现的羡余性更为明显，更为突出，甚至达到汉译不能容忍的程度。这种羡余现象出现在翻译语的各个层面，比如前文中一些显化处理的代词和句间连词都是羡余信息，这里我们只在句子层面加以分析。请看下例：

例 16　More proficient learners appear to use a wider range of strategies in a greater number of situations than do less proficient learners.（一册，186 页）

学生译文：学习能力强的学生比学习能力弱的学生看起来在更多的情况下使用更多的学习策略。

这句译文中"比学习能力弱的学生"就是羡余信息，完全可以省略。

综上所述，非英语专业研究生的英译汉语言明显地呈现出英语影响的痕迹。英语中的名词以及名词性词组常常被直接对应为目的语（汉语）中的名词及名词性词组，使得译文静态有余、动态不足，同时对代词显性化处理，不符合汉语的行文习惯。而对句间连词的显化处理则使得译文逻辑严谨，容量加大，但同时规矩呆板，缺乏灵性。学生选词时中规中矩，以教材和词典为准绳，鲜用单音词和汉语特有的四字结构，呈现出多用双音词的词典化倾向。正是这种选词的词典化倾向以及原语表达方式的影响使得非英语专业研究生的英译汉语言中有一些或别扭或新颖的搭配。在句子层面，译文的表达更接近英语而非汉语。在句子的长度方面，译文或长或短，决定于原语的句子长度，从而使译文明显欧化，出现许多复杂、冗长的结构。某些汉语中出现频率并不高的句式因能够在形式上对应一些英语高频句型，高频出现在译文之中，呈现固化状态。同时，明示精确的形合英语的结构和逻辑直接进入译文，导致大量羡余信息出现。

三　原因分析

（一）源语迁移

上文例句清楚地显示非英语专业研究生的英译汉语言极大地受到源语的影响，其用词、语法、结构、句型等都呈现出英语而非汉语的一些特点。其实，这种现象并非非英语专业研究生独有，这是翻译语言的共性（柯飞，2005）。王克非、秦洪武基于对应语料库的研究也表明，所有中文翻译文本都或多或少地受到源语的影响，偏离中文原创文本的某些特点，而呈现出源语的特点（2009）。但是，非英语专业研究生的译文受英语影响的程度更大、更深，他们的译文呈现出一股浓浓的"学生腔"：译文在很大程度上模仿英语，逻辑一改汉语原有的意合形态，呈现出欧式形合的趋势，语言欧化程度很高。目前国内对于中式英语（或称汉英中介语）的研究较多，对于由于习惯而自动地把母语的表层结构迁移到目标语中的母语（负）迁移研究较多，而对将源语的表层结构迁移到母语中的外语（负）迁移研究较少，这是值得国内学人关注的一个重要领域。

（二）翻译理论缺乏，翻译方法技巧欠缺

正如本文引言中所提到的，非英语专业研究生没有系统地接触过翻译理论，这导致他们对翻译的理解只停留在自我摸索的感性时期，译文明显体现出字句对应的形式对等。如果学生们有机会接触到各种系统的翻译理论，比如动态对等、功能派、目的论、解构派、改写派等，学生的眼界会

更为开阔，翻译时也会更放开手脚，少一点受源语的牵制。不同的翻译理论也可使学生更加深入地理解翻译的本质，认识到字面的对等、信实并非翻译的唯一要义，原文的功能以及译文的目的也同样，甚至更为重要。"译者应该优先考虑译文的功能特征，而不是对等原则"，"参照系不应是对等，而应该是译文在译语文化环境中所预期达到的一种或几种交际功能"（莱斯、威密尔，1984）。所谓理论指导实践，笔者深信，翻译理论的系统学习必定会从根本上改进非英语专业研究生目前的译文质量。同翻译理论一样，翻译技巧对于非英语专业研究生来讲也是非常陌生的。学生对增删分合、转性变态、正反顺逆等翻译的技巧不甚了解，这极大地影响了他们译文的自然和流畅。前辈大家们分析比较英汉两种语言的特点，总结出的各种翻译技巧具有很高的实用性。在理解相同的情况下，翻译技巧可以大大提高译文的可读性。

（三）教科书和工具书的呈现形式

非英语专业研究生英译汉译文中所呈现的形式对等特点，在很大程度上也是由于教科书和工具书的呈现形式造成的。目前我国的英语教材和工具书，尤其是初级、中级教材和工具书，多使用母语注解，教师上课也强调英汉词语的对应关系。缺少了上下文和语境，使学生养成了语言对应的观念，再加上我们的教科书强调句型操练，导致学生对一些英语句型以及这些句型的汉语对应翻译机械记忆，结果出现了许多固化句式。

四　对翻译教学的启示

学生的输出（output）对我们的教学具有反拨作用。非英语专业研究生的英译汉译文特点分析和英语表层结构迁移现象对我们的教学有很大启示。

首先，要改革大部分院校目前的非英语专业研究生的外语教学，加强翻译的学习。目前大部分院校的非英语专业研究生的英语学习多以综合课的方式出现，旨在听、说、读、写、译融为一体，五项技能全面发展，可现实的结果却是"读"独占大头，留给写和译的时间很少（有些院校，听、说单独安排有教材和课时）。结果学生的技能发展不平衡，阅读能力最强。随着近年来对学生听、说技能的重视和加强，"哑巴英语"已有很大的改善，但可惜写、译技能又受到忽略。笔者建议，在英语教学活动中，适当拿出一些课时（以笔者的经验估计，10—20个课时足矣），分配给翻译，使翻译教学无论在时间和重要性上都得到体现和保证。

其次，要加强非英语专业研究生翻译理论和技能的学习。我们要改变非英语专业研究生学习翻译时重实践、轻理论的现状。要系统地给学生介绍不同的翻译理论，让学生对翻译的认识超越朴素的字面忠实、形式对等。强调翻译的功能和目的，让学生更深入地认识翻译的本质。除此之外，翻译方法技巧的学习也非常重要，增词、减词、合词、省译、正反、转（词）性、转（语）态、分译、合译、顺译、逆译等翻译技巧的掌握可使译文的表达更自然，更流畅。

再次，老师的翻译教学方法也要改进。目前翻译教学中，老师多采用分专题按章节讲解一个个翻译技巧，多以孤立的句子为例，结果在很大程度上导致学生固化句型多，羡余信息多，篇章的衔接性（cohesiom）、连贯性（conerence）差，语境性（situationality）和互文性（intertextuality）弱，上述概念正是篇章语言学的范畴。因此，语篇翻译应该得到老师们的重视，翻译策略与技巧的讲练要以篇章为主，围绕源语和译入语篇章的构建开展翻译教学。

最后，要加强学生母语的学习。"如果我们把翻译视为基于原（源）语语篇的译语篇章的构建，那么语篇翻译实际上是在用目的语写作，译者通常情况下要遵守目的语的行文规范。"（张志强，2006）翻译的目的是为了目标读者理解原文的信息，因此译者要遵循"目的论"的连贯性法则。为此，译者的分析不能仅停留在原语文本中，还要深入到生成的译语文本中。因此，学生的母语学习要加强，要多读母语经典作品，熟悉本族语言的结构和表达，具备扎实的母语功底。

参考文献

Lefevere, Andre, *Translation*, *Rewriting*, *and Manipulation of Literary Name*, Shanghai Foreign Language Education Press, 2004.

Nord, Christiane, *Translating as a Purposeful Activity*: *Functionalist Approaches Explained*, Shanghai Foreign Language Education Press, 2001.

Santos, D. , "On Grammatical Translationese", In K. Koskenniemi (ed.), *Short Papers Presented at the Tenth Scandinavian Conference on Computational Linguistics*, Helsinki. 1995.

杜瑞清、白靖宇：《21 世纪研究生英语综合教程》（第 1—2 册），西安交通大学出版社 2004 年版。

韩陈其：《汉语羡余现象研究》，齐鲁书社 2001 年版。

何刚强：《英语社科文著汉译行文五诀》，《上海翻译》2009 年第 2 期。

柯飞：《翻译的隐和显》，《外语教学与研究》2005 年第 4 期。

秦洪武、王克非：《基于对应语料库的英译汉语言特征分析》，《外语教学与研究》2009 年第 2 期。

秦洪武、王克非：《基于语料库的翻译语言分析》，《现代外语》2004 年第 1 期。

王克非：《英汉／汉英语句对应的语料库考察》，《外语教学与研究》2003 年第 6 期。

王克非、秦洪武：《英译汉语言特征探讨》，《外语学刊》2009 年第 1 期。

王树槐：《西方翻译教学研究：特点、范式与启示》，《上海翻译》2009 年第 3 期。

王沁：《汉英中介语》，《上海翻译》2009 年第 2 期。

杨自俭：《关于翻译教学的几个问题》，《上海翻译》2006 年第 3 期。

张卫东：《现代汉语中羡余现象研究综述》，《现代语文》（语言研究版）2008 年第 3 期。

张志强：《翻译观与翻译教学》，《上海翻译》2006 年第 3 期。

践行课堂互动，提高翻译绩效

——合作学习在翻译教学中的运用

李文革　李　璐

摘要：针对传统翻译教学模式的弊端，本文在合作学习原理的指导下，探讨了以互动为主要特征的新型翻译教学模式的可行性及必要性，着重介绍和分析了翻译教学中师生互动、生生互动以及师师互动的具体互动模式及方法，以其对提高翻译教学的绩效有所裨益。

关键词：合作学习；互动；翻译教学；应用

一　引言

随着经济突飞猛进的发展，中国与世界各国的交流日益增强，对英语翻译人才的要求也与日俱增。翻译教学是培养翻译人才的主要途径，而现如今我国的翻译教学现状却不容乐观：教师以授课形式教授翻译理论及翻译技巧，处于绝对的主导地位，而学生则以被动接受为主，主要通过记笔记来接收由教师传输过来的理论知识，课堂上缺乏师生以及生生之间的交流与合作，整个授课过程仅仅是一种单项式的知识传输。这种盲目的教学模式严重影响了翻译的教学质量以及学生思维能力和翻译技能的培养。

新时代对翻译人才提出了更高的要求，显然这种传统的翻译教学模式已不能满足其要求。因此，一种新的以互动为主要特征的教学模式急需应用到现实教学中去。这种模式是以合作学习为理论依据，将学生的被动接收变为主动获取，加强了师生、生生、师师以及全员的互动交流与合作，通过不同水平的学生以小组形式组合，围绕一个主题进行交流、讨论、游戏等互动，以提高翻译绩效为主要目标。

二　合作学习原理概要

合作学习兴起于20世纪70年代的美国，其主要倡导者是斯莱文教授

(Slavin，R. E.）。合作学习可以改善课堂内的社会气氛，系统利用教学动态因素之间的互动来促进学习，以团体成绩为评价标准，共同达成教学目标的活动，所以被誉为"近十年来最重要和最成功的教学改革"（Vermette，1994）。它从教学过程的集体性出发，针对传统教学忽视同伴相互作用的弊端，着眼于学生与学生之间以及教师与学生之间互动的普遍性，将合作性的团体结构纳入了课堂教学之中，构成了以生生互动为基本特色的课堂教学结构，通过开展学生小组合作性活动来达成课堂教学的目标，并促进学生的个性和群性的协同发展（王坦，2001：5）。合作学习以人际合作性互动为基本特征，并有四种主要活动形式，即师生互动、生生互动、师师互动以及全员互动。

三　翻译教学中的互动模式及方法

以合作学习为理论依据的互动翻译教学模式本着平等、互助、民主的原则，在老师与学生之间、学生与学生之间建立一种公平的合作关系，师生之间畅所欲言，这样有利于教学质量的提高和学生能力的培养，其在翻译教学中的运用主要体现在以下三个方面。

（一）师生互动

根据维特根斯坦（Wittgenstein）的理论，翻译是一种"语言游戏"，那么翻译教学也可以称为一种"语言游戏"（刘宓庆，2003：236）。所谓"游戏"并不是一般意义上的游戏，它的目的不是为了娱乐，而是为了参与，即老师和学生在课堂上的互动。积极的共同参与是翻译课堂的一个重要因素，片面的教师中心论和学生中心论都是错误的，都不符合翻译教学的客观实际（刘宓庆，2003：256）。正确的做法应该是教师和学生平等地参与课堂互动，并轮流扮演主要角色，实现教学相长的最终目的。具体做法有以下几个方面：

（1）教师需要对学生的学习活动以及课堂安排进行精心的设计、引导和组织，并在课堂上营造宽松的学习氛围。在翻译一篇文章或一段话之前，教师可以引导学生对文章或段落的出处、写作背景、文体类别和功能进行讨论，让同学们各抒己见，发表自己不同的见解，尤其对于文化烙印明显的段落文章，教师要引导学生对其文化背景进行学习，可以事先将任务分配下去，让学生收集相关文化背景资料，并将收集上来的资料以小组形式进行讨论，进而决定出该篇的最佳翻译。例如，一篇文章中有这么一句话：To have January chicks 这句话应该怎么翻译呢？如果译为"一月里的小鸡"显然不合适，如果再引申为"元月里的宝宝"也有点牵强。这个时候就需要查看一下这句话背后所隐藏的文化背景了，经过教师安排任务，引导学生互动讨论，最后学生们得出了最佳的结论：原来这里的January 是乔叟《坎特伯雷故事集》之《商人的故事》中的主人公，即 Lombard Baron。他在 60 岁时，同一个叫 May 的年轻貌美的姑娘终成眷属，并且生得一子，于是 To have January chicks 就有了"老来得子"的寓意。经过老师引导，学生互动而得出的结论远远比老师直接讲解效果要好得多，这样学生记忆才更加深刻。

（2）在词义辨析方面，教师应该引导学生结合语境，在工具书以及同小组成员交流的基础上将最佳词义总结出来。教师在布置翻译作业之前将难辨析的词义直接告知学生，不仅使课堂乏味枯燥，更加不利于培养学生的动手能力以及小组成员之间的交际能力。如果在小组讨论之后仍然不能得出最佳答案，教师再将词义告知学生。

（3）在语法结构方面，教师需引导学生就翻译中的复杂结构进行讨论分析，在小组成员对此结构共同分析得出结论的基础上，教师再就其结论给予点评或纠正，并给学生出一些相似结构的句子供其翻译练习，小组成员之间可以相互讨论，力求将此种结构的句子掌握牢固，其间，教师还可以穿插一些翻译技巧。

（4）运用情景体验式翻译教学。从构建良好的课堂教学情景入手，把教学活动看成是师生进行的一种生命与生命的交往、沟通活动，是一种动态发展着的教与学相统一的交互影响和交互活动的过程。在这个过程中，强化人与环境的交互影响，以产生教学共振，达到提高学生参与兴趣，激发创造潜能，促进学习成果内化的目的（郭建军，2005：67）。在翻译教学中，教师可以适当利用此方法来进行互动教学，以达到在生动活泼的课堂氛围中锻炼学生翻译能力的目的。比如影片《魂断蓝桥》中上尉罗依和芭蕾舞演员玛拉两人在滑铁卢桥邂逅，一见钟情。罗依邀请玛拉在一家酒店吃饭时有一段对话。要翻译这段对话时，教师可以让两名学生一组分别扮演罗依和玛拉两人的角色，有感情地模仿剧中主人公进行英文对白，然后评选出把握的最好的一组。在充分理解主人公内心感受的基础上，学生们的翻译肯定要比干巴巴的翻译更有感情色彩。在学生翻译完成以后，教师还可以用同样的方法来让学生做中文对白，进而评选出最好的译本。

（5）在翻译作品的评析方面，教师可以组织学生对一篇文章的不同译本进行讨论，讨论每一种译本的优劣之处，进而决定出最佳的译本。例如对李白《静夜思》的翻译有三个不同的译本：

译本一：In the still of the night

I descry bright moonlight in front of my bed.

I suspect it to be hoary frost on the floor.

I watch the bright moon, as I tilt back my head.

I yearn, while stooping, for my homeland more. （徐忠杰译）

译本二：Moonlight is in front of my bed —

I took it for frost on the ground！

I lift my eyes to watch the mountain moon,

Lower them and dream of home. （Burton Watson 译）

译本三：Nostalgia

A splash of white on my bedroom floor. Hoarfrost?

I raise my eyes to the moon, the same moon.

As scenes long past come to mind, my eyes fall again

On the splash of of white, and my heart aches for home. （翁显良译）

对于这三种不同的译法，教师可以与学生一同讨论它们的优劣之处，引导学生对这三种译法的风格、意境、忠实程度以及流利程度进行分析，令学生充分发挥他们的思维想象能力以及分析问题的能力，在学生与老师的共同分析下，可以得出这样的结论：第二种译法是死译，译者对原文进行了字对字的翻译，译文太过于死板；第三种译法是意译，译者没有顾及原文诗歌的形式，将全部注意力放在了诗歌的内容上，虽然内容忠实于原文，文体形式却发生了巨大的改变，所以也是不可取的。相比而言，第一种译法虽然是直译，但其忠实于原文又通顺流畅，所以说直译有时候也是可取的。

（二）生生互动

合作学习是一种以生生互动为主要取向的教学理论与策略体系（王坦，2001：5）。教学的主要对象是学生，怎么样使学生充分掌握课堂知识是每个教师都特别关注的问题。合作学习致力于学生与学生之间的互动合作，通过小组成员之间讨论与交流，得出一个共同的最佳结论，这种互助合作形式有利于小组成员之间人际关系的相处，更有利于他们翻译能力以及分析解决问题能力的提高。生生互动主要通过小组合作的形式来实现，其方法主要有以下几种：

（1）翻译作品之前，学生之间也需要以小组或同桌为单位进行进一步的讨论，针对文章的文体，适合用的翻译技巧等问题作详细的进一步的讨论，最终讨论出的结果由小组选派代表在老师和全体同学面前做陈述，听取老师和其他小组的建议，将译前准备做到最好。

（2）学生可针对一篇文章或一个句子做集体翻译，各抒己见，共同讨论最佳译法。下面以某小组对一个英文句子的翻译的讨论为例来说明这个问题。英文句子如下：The introduction of new testing laboratory for balls in Shanghai, China, is being considered due to the high costs in Europe. The quality of the testing will be decisive in addition to cost。

学生甲的译文：由于欧洲费用昂贵，正在考虑在中国上海建立新的乒乓球测试中心。除了费用外，检验质量也起决定性作用。

学生乙的译文：由于欧洲费用昂贵，正在考虑在中国上海建立新的乒乓球测试中心。费用固然重要，但检验质量是决定一切的。

学生丙的译文：鉴于欧洲的费用昂贵，（器材委员会）正在考虑在中国上海建立一个新的乒乓球测试中心。但是，费用归费用，质量还必须过关。

对于三种译法，小组成员展开了激烈的讨论，各自发表自己不同的看法，最终，学生丁代表小组发言：最好的译法应该是学生丙的翻译，因为前两位同学的翻译虽然意思都对，但是却没有把原文中"瞧不起中国"的言外之意表达出来，而学生丙充分考虑了原文的表达意义，不仅忠实了原文的意思，而且忠实了原文的语气，所以是最好的译法。这样的小组互动形式有利于小组成员之间取人之长、补己之短，达到培养自身翻译能力的目的。

（3）学生之间可以充分利用网络资源和现实资源来为自己的学习服务。比如可以利用网络 BBS 或申请一个 QQ 群号，在网络上对一些翻译技巧、翻译作品、翻译方法以及翻译理论进行讨论，也可以转载一些好的翻译作品供大家欣赏。这个方法适用于课下讨论学习。在教室里，同学也可以将翻译作品写成黑板报的形式，留出一片空白来供其他同学写评语。在教室的角落里，也可以挂一个本，每个同学都可以把自己最近学到的或看到的翻译内容写在上面供大家共同学习，自己的翻译作品也可以写在上面等待其他同学的评阅。这是一种笔谈的形式，可以记录所有同学的进步史。

（4）在课堂上，当同学们完成翻译之后，在上交老师之前，可以先在小组内部实行小组内互评。小组成员之间互相交换作业，对彼此的作业进行评改，这样有利于学生彼此交换翻译意见，吸取别人的长处来弥补自己的不足，较之于教师直接批改，有一定的指导意义，学生对自己所犯的错误以及别人译文中优秀的因素都会有很深的印象。比如，旅居美国的翻译理论家思果提出了"信、达、贴"的新标准，一篇翻译练习要求学生按照此标准来翻译下面一句话：Well, I'll be there……这句话的背景是：刘教授和李教授约好时间要在一家茶楼门前会面，临行前刘教授对李教授说的。三位同学分别对此做出了如下翻译：

甲：好了，我会在那里。

乙：好了，到时我在那里等你。

丙：就这么说定了，到时我在那里恭候。

经过相互交换译文，学生普遍认为第一种译文达到了"信"的标准，忠实于原文；第二种译文既明白又流畅，达到了"信"和"达"的标准。而第三种译文最得体，因为同时考虑了作者和读者双重因素，利用地道的汉语表达方式，恰如其分地表达出了刘教授的学究气，是一个信、达、贴均能达标的翻译。经过小组成员之间的互评，即使不经过老师的点评，学生们也能掌握一定的翻译方法和技巧。

（三）师师互动

与学生一样，教师之间在知识结构、认知水平、思维方式和授课方法等方面也存在着巨大的差异，即使是教授同一科目的教师，其教学方法、课堂设计以及与学生互动的方式也存在不同。这就要求教师与教师之间也应该增强互动交流，交流彼此在课堂上的心得体会、新的教学方法如何展开以及怎样与学生朋友式的相处等。通过利用教师与教师之间这种宝贵的差异资源，使教师之间互相交换新思想、新思路、新方法，教师原有的观念就会得到改进，从而产生 $1+1>2$ 的效果。

师师互动这种形式是针对当前教师之间缺乏交流、彼此各自为战的状况而提出的。它提倡两名或多名教师同时在课堂上进行协作，共同授课

（王坦，2001：9）。在有助教的前提下，教师在课堂上讲解学生需掌握的翻译技巧之后，布置作业，由助教进行批阅，批阅事宜由教师和助教协调，助教在批阅作业后，向教师提供反馈单，再由教师在课堂上讲解普遍存在的问题。这种互助合作方式的执行，正如美国著名教育学家、肯塔基大学教授嘎斯基博士（Guskey, R. T.）所说："不仅可以减轻教师每个人的工作量，而且还能提高工作结果的质量。教师们会成为彼此观念上的神奇源泉。"（王坦，2001：9）最主要的是，这种互动模式也是为了促进翻译教学的效果。

四　结语

翻译教学是一项任重而道远的任务，必须不断地发现新方法，利用新方法才能跟上时代发展的脚步。合作学习原理在翻译教学中的应用就是新时代发展的要求，通过学生之间、老师之间、学生与老师之间等不同形式的交流与合作，有利于学生的自我提高和发展以及学生潜力和学习兴趣的开发，在一定程度上减轻了教师的教学负担，从而促进教与学的良性循环。

参考文献

郭建军：《活动建构教学体系下多维互动教学模式探讨》，山东大学出版社 2005 年版。

李忠华：《翻译课堂教学互动模式探讨》，《河洋师范高等专科学校学报》2007 年第 4 期。

刘宓庆：《翻译教学：实务与理论》，中国对外翻译出版公司 2003 年版。

穆雷：《翻译教学：翻译学建设的重要组成部分》，《中国翻译》2004 年第 4 期。

王坦：《合作学习——原理与策略》，学苑出版社 2001 年版。

阎佩衡：《英汉与汉英翻译教学论》，高等教育出版社 2005 年版。

建构主义视阈下口译教学
与评价的一体化
——以档案袋评价为指导

高　芬

摘要：档案袋评价方式是关注学习过程，并将过程与结果进行综合评估的方法。本文在建构主义视阈下通过测试、问卷和访谈等定量和定性的研究方法，以档案袋评价方式指导口译教学探讨其如何影响并提高学习者的口译能力和自主学习意识，最终形成口译教学和评价的一体化。研究结果表明：实验组的后测成绩高于对照组，尤其是听辨和翻译两个方面的能力提高更为显著，并且与实验组的前测成绩相比取得显著进步。问卷和访谈的结果表明：受试通过整理档案袋，增进了对口译训练的积极意识，培养了较强的自主学习和主动学习意识，从而提高了口译学习的元认知能力。

关键词：建构主义；档案袋；评价；口译；自主学习

一　国内外研究现状与背景分析

高等教育改革的推行对教学评价提出了新的要求，不仅应关注评价的结果，更要注重评价的过程。建构主义视角下的评价观关注学生的认知发展和知识建构的过程，因而关注形成性评价，并能够把形成性评价和终结性评价相结合，内在评价和外在评价相结合。作为一种有效地形成性评价方式——档案袋评价就是在这种评价改革的大背景下出现的。档案袋评价的出现弥补了终结性评价——翻译考试的缺陷，即命题方式单一、测试与教学内容脱节、只检测学生的学习结果等。档案袋评价不单单是对评价方法的更新，更是对评价理念的深度变革，它体现了教学评价正经历由传统模式向一种适应整个国际教育发展的全新评价模式的根本转变。目前已广泛应用于英语写作、阅读教学，但在翻译教学中并不多见，在中国高等教育中的口译教学中还是第一次被提及。

　　基于建构主义和多元智能理论上的档案袋评价具有评价内容丰富、评价过程开放和评价主体多元等特点，这些特点促使档案袋评价在应用实践上具备坚实稳定的基础，关注学习过程并将过程与结果进行综合评估。本研究的预期目标是：基于口译课堂学业评价的现状分析，通过其在口译教学中的实施，促使其成为与终结性评价共同作用的口译教学不可或缺的评价方式，最终达到促进口译学习者的口译能力和加强口译学习者自主学习的目的。广泛的意义是，进一步深化口译教学改革和提高口译教学效果，为国家培养创新型高层口译人才做出贡献。综上所述，本研究具有重要的理论意义和实践应用价值。

二　档案袋的定义及相关研究

　　Paulson、Panlson 和 Meyer（1991）及 Arter 和 Spandel（1992）把档案袋定义为有意收集的学生作品，以反映他们在特定领域的努力、进步或成就。档案袋评价是一种融真实性评价、质性评价、发展性评价和多元评价理念与方法为一体的综合性评价体系（张红霞、王同顺，2004），档案袋的内容包括已完成的作品、正在进行的作品、等级量表、学习计划、学习汇报、课堂表现、学生自评和互评、教师评价、教学反馈及学习反思等。学生必须参与收集过程，在收集内容、选择标准、成绩评定、学习反思等方面发表意见。系统收集来源不同的反映学生进步的作品并加以评价和建议的过程称为档案袋评价。自评和学习反思是这种评价方式的主要内容（O'Malley & Pierce，1996；Murphy &Camp，1996 等）。

　　国内外对于档案袋评价的研究硕果累累，而国外的研究要追溯到 20世纪 60 年代，但从 90 年代开始蓬勃发展，其中用于第二语言课堂教学的写作评价居多。如 Koelsch 和 Trumbull（1996）发现运用档案袋评价的学生在英语写作上更注重观点、内容和结构；Song 和 August（2002）发现写作课上运用档案袋评价的实验班英语学习者的进步更大。档案袋评价能有效促进英语学习者的自主学习能力（Yang，2003；Lo，2010）；使教师全面了解学生的学习风格和策略，更好地设计以学习者为中心的教学方法（Nunes，2004）。Delett、Barnhardt 和 Kevorkian（2001）提出适用于外语教学的档案袋评价框架；Lam 和 Lee（2010）研究了档案袋评价在终结性评价和形成性评价运用中如何达到平衡。

　　我国学界对档案袋的研究始于 2000 年，且多数研究集中在学前和中小学教学评价中（张春宇等，2012；丁念金，2012；李艳红，2013）。近年来，涌现出众多关于大学英语课堂运用档案袋评价的研究成果（陈旭红，2009；洪民等，2011；王华，2011）。其中，档案袋评价与现代教学手段相结合，如电子档案袋在多媒体教学中的应用（庄秀丽，2005；林雯、王志军，2006）；档案袋评价应用于研究生英语教学（傅东起，2009）；档案袋评价带来的学习者反思（胡中锋、李群，2006；吕凤平，2008）和问题与对策（袁利芬，2008）。国内大多数关于档案袋研究主要侧重于理论探讨，如对档案袋评价运用于英语教学的理论依据、措施内容、实施原则、优势问题等方面进行论述等，涉及的领域主要为英语写作（王纪元，2008；陈旭红，2009；王华，2011）和英语阅读（吴轶，2008；洪民等，2011；章木林，2014）两个方面。关于档案袋评价影响英语口译能力方面的研究比较鲜见，只有刘芹、王莉（2006）探索了中国大学生英语口语能力档案袋评价的可行性，文军等（2006）探讨了在翻译课程中运用档案袋评价的可行性，其研究也仅侧重于笔译教学。

三　研究过程

（一）研究目的

本研究旨在探讨档案袋评价指导下对学生口译基本能力的提高，以及学生自主学习、主动学习意识的培养，希望对口译教学评价的发展和档案袋评价的实施提供一定参考价值，更好地促进口译课程的教学改革，实现口译教学与评估的一体化。

（二）研究假设和研究问题

本研究的中心假设是：英语翻译专业的学习者肯定档案袋评价的积极作用（如提高口译能力，激发学习兴趣，促进自主学习），并且这种评价方式会取得与传统的评价方式类似甚至更优的学习效果。因此，本研究试图探讨的研究问题是：

（1）对于英语翻译专业学习者，档案袋评价在口译课堂的实施是否可促进口译教学与评估的一体化？

（2）档案袋评价的实施是否促进英语学习者口译能力的提高（听辨、表达、翻译三个方面）？对哪个方面能力的提高比较显著？

（3）档案袋评价的实施是否有利于加强和培养学习者的自主学习意识？

（三）研究方法

本研究从教育学、心理学、英语教学法、口译教学论的角度，采用小样本的实证研究方法结合定量与定性分析，综合运用文献计量法、比较研究法、理论分析法和实证观察法收集并详细记录数据。测试、问卷调查和访谈的数据结果采用统计软件 SPSS 和 EXCEL，以图表结合文字进行描述、统计、解释和论证。

（四）研究过程

本研究在陕西省开设口译课程的两所高校展开，集中在学习者的口译课程（包括基础口译、交替传译、会议口译和同声传译四门课程），以档案袋评价为主要的评价方式，结合传统的口译教学和翻译考试探讨学习者口译能力以及自主学习意识的培养。

本实验的周期为一个学期，时间为 2013 年 9 月至 2014 年 1 月，研究方式采用实验班和对照班的研究模式，A 大学为 2011 级和 2012 级翻译系本科生，B 大学为高翻学院 2011 级和 2012 级本科生，研究对象共计 129 名，其中对照组 66 名，实验组 63 名（见表 1）。A、B 大学分别由一位资深的口译教师担任授课。两位教师在实验前对于档案袋评价以及教学过程有深入的探讨，并达成共识，采取相同的教学体例并遵循共同的教学环节。

表 1   研究对象的样本构成

组别学校	对照组（n = 66）	实验组（n = 63）
A 大学（n = 65）	38（2009 级）	27（2010 级）
B 大学（n = 64）	28（2010 级）	36（2009 级）

根据口译研究学者 Daniel Gile 的精力负荷模型，口译的过程包括听析、记忆、产出和协调四个方面。任何一个方面的能力都会影响口译的质量，只有各项能力之和大于口译任务所要求的能力，口译任务才能顺利高效地完成。因而口译课程主要强调培养口译技能和语言能力。学期初期对实验组和对照组分别进行英语语言基本能力的前测，考察的内容相同和形式完全相同。由于记忆技能不是本研究的主题，所以考量主要包括听辨（30%）、表达（30%）和翻译（40%）三个方面。考试分三个部分进行，首先是异语复述，听一段 2 分钟的使用英语讲述的故事或信息一次，要求

用汉语总结和表达观点（侧重听辨能力）；其次是听一段 1 分钟的使用汉语讲述的故事或信息一次，要求用英语简述（侧重表达能力）；最后是要求学生视译一篇 100 字左右的英语文章（侧重翻译能力）。由两位资深的口译教师依照评分标准进行打分，以平均分作为最后成绩，从而保证了测试的效度和信度。

比对实验组和对照组在实验初期的英语成绩采用独立样本 T 检验并没有显著性差异，且两个组在每一小项（即听辨、表达和翻译）均没有显著性区别（见表2）。这表明两组受试者的口译基本能力差异不大，从而为第二阶段的实验研究提供可能。

表 2　　　　　　　　　实验班与对照班前测独立样本 T 检验

	方差方程的 Levene 检验		均值方程的 T 检验		
	F	Sig.	t	df	Sig.（双侧）
听辨	1.029	0.312	0.235	127	0.814
			0.236	126.115	0.814
表达	4.74	0.031	−0.418	127	0.676
			−0.421	120.05	0.674
翻译	1.266	0.263	−0.785	127	0.434
			−0.782	121.858	0.436
总分	0.868	0.353	−0.483	127	0.63
			−0.484	126.151	0.629

* The mean difference is significant at the.05 level.

实验期间，对照组采用常规的口译教学方式，不对学生进行任何实验情况的说明；而实验组除了采用常规的口译教学外，还在第一次上课时向学生明确本学期口译评价的主要方式之一——档案袋评价及其内容，并要求学生在整个学期的学习过程中注意搜集练习的内容（包括视频、音频和文本材料），一并收录在档案袋中。教师向实验班的学生明确两点：一是教师会在每一个自然月的最后一周进行督促检查周自查表的填写和训练内容；二是明确档案袋的按时和完整提交会占学期末总成绩的一定比例（20%）。提交档案袋成品所包括的主体内容见表3。

表 3　　　　　　　　　　　档案袋成品的主要内容

完成阶段	课内			课后				期末		
主要内容	个人陈述文本	小组展示PPT	小组展示视频/音频	周自查表	时事新闻	主题词汇表	名人演说	学期总结	同伴评价书	自我评价书	任何证明学习和训练的内容

学期中对实验组和对照组进行课程学习效果的跟踪调研对比，每个自然月末对实验班学生的学习过程进行监督检查，包括周自查表的填写、口译资料的收集和训练中的问题解答等。实验结束后，对实验组和对照组进行了同样的测试（后测）。口译任务与前测相同但题目不同，仍然由前测的两位口译教师分别评分，取其平均分作为最后成绩。对照班期末只进行终结性的期末测试；而实验班除了相同材料的期末考试外还需要提交档案袋。此外，还采用问卷调查和访谈的方式，了解实施档案袋评价的实验班学生是否肯定该评价方式，是否能帮助学生检测口译学习过程，树立自主学习意识。

四　结果及讨论

（一）口译前、后测成绩配对样本 T 检验比较

通过分别对实验组和对照组受试者前测和后测成绩进行对比分析，旨在揭示经过一个学期的口译训练和学习，学生的口译能力和水平是否有显著提高。表 4 和表 5 的统计分析显示，实验组学生的后测平均成绩为 78.2222，比前测成绩 70.2381 提高了 7.9841 分。实验前后两次测试成绩差值的双尾 T 检验（T = − 10.022）的显著性概率为 0.000，小于 0.05，存在统计学上的显著差异，说明通过一个学期的口译训练，实验组受试者的口译能力和水平有了明显提高。另外，表 5 通过对实验前后各小项（即听辨、表达和翻译）的配对样本 T 检验值发现，听辨和翻译两方面呈现极其显著性差异（P = 0.000 < 0.001），也就是说，档案袋指导下的实验组受试在听辨和翻译两个方面获得了非常显著性的提高；而表达能力虽有提高，但较实验前提高的幅度不大，进步不明显，不呈现显著性的差异（P = 0.096 > 0.05）。

相比之下，对照组学生的后测成绩平均值为 71.8636，比前测值 70.7879 提高了 1.0757 分，实验前后两次测试成绩差值的双尾 T 检验值 为 -1.468，P = 0.147 > 0.05，说明虽然通过一个学期的口译训练，受试 者的口译能力有所提高，但提高不显著，不存在统计学上的显著差异。具 体来看，对照组在听辨、表达和翻译三个方面双尾 T 检验的显著性概率 均大于 0.005，因而对照组在三个方面能力的提高均不显著。

表 4　　　　　　　　　　**实验组与对照组口译测试前后配对样本统计结果**

		被试	均值	标准差	标准误
对照组	前测	66	70.7879	6.85793	0.84415
	后侧	66	71.8636	5.78562	0.71216
实验组	前测	63	70.2381	6.02606	0.75921
	后侧	63	78.2222	6.49676	0.84168

表 5　　　　　　　　　　**实验组与对照组口译测试前后配对样本 T 检验**

	成对差分		T	df	Sig.（双侧）
	均值	标准差			
实验前听辨 - 实验后听辨	-2.33333	3.16737	-5.847	62	0.000
实验前表达 - 实验后表达	-0.65079	3.05941	-1.688	62	0.096
实验前翻译 - 实验后翻译	-3.44444	3.83439	-7.130	62	0.000
实验前总分 - 实验后总分	-7.98413	6.32326	-10.022	62	0.000
对照前听辨 - 对照后听辨	-0.51515	3.47405	-1.205	65	0.233
对照前表达 - 对照后表达	-0.21212	3.05093	-0.565	65	0.574
对照前翻译 - 对照后翻译	-0.34848	3.91247	-0.724	65	0.472
对照前总分 - 对照后总分	-1.07576	5.95447	-1.468	65	0.147

　　* The mean difference is significant at the.05 level.

（二）口译后测成绩的实验数据 T 检验比较

表 4 中实验组与对照组口译测试前、后配对样本描述性统计结果已经

表明实验组后测成绩的均值高于对照组的后测成绩 6. 3586 分。而且表 6
进一步显示实验组和对照组后测成绩独立样本双尾 T 检验的显著性概率
均为 P = 0. 000，远小于 0. 001，说明实验组和对照组在实验后的口译成
绩呈显著性差异，即与对照组相比，实验组的口译水平有显著性的提高。
从对照组和实验组前测结果的无显著性差异，到后测结果的显著性差异，
可以证明档案袋评价足以使研究对象的口译能力和水平发生显著性提高。
表 6 还揭示了实验组的后测成绩在听辨和翻译两个能力方面有显著性的提
高。具体表现为听辨和翻译独立样本双尾 T 检验的显著性概率均为 P =
0. 000，小于 0. 001，说明实验组实验后的听辨水平获得长足的进步。而
表达能力虽有提高，但进步不明显，与对照组相比没有显著性差异（P =
0. 645 > 0. 05）。

表 6   **实验组与对照组口译后测独立样本 T 检验**

	方差方程的 Levene 检验		均值方程的 T 检验		
	F	Sig.	T	df	Sig. （双测）
听辨	2. 438	0. 121	7. 198	127. 000	0. 000
			7. 22	126. 123	0. 000
表达	0. 394	0. 531	0. 462	127. 000	0. 645
			0. 462	125. 982	0. 645
翻译	0. 001	0. 981	9. 787	127. 000	0. 000
			9. 772	125. 422	0. 000
总分	0. 550	0. 460	6. 335	127. 000	0. 000
			6. 314	122. 610	0. 000

* The mean difference is significant at the. 05 level.

通过以上分析可以看出，经过一个学期的口译课程学习和口译训练，
实验组和对照组的口译成绩都取得了一定的提高，但相比之下，实验组的
后测成绩高于对照组，并存在统计学上的显著性差异。另外，与实验后的
对照组相比，听辨和翻译能力两个方面均呈现统计学上的显著性差异，并
且与实验组的前测成绩相比取得显著进步。综上所述，可见以档案袋评价
指导下的实验组在一个学期的口译训练下口译能力取得了更为显著长足的
进步。

（三）问卷和访谈

问卷设计的目的是深入了解档案袋评价指导模式对学生口译能力的培养及自主学习的影响，以便教师调整教学法促进教学质量。设计采用里克特量表，以"1 = 非常不适合我"，"2 = 有点不适合我"，"3 = 不确定"，"4 = 有点适合我"和"5 = 非常适合我"五个等级要求被试根据自己的实际情况和看法勾选出适合自己的选项。问卷的主体包括两个部分，第一部分是关于档案袋周自查表（20项）；第二部分关于档案袋评价袋（20项）。问卷在2013—2014年第一学期末实验组的最后一次课堂上进行，答题时间为15分钟，被试也可以在问卷末尾用文字补充说明对档案袋评价指导方式的反馈和感受，问卷发放63份，回收63份，回收率为100%。

1. 关于档案袋周自查表

表7显示了实验组63名受试对档案袋周自查表填写的反馈，可以看出，最明显的是周自查表的填写积极推动了学生的到课率（100%）并促使学生按时完成老师布置的作业（87.5%）。其次，90.7%的学生学会对同伴进行评价，并从同伴那里学到很多东西（87.5%）；同样，90.7%的学生承认每节课都有所收获，87.5%的学生肯定自己的听辨水平有所提升，这和统计数据所显示的结果完全吻合；而超过3.1%的学生认为其口语表达水平比翻译水平进步更大，这一点和统计数据不完全吻合，只能说明学生对自身的评价比较主观和感性。

表7　　　　　　　　　　周档案袋评价表调查数据统计

选项问题	1%	2%	3%	4%	5%
1. 我按时填写档案袋评价表	0	9.4	6.3	46.9	37.5
2. 我每周都按时上课	0	0	0	9.4	90.6
3. 我每节课前都做充分准备	0	6.3	37.5	50	6.3
4. 我每节课后都及时总结课堂学习的内容	0	6.3	15.6	50	28.1
5. 我每节课后都及时反思课堂学习的内容	3.1	3.1	15.6	50	28.1
6. 我主动在课堂上展现自己	3.1	28.1	21.9	21.9	25
7. 我积极配合课堂的训练环节	3.1	3.1	6.3	34.4	53.1
8. 我从同伴那里学到很多东西	3.1	3.1	6.3	40.6	46.9

选项问题	1%	2%	3%	4%	5%
9. 我学会对同伴的口译表现做客观评价	3.1	0	6.3	43.8	46.9
10. 我及时总结课堂中出现的问题	0	3.1	21.9	43.8	31.3
11. 我按时完成老师布置的作业	3.1	3.1	6.3	46.9	40.6
12. 老师的评价对我鼓舞很大	3.1	3.1	9.4	18.8	65.6
13. 同伴的评价对我影响很大	3.1	6.3	15.6	40.6	34.4
14. 自我评价使我对学习更积极主动	0	9.4	31.3	21.9	37.5
15. 我克服了公共演讲时的紧张怯场	0	12.5	21.5	59.4	6.3
16. 我做发言人的表现有所进步	0	3.1	9.4	56.3	31.3
17. 我每节课都有所收获	0	0	9.4	46.9	43.8
18. 我的听辨水平有所提升	0	0	12.5	53.1	34.4
19. 我的口语表达水平有所提升	0	3.1	21.9	46.9	28.1
20. 我的翻译水平有所提升	0	0	28.1	34.4	37.5

2. 关于档案袋评价

学期末，63 名实验组受试对于档案袋评价方式本身的认知和反馈从总体来看，结果喜人。相当比例的受试肯定该评价方式对自身的积极作用（84.4%），尤其是帮助他们自主有序地收集各种资料，如文字资料（91.6%）、音频材料（90.7%）、视频材料（90.7%）等，并指出收集训练材料的过程是他们学习的过程（93.8%）。这就说明档案袋的整理过程的确对于学习者的主动学习发挥了指导和推动作用，学生自我训练的主动意识和自主意识得到显著加强。除了教师的课堂教学训练，96.9% 的受试还能主动从网上下载适合口译的素材训练，主动通过其他口译教材进行口译训练（84.4%）都充分验证这一点。另外，受试从档案袋整理过程中也受益匪浅，收获颇多，如学会对自己的学习成果进行总结（90.6%），对学习过程进行客观评价（90.7%），看到自身的不足（90.8%），这使得教学和评价充分达到一体化和最优化。遗憾的是，较多的学习者只是将整理档案袋的过程看作是个人的学习过程，而没有与同伴分享自己的口译训练资料，缺乏与同伴进行共同口译训练，此点需要在今后的教学研究中更加明确和加强。

3. 访谈

学期末，随机抽取了 12 名实验组的受试了解对于档案袋评价指导方式的看法，结果与调查问卷的结果基本一致。总结和分析的结论如下：实验组的学生高度肯定了档案袋评价的指导方式在口译训练和自主学习意识培养中的重要作用。通过整理档案袋，他们增进了对口译训练的积极意识，提高了学习兴趣，培养了较强的自主学习能力。同时，他们也提高了口译学习的元认知能力，即：通过填写周自查表学会了进行自我阶段性的分析和总结，加强了自我评价的能力；通过同伴和教师（互评和师评）的课堂和课下反馈，对自身的口译能力和训练问题有了更明确和清晰的认识；通过课堂和课下的对子活动和小组活动促进了合作学习和团队协作。7 名受试者都表示在实验结束后还会继续沿用该评价模式来训练口译能力和培养自主学习，并尝试将其拓展至其他课程的学习。

五　结语

对英语专业翻译教学中应用档案袋评价的调查研究在国内寥寥无几，而应用于口译教学还是第一次。因此本研究的顺利完成为口译教学的评价方式提供了有力和有效的补充，有助于针对性地改进口译教学工作，从而进一步促进中国高等教育中的口译教学改革，为口译课程的评估提供方法论和教学法的指导。而在实践层面上，口译教学的受众者——口译学习者得益于档案袋评价方式，表现在口译能力（尤其是听辨和翻译）的显著提高、口译兴趣和自主学习能力的明显加强。因此，本研究具有重要的理论意义和实践应用价值，更具有推广应用的广阔前景。但由于课程设置的局限性，研究仅仅持续一个学期，研究面较为狭窄，结论未免有失偏颇。笔者会在未来的研究中延长研究时间、扩大研究范围，做更进一步深入的探索。

参考文献

Arter, J. A. & Spandel, V., "Using Portfolios of Student Work in Instruction and Assessment", *Educational Measurement: Issues and Practice*, 1992, 11: 336—44.

Delett J., Barnhardt, S. & Kevorkian, J., "A Framework for Portfolio Assessment in the Foreign Language Classroom", *Foreign Language Annuals*, 2001, 6: 559—68.

Koelsch, N. & Trumbull, E., "Portfolios: Bridging Cultural and Linguistic Worlds", In Calfee, R. & P. Perfumo (eds.), *Writing Portfolios in the Classroom: Policy and Practice, Promise and Peril*, Mahwah: Lawrence Erlbaum, 1996.

Lam, R. & Lee, I., "Balancing the Dual Functions of Portfolio Assessment", *ELT Journal*, 2010, 1: 54—64.

Lo, Y., "Lmplementing Reflective Portfolios for Promoting Autonomous Learning Among EFL College Students in Taiwan", *Language Teaching Research*, 2010, 1: 77—95.

Murphy, S. & Camp, R., "Moving Toward Systematic Coherence: A Discussion of Conflicting Perspectives on Portfolio Assessment", In Calfee, R. & P. Perfumo (eds.), *Writing Portfolio in the Classroom: Policy and Practice, Promise and Peril*, Mahwah: Lawrence Erlbaum, 1996.

Nunes, A., "Portfolio s in the EFL Classroom: Disclosing an Informed Practice", *ELT Journal*, 2004, 4: 327—35.

O'Malley, J. M., & Pierce, L. V., *Authentic Assessment for English Language Learners: Practical Approaches for Teachers*, New York: Addison Wesle, 1996.

Paulson, F. L. Panlson, P. R. & Meyer, C. A., "What Makes a Portfolio a Portfolio?", *Educational Leadership*, 1991, 2: 60—63.

Song, B. & August, B., "Using Portfolios to Assess the Writing of ESL Students: A Powerful Alternative?" *Journal of Second Language Writing*, 2002, 11: 49—72.

Yang, N., "Lntegrating Portfolios Into Learning Strategy-Based Instruction for EFL College Students", *International Review of Applied Linguistics in Language Teaching*, 2003, 4: 293—317.

陈旭红:《成长档案袋应用于大学英语写作的实证研究》,《湖南科技学院学报》2009 年第 5 期。

丁念金:《学习过程评价的理念》,《当代教育科学》2012 年第 12 期。

傅东起:《真实性教学评价理论的实践——研究生英语教学中档案袋评估法的应用》,《中央民族大学学报》(哲学社会科学版) 2009 年第 1 期。

洪民、詹先君、赵景梅:《复合型档案袋评价对外语阅读能力的影响》,《外语界》2011 年第 2 期。

胡中锋、李群:《学生档案袋评价之反思》,《课程·教材·教法》2006 年第 10 期。

李艳红、孟建平:《小学英语档案袋评价》,《教育实践与研究》2013 年第 1 期。

林雯、王志军:《促进元认知发展的电子档案袋的设计与应用》,《中国电化教育》2006 年第 7 期。

刘芹、王莉:《中国大学生英语口语能力档案袋评价可行性研究》,《外语与外语教学》2010 年第 6 期。

吕凤平:《档案袋评价中的学习者反思》,《首都师范大学学报》(社会科学版)2008 年第 4 期。

王华:《写作档案袋评价过程中不同评价主体的探索研究》,《外语界》2011 年第 2 期。

王纪元:《英语写作课程档案袋评价的研究》,《教育探索》2008 年第 4 期。

文军、王东生、王磊:《翻译课程档案袋评价的实验研究》,《中国外语》2006 年第 6 期。

吴轶:《新课程背景下"阅读档案袋"的应用》,《新课程研究(教师教育)》2008 年第 1 期。

袁利芬:《档案袋评价中存在的问题及其对策》,《教育探索》2008 年第 9 期。

张春宇:《学前教育专业双语学生职业技能训练方法初探》,《中国校外教育》2012 年第 8 期。

张红霞、王同顺:《电子档案袋——外语写作测评的新理念和新方法》,《外语电化教学》2004 年第 1 期。

章木林:《档案袋评价与英语自主学习能力培养的关系——一项基于课外自选阅读的实证研究》,《天津外国语大学学报》2014 年第 2 期。

庄秀丽:《电子档案袋评价与网络互联学习》,《中国电化教育》2005 年第 7 期。

日本人的"神道信仰"与"历史认识"的误区

席卫国

摘要： 本文对日本神道的"多神信仰"、"氏神信仰"、"活神信仰"、重祭祀行为和现世主义五大性质特征进行了考察论证，剖析了它与日本人思维模式、价值观模式、行为模式及伦理取向的关系，从一个侧面阐明了造成日本国民在"历史认识"问题上长期未能得到解决的深层文化原因，为使日本人早日走出"历史认识"的误区以及为解读日本及其在 21 世纪的人文走向提供某些有益的参考。

关键词： 靖国神社；神道信仰；历史认识；文化原因

一　引言

21 世纪全世界的人文主题正如习近平主席在访问俄罗斯时演讲中所强调的那样是"和平与发展"。但是当今世界上出现了一种近乎"怪异"的现象，即随着各国经济、信息、现代生活方式乃至相当部分的价值取向越发走向全球化，反而使国家主义、民族主义变得"强大"起来，亨廷顿所说的"文明（文化的实体）的冲突"现象似乎成了普遍现象。从近几年的日本野田内阁不断扩大、升级的"钓鱼岛国有化"问题，到安倍晋三内阁众多大臣不顾周边受害国家的感情，集体参拜靖国神社，拜鬼招魂，人数之多史无前例（168 人）。这些问题的出现，在一定意义上，可以说是这种现象的反映。然而日本在第二次世界大战后近六十年来对其侵略的"历史认识"问题一直未得到真正解决，除了日本少数右翼势力等试图以此振兴日益消沉的"大和民族精神"进而复活日本军国主义的原因外，应该还有其更深层的文化方面的原因。

一个国家或民族对于某一重要历史问题如何认识，从文化角度讲，主要取决于有社会的、历史的、宗教的、伦理价值取向等要素构成的人文环境，其中民族宗教信仰又是最重要的因素。因为民族宗教信仰在相当大的程度上决定着该民族的思维模式、情感模式和价值观模式，而这些模式又必然影响甚或决定其对历史问题的认识。诸如 2013 年的安倍晋三向靖国神社供奉祭品以及 160 人以上的内阁大臣、国会议员组成的所谓的"大家都来参拜靖国神社"集体参拜靖国神社的活动，他们不顾各受害国家的感情和强烈反对而冒天下之大不韪，应该说与受日本"人文环境"熏陶的相当部分民众的支持很有关系。为什么近 70% 以上的选民竟对以首相以及国会议员身份参拜放有甲级战犯东条英机等人牌位的靖国神社持支持态度①呢？除少数右翼势力的舆论煽动等原因外，与多数日本人的神道信仰也有着密不可分的关系。本文试图通过剖析日本人信仰的性质特征，从一个侧面探明造成日本"历史认识"问题长期未能得到解决的深层文化原因，为解读和洞悉日本在 21 世纪的人文走向提供某些有益的参考。

二　"自然宗教"与日本"神道教"的起源

按照宗教学的分类法，世界上的宗教分为"自然宗教"（民族宗教或自发宗教）和"创唱宗教"（世界宗教），日本的神道教基本属于前者，即属于"自然宗教"类型。

日本"神道"在佛教传入之前，叫作"原始神道"，其实，那只是一种无意识的信仰习俗或习惯，佛教和儒教的传入，才促使日本人开始认识到自己固有信仰的存在。为了将固有的信仰习俗与外来的佛教、儒教相区别，日本于 6 世纪开始正式使用神道名称，最早见诸文字是《日本书纪》（公元 720 年）中"天皇信仰佛法，尊神道"的记载。关于神道的起源目前尚无确切的史料依据，一般认为它起源古时日本人对雷电风云等自然现象和山川草木等自然物等多种神灵，以及祖先神灵的崇拜。原始神道是随着弥生时代开始水稻耕作和农耕仪式成为祭祀活动的主要内容而形式化的，于是人们由崇拜自然物、自然现象所具有的"灵"向信仰人格化的自然神和人格神转化。大和政权（3—5 世纪）统一日本后，受大陆佛、儒、道以及亚洲东北部萨满教的影响，神道教逐渐得以系统化，于 8 世纪形成了具有天神、地祇和人灵齐备的宗教。

---

① 家永三郎：《日本文化史》，岩波书屋 1975 年版，第 29 页。

　　恩格斯认为，自发宗教并非绝无人为因素，它们在出现祭祀后常难避免夹杂有意识的欺骗。日本的神道也是如此，它虽说是自发形成的，但也有相当成分的人为因素。例如作为神道诸派基础的以皇室神道为核心的神社神道，也是在大和政权统一日本后，将各氏族部落的神统统归入大和氏族的系列，编造出以天皇氏族神为中心的天神地祇的序列和祭祀礼仪而正规化的。到了明治维新后的国家神道，更是通过政府颁布"神佛分离论"，推行"排佛毁释"政策和运动，而被明治天皇正式定为国教。然而由于神道教与日本民族几乎是互为一体形式的，它不仅与国家的形成和政策相关，而且与关系着家族，乃至个人的氏神信仰、祭祀习俗、人生礼仪紧密地连接在一起，是一种从未脱离民族社会而独立存在的宗教文化，所以在一般的日本人的意识中，神道教完全是日本自然生成的民族宗教，是一种自然而然、不知不觉中就可以信奉的宗教。正因为如此，日本人的思维方式、行为方式、情感方式乃至价值观模式，无不与神道信仰有着千丝万缕的联系，日本对侵略历史的认识问题当然也不例外。下面笔者将从五个方面阐析日本神道教的性质、特征及其与日本人"历史认识"误区的关系。

（一）多神信仰与多元的思想和价值观模式

　　神道教的第一大特征是多神信仰（原始神道阶段亦称"泛神信仰"）。它祭祀和信仰的神灵众多，号称有八百万神之众。在其信仰的众多神中，主神和诸从神并存，自然神与社会神共存，土著神和外来神融合[1]，"既有贵神又有贱神，有强神又有弱神，有善神又有恶神——不仅是人，就连鸟兽、山川草木以及一切异变可畏之物，多可视为神"[2]。这种多神信仰形态和宗教心理，对日本人形成认为世界是多数的，世界万物都具有价值，世界的原理也是多数的观念具有潜移默化的作用，逐渐积淀为多元的思维和价值观模式。这种多元的思维和价值观模式，遵循的并不是一种取此就必须废彼，或者非此即彼的"二者择一"的原则，而是一种此亦彼亦、二者融一、"和平共处"、兼收并蓄的多元化的原则。这在对外文化的态度方面表现为旺盛的摄取欲和较少抵触的吸纳精神，表现在宗教观上则为多元信仰。诸多日本的佛教徒他们可以娶妻生子，饮酒食肉，日本人的家中可以同时摆设神龛和佛坛，出生时参拜神社成为"氏神之子"，结

---

[1]　北京大学日本文化研究所编：《中日比较文化论集》，吉林教育出版社1990年版。
[2]　森三树三郎：《中国文化与日本文化》，人文书院1988年版。

婚时进教堂举行基督教婚礼，死亡后请僧侣诵经行佛教葬礼皆习以为常，就是这种多元信仰的表现。但是其不论善神还是恶神都尊为"神"的思维方式，又导致了他们对是非标准"暧昧模糊"的特征。例如在对历史上"犯有罪行"者的态度上，无论是被称为日本"三大恶人"的田沼意次与曾试图篡夺天皇之位的弓削道镜、足利义满，还是发动反叛明治政权的西南战争失败而自杀的西乡隆盛，死后都尊为"神"，而相反对我们中国历史上的卖国贼秦桧永远跪在抗金英雄岳飞的像前遗臭万年却难以理解。在这样的思维逻辑下，对参加了本民族对外侵略战争的人甚至是犯下滔天罪行的战犯，死后也就自然尊为"神"了，甚至作为"英雄神"进行祭祀。不少日本人对"二战"中的战犯罪行持"不清算"态度，在相当程度上就是由于这种思维逻辑导致的。不然，诸如九州福冈留有的同时将元军与日本武士的战死者一同祭祀的"镇魂塔"，狼牙山五壮士壮烈跳崖后日本兵排队敬礼，即使平素主张追究天皇战争罪责的人在裕仁天皇去世时却容忍对其进行隆重祭奠等现象，如果排除这种信仰逻辑是很难解释的。当然，那些试图以这种"死后皆成神"的信仰方式为借口来否定战争罪责的，应该另当别论。

（二）比教理更重视祭祀的宗教行为模式

神道教的第二特点是比起教理更重视祭祀礼仪的宗教行为模式。严格地说，神道教既没有创始人也没有教义，而且也没有神的教导和严格的戒律，只以《古事记》和《日本书纪》两部神话典籍和记载祭祀仪式的《延喜式》等为基本依据。在万物有灵论信仰观点的支配下，日本人所谓的神事活动全年 365 天连续不断，据统计，由公家朝廷和武家政权遗留下来的全国性祭祀或典仪活动，一年之中就有 237 项，全国民间的大小祭祀活动更是不计其数，仅仅 1 月份就有 464 项。神事活动主要向神灵祭祀和祈祷，祭祀的现实性很强，主要是祈福消灾。因为没有严格的教规，所以也就没有因为违反教规而向神灵忏悔，更不用做弥撒，或者修习教义理念等。所以对于一般的神道信徒而言，单纯参加一下神社祭祀或者"年中民俗祭祀"，就是其宗教活动的一切。并且由于这种祭祀活动又与祖先崇拜、社团、地缘性联谊以及民众的"观光"娱乐活动连在了一起，所以诸如首相公开参拜靖国神社，除了少数右翼分子是出于复活日本军国主义精神的目的外，普通的日本民众多是将其视为与政治毫无关系的一般的民俗祭祀，乃至娱乐观光活动。从小泉纯一郎、野田佳彦到安倍晋三他们在大选之前就宣布参拜靖国神社而支持率大增，他们即使是在祭祀存有战犯灵位的当场宣誓"不再战"，也要"义无反顾"地参拜，有其政治目的自不待言，但是通过这种神道的祭祀礼仪民众也是不可否认的因素之一。

（三）强调地缘性的氏神信仰和集团性

神道教的第三特征是强调地缘性氏神信仰。神道教信仰的氏神，既有一家一户那样以家或族祭祀的神氏，又有诸如"镇护神"、"土产神"那样以部落或地域祭祀的氏神。它是同一部落或地域的人出于共同目的而共同祭祀的产物。8—12世纪日本大量出现以地名为姓氏的现象，就是由于这种缘故，日本氏神信仰的最大特征是比起血缘更重视地缘性结合。即是说，地域共同的利益和协作的需要，使人们产生了共同祭祀同一尊氏神，又加强了祭祀成员互认为是同一氏神子孙的模拟式同族观念，因此神道教的氏神虽然是由地缘关系者祭祀的，但却具有祖先神的性格。它比起救济个人更注重共同体的利益，被视为同一地域共同体中血缘者和非血缘者共同祭祀的集团保护神，群体聚合的象征。在这样的氏神信仰下，人们为了祈愿共同体的稳定发展和自己及子孙的安全幸福，积极参加共同体组织的各种"祭"或"氏神讲"，而祭祀活动又反过来强化集团的权威和神圣性，使人们在个人与群体的关系上，束缚个人欲望而服从集团的意志，以免被实行"村八分"①。众所周知的日本人比其他民族具有更强的以群体为本位的价值取向，以及强烈的集团归属意识，应该说就是在这种氏神信仰的基础上形成的。这种群体本位价值取向和强烈的集团归属意识，使不少日本人对日本民族所犯下的侵略战争历史错误，很难正式公开进行决裂，即便有少数人站出来对其进行谴责和批评，也往往遭受到诸如"村八分"式的孤立。所以可以说，表示同意或者支持参拜靖国神社的人，未必都是不承认战争责任，而是多出于国家即民族、民族即国家的日本这种群体的归属意识。

（四）注重现世与日本人的现在主义

神道教的第四大特点是注重现世，认为现世比隐世更有价值。如果把时间坐标分为过去、现在和未来而进行价值判断的话，那么神道教属于强调"现在"的类型。神道教主张人死后由现世进入隐世，即成为神，但

---

① 日本国家统治权在于天皇的政治主张，与强调统治权在国家，天皇只是其最高权力机构的"天皇机关论"相对立。

其仍然是为现世的人而存在的，并没有佛教那种所谓"因果报应"之说。正如京都建勋神社祭奉的神——织田信长在镇压一向宗时所说"没有宇宙造物主，没有灵魂不灭，死后一切皆无"。加藤周一在考察了敦煌壁画上释迦牟尼像与法轮寺五重塔下的涅槃像（8世纪作品）后指出：敦煌释迦周围的人分为三层，上层的菩萨以平静的表情注视着释迦牟尼的死，没有任何悲痛，中层未得悟的弟子悲作一团，因为"释迦的死对于他们不是超越过去、现在、未来而趋于永远的解脱，而仅仅是彼此彼地的时间流动的一个点"，下层的异教徒则为佛敌之死欢喜雀跃。而诸如基于神道教思想而构造的法轮寺涅槃像，无论菩萨还是十大弟子，都围在释迦像周围悲痛，有的甚至仰天捶胸地哭嚎，并且与其他小教徒混在一起，共同为佛祖的死而悲痛，即一切都表现为现在的事情。[①] 日本神社的摆设和典仪，更是注重体现现在和现世。它所供奉的不是神像，而是一面镜子，称为"八咫镜"（与"草剃剑"和"八坂琼曲玉"一起，并称为"三种神器"），献给神的也是杨桐枝"玉串"以及五谷果品等物，而不是上香。镜子表示以现实的、清净的、真实的面目面对神；"玉"的日语发音与"灵（魂）"相同，表示要把真心献给神，达到人神相同；五谷果品表示感恩以祈求福禄，即都是强调现世和现在，代表了日本人极强的现世主义、现在主义意识和价值取向。这种偏重现世和现在的价值取向，一方面使他们不拘泥于过去的注意和原理，只要现实发生了变化，他们就会像"转换车次"[②] 一样，适应"现在"形势而转方向，为了现在可以淡化甚至忘记"过去"，特别是那些不光彩的"过去"。当不少日本人提出要尽快"告别战后"，战后成长起来的中青年中"以史为鉴，以史为戒"的意识淡漠，以及认为没有义务"背负老一辈战争责任"的思想流行，应该说与此不无关系。

（五）活神信仰与日本人的"义理观"

神道教的第五大特点是国家神道强调的神人同系、祭政一致和以崇拜天皇为主旨的"活神信仰"。在神道教派中占统治地位的国家神道，将太阳女神天照大神定为各氏族神的神祖，天皇为天照大神万世一系之子孙、

---

①　日本古代农村共同体内的一种生产活动中提供劳动和互相吃饭的交换性协同劳作和交流习俗，是地缘性氏神信仰形成的基础。

②　［美］露丝·本尼迪克特：《菊花与刀》（日文版），社会思想社1988年版。

各氏族守护神的最高首领、国家神道的最高神，并且是"现人神"。这种国家神道的主旨，在明治《大日本帝国宪法》中明文规定下来，赋予了天皇"神圣不可侵犯"，具有"总揽统治权"的绝对权威。再加上以忠君爱国为主旨的《教育敕语》的宣传教育，天皇成为日本民族、国体、国运的象征，人神一体的最高权威。在这种信仰形态和第二次世界大战结束前"天皇主权论"①的政体下，信仰天皇就是热爱所谓的"神国日本"，"忠于天皇即忠于民族和国家"。因此它使天皇无论在民治维新时期，还是在军国主义对外侵略的过程中，都成为了日本民族强大的精神支柱，由此也就形成了"忠德至上"的绝对性伦理价值观。

一般说来，绝对性伦理准则容易产生一神教文化的社会，而在多神教文化的社会则容易产生相对性伦理准则。例如在被称为一神教的伊斯兰教文化的伦理，它虽然有"顺从、坚韧、行善、施舍、中庸、安分、宽容"等道德准则，但是排在首位的是"顺从"，即顺从阿拉（真主）的意志是其最高伦理准则。而在被称为多神教国家的印度，虽说也有诸如"和谐、布施、不妄语、遵守种性制、不杀生"等道德准则，但是举不出一项像伊斯兰教社会中那样的绝对的伦理原则。然而在日本这个多神教的国家，国家神道却把对天皇"效忠"推到了其伦理价值体系的金字塔尖，无数日本人在"二战"中那样疯狂地去杀人，是为所谓"奉行圣志"，战败剖腹自杀也不是因为战争中的罪恶，而是因为使天皇蒙受了耻辱；一听《停战诏书》就乖乖投降，也是为了"体察陛下之心"；即使在天皇发布"人间宣言"，声明自己是人而不是"神"后，当时多数日本人仍然认为"战争责任不在天皇"。因为按照绝对伦理的原则，"即使君主有过错也是臣下辅佐不善所致"，宁可"一亿总忏悔"，也不让天皇负战争责任。直到1989年昭和天皇去世的民意调查中，认为天皇不该负战争责任的，仍占到60%的比例。因此我们不能不说日本"历史认识"问题至今日未能真正解决的症结之一，相当程度上就在于这种基于天皇崇拜的绝对性的义理原则。

但是在另一方面，神道教"人神"关系的互利性、基于"结缘"和"催和"习俗②的地缘姓氏信仰，以及没有严格教规的模糊性，又使日本

---

① 转译自加藤周一、木下顺二等编《日本文化的深层模式》，岩波书屋1993年版。
② 同上。

人的义理观具有了极大的相对性。一般信徒认为对概念神的崇拜能够得到精神上的"恩惠（慰藉）"，而对"活神"的崇拜则可期待换来实实在在的"恩惠"。裕仁天皇在日本刚战败时放下架子到麦克阿瑟那里为濒临饿死边缘的国民乞求粮食，可算是他对国民履行的"义理"，共同体内共同祭祀一尊地缘姓氏神者的互相帮助，也被视为"氏神"的恩惠。相对性的义理所遵循的伦理原则，并不在于事物和人的所作所为是否正义或为正义而尽义务，而是以他人与自己的恩情关系如何以及有无地缘和血缘关系确定是非原则。这极大地影响着日本人对内外事物的价值认定与是非标准的确立。按照这种伦理原则，虽然对于被侵略和被害国来说他们的侵略行为毫无疑问是非正义的和非人性的，但对日本来说却符合他们的"义理"。这种完全不分是非的相对性义理原则，应该说是在"活神信仰"大大淡化的今天仍然影响日本对侵略历史认识的一个重要因素。美国著名人类学家本尼迪克特称日本人的这种义理原则是"即使在世界所有怪异的道德义务范畴中也是最稀奇者之一"，日本当代著名社会学家中根千枝批评"日本人没有原则"，大概就是这种缘故。

三　结语

在当今全球化发展的大潮中，日本怎样才能走出这种基于上述神道信仰的"历史认识"误区呢？我们认为只有下决心反思本民族的文化传统，有意识地改造"缺乏国际化是非原则"的思维和价值判断模式，努力寻求与世界各国人民的共同性与普遍性，才能真正地"告别战后"，避免成为"世界孤儿"。诚然，日本要走出"历史认识"误区也离不开与被害国之间的换位思考、增强相互理解和交流。不言而喻，为了21世纪世界的和平与发展，为了使日本早日成为国际大家庭中的"正常一员"，我们作为研究日本文化的学者，既要对那场罪恶的战争表示深恶痛绝，坚持"以史为鉴"，同时又不要以义愤的宣泄代替对此问题进行学理层面的解析、梳理和理性思考，应该以面向全人类、面向未来的宽容的人文精神，帮助日本尽快走出"历史认识"误区。在当前世界经济逐渐一体化，国际通用原则日益普遍化的大趋势下，我们从神道所表现出的多元性思维和价值观模式以及基于现在本位主义的极强的应变性格等特征判断，可以认为日本离走出这一"历史认识"误区的时间不会太遥远了，只是"走出"的方式可能不同而已。

参考文献

古代日本农村共同体内实行的一种制度，其内容是全村村民对违反村约的人或者人家实行断绝来往和孤立，以示制裁。

语言与教学

基础英语新课标对《综合英语》教学的几点启示

祁喜鸿

摘要：本文从解读基础英语新课标的课程目标及理念出发，探讨了如何在英语专业《综合英语》课程教学中借鉴新课标的课程理念，通过树立全人教育思想、突出学生主体地位、融认知与情感于一体以及培养学生学习策略，达到提高学生的综合语言运用能力和促进学生全面发展的目的。

关键词：新课标；《综合英语》课程；教学

一　引言

作为一门核心课程和综合性课程，《综合英语》在英语专业基础阶段的所有课程中占有很大的比重，贯穿了大学一二年级整整四个学期。这门课程主要通过语言基础训练与篇章讲解分析，向学生传授系统的英语语言知识，培养和提高学生听、说、读、写、译等英语综合技能，与此同时该课程在提升学生的语言文化素养、培养学生的自主学习能力、帮助学生树立正确的人生观和世界观、促进学生全面成长方面也起着举足轻重的作用。本文拟参照在我国基础英语课程改革背景下研制的英语课程标准，对如何进行英语专业《综合英语》课程教学作一些探讨。

二　英语新课标及其课程理念解读

进入 21 世纪以来，随着全球化的迅猛发展，国与国之间在政治、经济、文化、技术等诸多领域的交流和合作日益加深，英语作为一门主要的世界通用语在我国受到了前所未有的重视。为了推进基础英语教育改革，我国相继于 2001 年发布《全日制义务教育普通高级中学英语课程标准（实验稿）》、于 2003 年发布《普通高中英语课程标准（实验）》、于 2011

年发布《义务教育英语课程标准（2011 年版）》。这些课程标准（以下统称新课标）作为规范和指导我国中小学英语教育的纲领性文件，从教学理念、培养目标、课程内容、教学方法等方面作了全新的界定。

新课标规定，基础教育阶段英语课程的总体目标是培养学生的综合语言运用能力，而综合语言运用能力的形成必须建立在学生认知、情感、思想、行为等整体发展的基础之上，具体涉及语言知识、语言技能、情感态度、学习策略和文化意识等五个方面。其中"语言知识和语言技能是综合语言运用能力的基础，文化意识是得体运用语言的保证，情感态度是影响学生学习和发展的重要因素，学习策略是提高学习效率、发展自主学习能力的保证"（教育部，2001：8）。这五个方面共同促进学生综合语言运用能力的形成，发展学生的思维，提高学生的综合人文素养。

语言知识是语言能力的有机组成部分，是发展语言技能的基础。新课标的创新之处在于把话题和功能纳入了语言知识系统中，要求在教学中避免以语法为纲或者结构为纲，而应该以话题或者功能为主线，将语音、语法、词汇、句子结构等融入其中展开学习任务。语言是交际的工具，学生的听、说、读、写等语言技能在学习和交际中是相辅相成、相互促进的。新课标要求，教师在教学中应该尽量创设真实的情景、设计有意义的语言活动，不仅给学生提供大量接触语言的机会，也要提供大量的语言使用机会，使学生在实践中提高综合语言技能。新课标也关注到了学生的情感态度如兴趣、动机、自信心、意志、合作意识等对其学习效果的影响，要求教师在语言教学中不断激发和强化学生的学习兴趣，使其形成良好的学习动机，帮助其克服消极情感因素，通过建立团结合作、相互支持的人际关系提高学生的学习效果。此外，新课标下的语言教学不再是传统的"填鸭式"教学，而是要求学生进行主动学习，所以在教学过程中教师要帮助学生有效地使用认知策略、调控策略、交际策略和资源策略等不同的学习策略，积极采用不同的方法处理学习内容，学会自主学习。与此同时，语言教学不能脱离文化背景。语言是文化不可或缺的一部分，也是文化的主要载体。新课标要求教师在教学中引导学生在语言学习中有意识地比较不同文化的差异，在加深对本族文化认识的基础上培养国际意识，提高跨文化交际能力。

从以上分析可以看出，新课标的课程目标遵循"以人为本"的教育思想，突出了英语课程的工具性和人文性双重性质。英语课程不仅要关注学生的语言知识学习和语言技能训练，还要重视对学生学习策略的培养和人文素质的提升，以促进学生的全面发展及终身发展。新课标强调要在教学中突出学生的主体地位，倡导采取灵活多样的教学方法让学生真正地参与到教学过程中，提高其综合语言运用能力，同时让学生通过积极的情感体验养成正确的价值观、人生观和世界观。

三　对《综合英语》教学的启示

《综合英语》课程作为英语专业学生的一门专业主干基础课，以培养学生的综合语言运用能力为目标。然而现行的许多《综合英语》教学仍在沿袭传统的课堂教学模式，教师的讲解占用了大部分课堂时间，教师依然是课堂教学活动的中心，教学观念上依然重视知识的传授、忽视学生交际能力的培养，学生参与课堂语言实践活动比较少，这种做法难以全面提高学生的英语语言应用能力和综合素质，而且从根本上背离了现代英语教学的本质。因此，《综合英语》课程的任课教师需要更新教学理念、对自己教学过程和教学方法加以反思、进行课堂教学改革。

由于教学目标的多元性和课程性质的综合性，《综合英语》课程的编排体系和教学模块与我国基础教育阶段的英语课程极为相似。因此将基础英语新课标的课程理念运用到《综合英语》课程教学中既有现实可行性也有很强的指导意义。下面就基础英语新课标课程理念对《综合英语》课程教学带来的一些启示作一一探讨。

（一）树立全人教育思想

语言是人类进行思维和交流的重要工具，对思维方式和思维角度的发展起促进作用（程晓堂，2004：4）。学习外语能促进人的全面发展。由此来看，英语学习并不是工具性的模仿和记忆，英语课程应该关注学生作为个人主体的需求。英语新课标彰显了英语学习对促进学生的全面发展的重要意义，体现了以人为本、全人教育的精神实质。在《综合英语》课程教学中，教师应该了解学生的心理需求、性格、意愿等主观条件，关注学生的情感、态度和价值观，帮助他们形成有效的学习策略和敏锐的跨文化意识，根据实用性和可操作性原则对教学内容进行筛选，在此基础上设计有意义的教学活动，激发学生的求知欲望和学习动机，从知、情、意、行等多个层面出发，在帮助学生掌握语言知识、提高语言技能的同时，培养其独立学习和与他人合作的能力，促进其心智、情感、态度与价值观的发展，提高他们的综合人文素养，促进他们的全面发展。

（二）突出学生的主体地位

课堂教学是教师的"教"与学生的"学"共同构成的活动。英语新课标提倡"以学生为主体，以教师为主导"的课堂教学理念，改变以往"教"占主导地位、"学"占次要地位的教学观念，尊重学生的主体地位，引导学生提高自己的主体意识，发挥自主学习能力。《高等学校英语专业英语教学大纲》中也指出：课堂教学应以学生为主体、教师为主导，在教学中要多开展形式多样的教学活动，激发学生的学习动机，最大限度地让学生参与学习的全过程（高等学校外语专业教学指导委员会英语组，2000：13）。英语是一门实践性、操作性很强的学科，学生要掌握英语基本知识、提高语言基本技能，就要不断地进行交流和实践。传统的教师讲学生听、由教师主导课堂的教学模式会严重抑制学生的学习兴趣。因此，《综合英语》教学也应该"从以教师为中心的教学方式向以学生为中心的教学方式转变；从传授知识的教学方式向探究知识、发展能力的教学方式转变"（程晓堂，2004：7），应该通过任务或活动的开展而不是单纯的知识讲授来培养学生的英语应用能力。在教学中应该采取任务法、体验法、探究法、合作法、情境法等多种教学手段，针对不同教学内容和话题设计不同类型的任务，促使学生进行小组合作，进行有意义的交互活动，尽最大可能让学生参与学习的全过程，突出学生的体验、讨论、探究、互动、合作等实践活动，通过实践，充分调动学生的学习兴趣，激发学生的学习动机，使学生切实体会到自己努力的效果，鼓舞他们更加积极主动地学习。与此同时，教师应注意加强对学生自主学习的督导，指导学生制订科学的、切实可行的自主学习计划，引导学生利用计算机网络等资源从事自主探究活动，主动获取知识，强化自主学习意识，提高自主学习能力。

（三）融认知和情感于一体

教学活动是师生双方共同参与的认知过程和人际交往过程，这一过程中既有认知信息的传递与加工，也有情感信息的交流与体验。认知和情感并不是学习过程中的两个对立面，而是相辅相成的统一体，完整而有效的教学应该是认知和情感完全交融的过程。情感对认知活动会产生一系列的影响。学生的情绪会直接影响他们的学习行为和学习结果，消极的情感如焦虑、害怕、紧张、沮丧、厌恶等都会影响学习潜能的正常发挥，而积极的情感如自尊、自信、愉快、强烈的动机等能创造有利于学习的心理状态。解决语言学习中的情感问题有助于提高语言学习效果。英语新课标将情感态度作为教学目标的重要任务之一，强调了非智力因素在语言教学中的重要性，符合现代教育理念。对英语专业本科生来说，《综合英语》课堂是他们与任课教师接触机会最多、时间最久、最能培养师生情感的一个重要场所。因此，《综合英语》教师应该充分发挥情感的积极作用，通过关注学生的情感提高语言教学的效果。教师应该尽最大可能为学生创设一个宽松、和谐、欢快的课堂气氛，帮助学生建立良好的自信心，积极思考，克服畏惧心理，让学生处于快乐、饱满、振奋的情绪状态中，使学生从内心产生积极主动参与课堂教学的热情和勇气，从而保证语言交流和实践活动的顺利进行，做到情感与认知的和谐统一。同时通过语言教学，教师也能帮助学生培养积极、健康的情感，减轻消极情感可能对教学带来的负面影响，不断激发和强化学生的学习兴趣，建立团结合作、相互支持的人际关系，养成良好的个人品格。

（四）注重培养学生的学习策略

从现代教育研究的观点来看，学习成效如何在很大程度上取决于学习主体，即学生的学习过程。而学习成效和学习策略之间有着密切的联系。策略运用的不同会造成语言学习效果的显著差异。在英语课程中，帮助学生有效地使用学习策略，不仅能够让他们采用科学的方法提高学习效率，而且还有助于他们形成自主学习能力，为终身学习奠定基础。由此可见，学习策略的培养实际上是培养学生的可持续发展能力。英语新课标把学习策略列为英语课程目标之一，并主张把学习策略的培养渗透到教学之中，在教学过程中训练学生的学习策略，提高他们的学习能力，特别是独立自主学习的能力。作为一门综合性课程，《综合英语》课程内容庞杂、涉及面广，要求学生具备很强的学习能力。而许多大学一二年级的学生尚不具备使用良好的学习策略来控制学习过程、把握学习方向、调整学习进度、提高学习效率的能力。所以在教学中，教师要有意识地培养学生的学习策略，帮助学生对学习方法和学习内容进行沟通，为他们提供必要的指导和咨询，训练学生学会自我调整学习策略，学会自我反思和监控，提高学习策略水平，学会学习，掌握自主学习能力。

四 结语

综上所述，基础英语新课标所蕴含的先进的课程理念反映了当今时代对英语教育价值的新认识。英语学习不仅是为了提高学生的英语语言知识和技能，还能促进学生认知、思维、情感、价值观、人文素养等的提高，能够促进学生的全面发展。《综合英语》课程作为英语专业学生的一门主要的基础课程，对培养学生的英语语言综合应用能力和提高学生的整体素质起着不可忽视的作用。以新课标的课程理念为指引，在《综合英语》课程教学中有意识地强化学生的主体地位、帮助学生发展学习策略、提高学生的自主学习能力、以情优教，将语言教学和素质教育结合起来，促进学生的全面发展，必定能够使教学活动的方方面面得到实质性的提升。因此，将基础英语新课标的课程理念融入《综合英语》课程的教学实践中，不仅具有很强的可操作性而且具有非常重要的现实意义。

参考文献

程晓堂：《普通高中英语课程标准（实验）解读》，《基础英语教育》2004 年第 3 期。

程晓堂、但巍：《基础教育阶段英语课程的核心理念解读》，《课程·教材·教法》2012 年第 3 期。

高等学校外语专业教学指导委员会英语组：《高等学校英语专业英语教学大纲》，外语教学与研究出版社 2000 年版。

教育部：《基础教育课程改革纲要（试行）》，《中国教育报》2001 年 7 月 27 日。

教育部：《全日制义务教育普通高级中学英语课程标准（实验稿）》，北京师范大学出版社 2001 年版。

教育部：《普通高中英语课程标准（实验）》，人民教育出版社 2003 年版。

教育部：《义务教育英语课程标准（2011 年版）》，北京师范大学出版社 2012 年版。

罗忠民、何高大：《外语新课程教学论》，南京大学出版社 2011 年版。

田世国：《实用英语教育学》，中国人民大学出版社 2011 年版。

王蔷：《英语教学法教程》，高等教育出版社 2000 年版。

网络环境下"任务链"教学设计在互动合作学习中的实证研究①

郭瑞芝　郭彦芝

摘要：语言学习的基本功能是使互动和交流成为可能，否则语言学习就失去了意义。本文在交际教学理念的支撑下，合理利用网络学习资源，进行环环相扣的"任务链"教学设计，采用互动交流合作的教学模式，对高校英语专业课程进行了教学实证研究。研究结果证明：这种整合教学模式逐渐使学生学会了用英语做事，有效提高了学生的综合语言运用能力，调动了学习兴趣和动机，培养了合作学习能力。

关键词：多媒体学习资源；"任务链"；互动合作学习；英语教学

一　引言

语言的基本功能是使人与人之间的互动和交流成为可能，这种交流形式既包括口语交流，也包括书面语交流。中国由于长期受应试教育的影响，学校和教师在基础教育阶段忙于训练学生的应试能力，而疏于对学生英语交流能力的培养，导致大部分学生英语口语和书面语交流水平都没有达到现实生活的实际要求。进入高等教育阶段以后，学生在口语交流方面普遍暴露出了问题和不足。

笔者所在学校受地域和生源影响，"高分低能、哑巴英语"仍然是大多数学生入校时的一个显著特点。尽管已学习英语多年，但在中学应试教育的压力下，学生语言交际能力较弱，即使已具备了一定的读写能力，但很难用流畅而恰当的语言输出所学知识，在实际语言交流时常常不知所措、陷于困境。语言首先是交流工具，如果不能实现交流目的，那么语言的学习就失去了意义。如何重视培养并有效提高学生的语言交流能力成为

---

① 本文得到陕西师范大学 2012 年重点教学改革研究项目（项目编号：884408）资助。

高校英语教师面临的一个严峻挑战。

笔者利用高校英语专业的部分课程对英语专业学生进行了为期近一年半的实证研究，主要研究如何在交际教学理念指导下，在网络教学环境中，合理利用多媒体网络资源，遵循"以学生为主体，以教师为主导"的教学原则，采用互动合作教学模式实施任务型教学，进行"任务链"教学设计活动，帮助学生有效完成各项任务，培养学生的英语输入与输出能力，使其口语交流能力、书面语交流能力等综合语言运用能力得到有效提高。

二 理论基础

任务型教学（Task-Based Language Teaching，TBLT）在 20 世纪 80 年代由印度语言学家普拉布（Prabhu）首次提出，他认为通过设计有意义的交际型任务，让学生在互动交流中完成任务，即在"做中学"（learning by doing），可以培养学生的自主学习能力，提高语言交流能力，而且能够激发学生的学习兴趣和动机，养成良好的学习习惯，使学生树立自信心。任务型教学理念指出，英语学习过程中交流与互动远比准确和流畅重要，倡导学习者"用语言做事"，"完成任务是首要考虑"，在积极参与活动中掌握目的语（Prabhu，1987）。

戴维·努南（David Nunan，1991）指出任务型教学是语言课程设计的方法，它不是语言学项目的罗列，而是一系列任务的集合，其教学的实质是为学生设计具体可操作性强的任务以便让他们体验在模拟的真实生活中使用语言。他也提供了交际型任务的框架，如目标、输入、教师的作用及学生的呈现效果。语言学家斯凯恩（Skehan，2003）认为任务需要解决的是交流问题，任务本身与真实世界的活动息息相关。

迈克尔·朗（Michael Long，1985）提出的互动假说（Interaction Hypothesis）认为，在完成任务的过程中，学习者需要相互交流来交换信息。在传递和接收信息的过程中，他们应该关注对方所表达的信息，而且准确恰当地表达自己。通过互动交流，学习者输入信息并及时反馈，从而提高语言能力。克鲁克斯和格拉斯（Crookes and Grass，1993）也认为，学习语言最好的方式是互动交流。互动交流能够有效地进行语言输入与输出，学习者通过"意义沟通"（negotiation of meaning），不断调整、改进输出的信息，同时不断接收新的语言信息，语言能力在此过程中得到了提高。

社会语言学家海姆斯（D. H. Hymes）早在 1972 年就已提出"交际能力"理论，指出交际能力是指一个人对潜在的语言知识和能力的运用。理查德和罗杰斯（Richards and Rodgers，2001）认为语言是表达意义的系统；语言的基本功能是使人与人之间的互动和交流成为可能。交际语言教学（CLT）强调，互动既是语言学习的手段，也是语言学习的终极目标。戴维·努南（1991）认为，任务型语言教学是交际语言教学哲学思想在课程中的具体体现。他提出，交际语言教学在课堂上应以同伴与小组协商合作的方式进行；其特点之一是试图将课堂语言学习与课外语言活动密切结合起来。

里弗斯（Rivers，1987）认为，"互动"不仅是发出和接收信息，而且是一个相互合作的过程。交流本质上始于互动，因此互动对交流至关重要，二者其实密不可分。在互动交流中，学习者要有较强的合作意识和协作精神。"群体动力理论"是 20 世纪初出现的，其先驱之一卡夫卡（Kafka）提出合作精神即团队精神的重要性（王坦，2001）。合作学习的主要优势在于：第一，在合作学习中，一项复杂的学习任务被分成若干小型任务之后就会变得易于完成；第二，合作学习有利于学习者深入思考，成员之间可以相互学习、取长补短；第三，合作学习可以促进创造性思维，帮助学习者产生新观点和新方法；第四，合作学习能够带来满足感，更能增强人际交流的吸引力。

随着信息技术的迅猛发展，网络多媒体学习资源越来越广泛地运用到英语教学中，将多媒体辅助教学手段有机整合到英语专业教学中，使学习者置身于文字资料、声频、视频等多渠道、多维度的网络学习环境中，不仅能培养学习兴趣和学习动机，而且学生的综合语言学习能力也会随之得到提高。借助多媒体网络学习资源如信息丰富的电子图书馆、官方学习网站等有助于实现基于完成任务的互动式合作学习。教师可以将学生分成兴趣小组，要求他们选择与教学内容相关的专题，利用可得到的资源，通过搜寻、综合、分析、评估来建构知识，充分展示自身的独创性和想象力。这种现代技术支持的合作学习可以跨越课堂而更具广度、深度以及灵活性（和强，2007）。

三 "任务链"教学设计的实证研究

这项研究在英语专业部分基础课程中展开，研究时长将近三个学期。

研究试图整合以上教学理念、教学方法及手段，在网络教学环境下以互动合作交流为手段进行"任务链"教学设计，实现"课外作业＋课本知识＋网络资源"为主要教学内容的资源最大化、最优化利用。具体来说，"任务链"教学设计包括三大环节：课前教学任务准备；课堂教学任务实施；课后教学任务反思。

1. 课前教学任务准备

（1）教师合作备课环节。教师互动交流合作教学、共同准备教案。讲授同一门课程的教师以教材为教学线索，合理利用多媒体网络学习资源，通过协商合作，将优选的教学内容与相关多媒体学习资源有机结合起来，尽可能设计出具体可行的学习任务，制作成信息容量丰富而又生动形象的多媒体课件。作为"任务链"中的第一个环节，教师共同备课是顺利实施教学任务的先决条件。

（2）学生独立与合作相结合的学习方式。学生首先按教师要求将教材内容以专题报告的形式呈现出来，这项学习任务由学生独立完成。专题报告不仅要求学生熟悉课本知识，而且促使学生借助网络学习资源有效完成学习任务。与此同时，学生需要完成教师根据课堂教学内容设计的相关作业如学习提纲、视频资源以及相关讨论题，这项任务由学生合作完成。学生课前准备环节将直接决定他们能否在课堂教学中有效输入和输出学习信息。

2. 课堂教学任务实施（主要包括三个环节）

（1）学生完成互动式 Duty Report 环节。要求学生对课前完成的专题报告以多媒体课件的形式进行呈现并讲解，同时准备相关讨论题进行生生互动、师生互动，以双向互动交流的方式帮助大家了解专题报告内容。在此期间，教师在互动交流中发挥引导作用，目的是帮助学生更好地了解报告内容。学生报告结束之际由教师进行总结并作点评，然后自然过渡到下一个任务环节。学生报告环节是为下一个授课环节作必要准备。

（2）教师完成授课环节。教师一贯遵循"以学生为主体，以教师为主导"的教学理念，对师生各自所应充当的角色作好定位，既避免课堂出现教师主动灌输知识、学生被动接受知识的教学模式，也避免出现完全放手且学习目标不明确的自主学习模式，因为任何一种模式的过度使用都会影响教学效果。

教师的任务重在引导，发挥穿针引线的作用，对授课内容进行重点讲授，设计灵活多样的问题，不仅与学生形成直接互动完成任务，而且鼓励学生以小组为单位合作讨论，教师也融入小组讨论之中，促进课堂交流的顺利进行，与学生产生"头脑风暴"，共同解决问题，从而完成任务。教师通常活动在学生中间，创设宽松的学习氛围，与学生拉近距离，这样有助于他们在完成学习任务时克服心理焦虑，在心情放松的学习环境中更有利于拓宽思路、顺利输入和输出学习信息。

（3）学生课后巩固环节。学生在有限的课堂时间内接收大量学习信息是具有挑战性的，若要做到理解、掌握并长时记忆还需要在课后继续巩固直到完全"吸收消化"。因此，教师要求学生以合作学习的方式讨论所学知识，然后以书面形式完成课堂讨论题、观看视频学习资源等相关作业来进行学习反馈。

3. 课后教学任务反思

在每次授课结束之后，主讲教师主要通过两个环节验证教学并改进教学。

（1）教师的教学反思。首先，定期见面或以邮件、电话方式讨论备课教案的长处和不足，提出改进方案和可行性建议，保证下一次授课的顺利和有效进行。其次，主讲教师之间相互听课，提出合理授课建议，在教学上相互促进。

（2）对学生学习效果的验证。首先，不定期随机访谈部分学生，听取学生的学习反馈意见。其次，通过课堂观察验证该研究的有效性。此外，在每学期实证研究结束之际，通过访谈、问卷形式继续进行验证。最后，采用形成性评价手段（包括课堂互动式 Duty Report 成绩、书面作业成绩、期末成绩）相对客观地验证教学的有效性。

笔者近年来一直尝试在交际教学理念支撑下，通过互动合作交流进行教学实践，效果比较显著。在近一年半的时间里，笔者又尝试将网络资源有机地融入教学中，并且整合教师资源、教学资源和教学方法。具体来说，课前与课后实施教师合作教学、学生合作学习；课中创设平等和谐的教学环境，引导学生学会用语言做事，培养学生的语言交流水平，真正实现英语学习的目标。任务型教学法是建立在交际教学理念基础之上的，倡导学生合作探究、互动交流，主动参与学习过程，学会自主学习、独立思考，改变被动学习状态，最终成为主动学习者。

近三个学期的实证研究结果证明，网络环境下的整合教学模式优于以往相对单一的教学模式，其中教师的互动合作备课、网络资源的合理运用是达到预期研究结果的前提条件；课堂教学方法的灵活运用和适度把握是有效完成各项教学任务的关键；课后的教学反思确保了今后教学方法的进一步改进和完善。

四　结语

网络环境下的"任务链"教学设计从学生实际出发，采用互动合作的教学方法和手段在实证研究中证明是行之有效的。教师合作备课环节合理利用多媒体网络学习资源，在课堂上呈现给学生的多媒体课件不仅信息量大，而且配合丰富的视频学习资源，各项任务的设计尽可能环环相扣；与此同时，学生课外利用网络资源进行的合作学习对课堂教学起到了相辅相成的作用。课堂教学充分采用师生互动、生生互动的合作交流模式促进了教学。课后教学任务反思对教学方法的进一步优化发挥了重要作用。这种整合教学模式既调动了学生的学习兴趣和动机，也培养了合作学习的意识和能力，学生的口语交流和书面语交流等综合语言运用能力得到了明显提高，学生开始从真正意义上了解英语学习的目的，逐渐学习用英语做事而非"作秀"，开始在这个渐进而艰辛的学习过程中感受进步的快乐。

这项实证研究虽然取得了一些成效，但也不可避免地存在一些问题。例如对学生课外合作学习缺乏有效的监督；对个别英语基础薄弱且性格过于内向的学生，该研究的教学效果还不十分明显。然而，从目前所取得的教学成效来看，笔者认为，在网络环境下的互动合作教学在未来的教学实践中具有更加广泛和长期深入研究的价值。

参考文献

Hymes, D. H., "On Communicative Competence", In J. B. Pride and J. Holmes (Eds.), *Sociolinguistics*, London: Penguin, 1972, pp. 269 – 293.

Long, M. ichael, "Input and Second Language Acquisition Theory", In S. Cass & C. Madden (Eds.), *Lnput in Second Language Acquisition*, Rowley, Mass: Newbury House, 1985, pp. 377 – 393.

Nunan, David, *Designing Tasks for the Communicative Classroom*, Cambridge University Press, 1991.

Crookes, G., S. M. Grass, *Tasks in a Pedagogical Context: Integrating Theory and Practice*, Frankfurt Lodge: Multilingual Matters, 1993, pp. 69 – 96.

Prabhu, N. S., *Second Language Pedagogy*, Oxford University Press, 1987.

Richards, J. C. & Rodgers, T. S., *Approaches and Methods in Language Teaching*, Cambridge: Cambridge University Press, 2001.

Rivers, M. Wilga, *Interactive Language Teaching*, Cambridge: Cambridge University Press, 1987.

Skehan, P., *Task-based Instruction*, Cambridge: Cambridge University Press, 2003.

程可拉:《任务型外语学习研究》,广东高等教育出版社 2006 年版。

和强:《互动假说与合作学习对高校英语教学的启示》,《语文学刊》(高教外文版) 2007 年第 4 期。

龚亚夫、罗少茜:《任务型语言教学》,人民教育出版社 2003 年版。

郭瑞芝、郭彦芝:《互动式 Duty Report 在英语教学中的文化意义》,张京鱼主编《跨语言文化研究》第 1 辑,中国社会科学出版社 2010 年版。

郭瑞芝、郭彦芝:《任务型教学法在交际教学环境中的应用》,载张京鱼主编《跨语言文化研究》第 3 辑,中国社会科学出版社 2011 年版。

王笃勤:《英语教学策略论》,外语教学与研究出版社 2002 年版。

王坦:《合作学习的理念与实施》,教育科学出版社 2001 年版。

魏永红:《任务型外语教学研究》,华东师范大学出版社 2004 年版。

赵飞、邹为诚:《互动假说的理论构建》,《外语教学理论与实践》2009 年第 2 期。

基于 Blackboard 平台的《综合俄语》网络课程建设[①]

吴鑫羽　苏　慧　尹　琪

摘要：本文从俄语专业发展现状、Blackboard 平台和网络课程设计三方面介绍了《综合俄语》网络课程建设的必要性、可行性、优势、建设理念及具体实施计划。作者认为，俄语专业课程的网络化建设将书写国内俄语专业发展的新篇章。

关键词：综合俄语；俄语教学；Blackboard 教学平台；网络课程建设

一　引言

随着中俄全面战略协作伙伴关系的进一步确立，两国之间的合作领域正全方位、多层次地展开，人文交流也渐进深入，市场对俄语人才的需求持续增长。随着俄语专业就业率的攀升，一方面，高等院校俄语专业自身的发展速度空前提升，从 2005 年到 2013 年，开设俄语专业的院校从 91 个增加到 137 个（钟美荪等，2014）；另一方面，俄语专业也受到了高考生及家长的热烈追捧。俄语教育一跃成为全社会的焦点，迎来了自身的广阔发展空间和机遇。

高等院校俄语专业是俄语教育的主要组成部分，是培养高级俄语人才的重要机构，也是国家俄语教育责任的主要承担者。国际形势和市场需求特点使得今后高等院校俄语专业的发展日益理性化、稳定化和规模化。教育部杜玉波副司长在新一届教学指导委员会成立的讲话中所着重指出："高等教育的突出问题之一在于：高校自主办学和自我管理的能力与建设

---

① 本文是教育部留学回国人员项目《基于心智概念模型的俄语课堂教学过程优化研究》；陕西师范大学第二批信息化示范课程项目《综合俄语》；陕西师范大学 2014 年大学生创新创业训练计划项目《心智概念模型创建及其在俄语教学实践中的应用研究》的阶段性成果。

现代大学制度的要求有差距。"（钟美荪等，2014）高教司刘贵芹副司长，在她所概括的下一阶段外语类专业深化改革的六个"以"中，也将"以改进教学方法为重点"及"以创新人才培养模式为突破口"列入重中之重（钟美荪等，2014）。这说明如何应用现代化教学手段改善教学方法，如何运用现代化思想建立创新俄语人才的培养模式，如何结合上述两点优化高校自主办学和自我管理能力是高等院校俄语专业发展的努力方向和必然趋势。

此外，当下高校俄语专业教学所面临的问题诸多，如：扩招导致的班级学生数量已由十年前的 20 人左右增至 30 人，甚或 40 人、50 人。这种班级规模即使在目标语言国都无法达到良好的教学效果，在国内则更是弊端难免。教育水平严重缩水，受教育者质疑颇多。再如：俄语专业教师的供应不足，使得在岗教师课时量增多、教学压力增大，同时，疲惫作业下的教学质量也进一步下滑。改善教学方法、教学模式，势在必行！

何种手段的介入可以改善俄语教育的环境问题、资源问题，能建立因材施教的"私人定制"模式？——网络！

二　关于 blackboard 教学平台

（一）Blackboard 教学平台简介

Blackboard 平台是由赛尔网络与美国 Blackboard 公司专为教育机构共同研发的基于网络学习环境理念，综合全球各类院校实际需求，融入数字化学习经验的网络教学平台。同时是一套专门用于加强网络教学、辅助课堂教学并提供互动、交流的网络教学平台。它也是目前市场上唯一支持百万级用户的教学平台，在全球占有一半以上的市场份额，有超过 3700 所高校在使用，截至 2009 年 10 月，我国的高校使用数额已超过 200 所（叶晓辉，2011）。

Blackboard 平台由教学管理平台、资源管理平台、门户社区平台三部分组成。教学管理平台支持网络教学平台的核心功能，用于加强网络教学、补充课堂教学，并提供相应的互动、交流和评价。资源管理平台是教师素材的汇聚平台，是教师上传及学生下载各类文字和影音文件的重要渠道，同时提供各种文件管理工具，并具备强大的分享与发现功能，所有登录者可通过该平台无限制利用和分享资源。门户社区平台是为实现以上两个平台之间便利协作的"中介"平台。可通过设定不同的机构群体实现个性化设计，并贯穿于教学管理平台和资源管理平台之间，使他们的功能得到更大的发挥（董秀蕾，2012）。

（二）Blackboard 教学平台特色

Blackboard 平台的广泛应用，首先取决于它易于应用。Blackboard 平台具有易用性高、个性功能强和后台监控性能完善等特点。举例说明：首先，该平台所提供的界面很直观、工具易操作，教师无须学习复杂的程序语言，在熟练使用浏览器、邮箱的条件下，就能够快捷创建、管理网络课程；其次，教师对界面和课程在形式和内容的设置上都具有自主权，可以充分地实现个性化教学；再次，平台所提供的 API 接口便于教师根据课程需要添加新组件、新程序，同时，在监控功能的帮助下，教师能够掌握学生对教学资源的访问及相互互动情况，并及时调整在线课程设置；最后，平台支持 SCORM 和 ISM 等资源包的导入，利于平台资源便捷传输和高效共享的同时，有助于校际之间搭建协同网络。

同时，其主要特色也对平台的应用提出相应问题：（1）在教学资源极大丰富化，且形式多样化的条件下，学习资源的设置是否合理，能否激发学生的学习自主性及学习兴趣？（2）如果教师对学生学习效果及知识、技能掌握程度的了解能够细节化、量化，那教师在此过程中，是只起到监控学习的作用，还是能够发现学生在学习和学习习惯上的问题，并通过调整对课程资源及拓展内容的设置，进一步改良教学及培养模式？（3）平台的应用有利于学生之间彼此协作，促进反思及对专业的深入探究，那教师能否及时加入讨论，给出积极的反馈意见？能否布置有利于深入学习的讨论题目？能否在讨论后给学生提供更丰富的学习空间？

（三）Blackboard 教学平台的应用理念

基于 Blackboard 平台的《综合俄语》课程建设所应用的是心理学家皮亚杰的建构主义理论。"建构主义理论认为知识不是被动接受的，而是认知主体积极建构的：知识是学习者在一定的情境下，借助其他人的帮助，即通过人际间的协作交流，利用必要的学习资料，通过建构意义的方式而获得的。也就是说，知识的获取过程是意义的建构过程，在这个过程中学习者是认知的主体，借助自己已有的知识和经验来认知和掌握新知识。"（刘娟，2006）建构主义为我们明晰了学习的过程，即有效的学习过程是学习者积极获取的过程，在此过程中，学习者先进行知识的获取，而后结合过去的积累进行反思，知识与技能是反思所得。Blackboard 平台是该教学过程实现的良好途径。因为，数字化平台一方面打破了传统的知识承载模式，能够传递多形式、生动的教学内容，同时使教学和学习过程都脱离了历史的时、空局限，更为重要的是，新模式改变了"学习"的"固有属性"——课堂、灌输、教条、枯燥、题海、陈旧等，从而形成大数据信息化时代下的"学习"新概念——兴趣产生、渴求、主动获取、积极探求、深入反思、跨界广泛应用。而 Blackboard 平台的特性无疑为此提供了可能。Blackboard 是基于教学原理所设计的，融学生、教师、学习内容、教学思想、互联网为一体的有机平台。凭借自身的特色优势，以教学目的为导向，教学内容为基础，实施并优化教师所设计的教学过程，为学生提供良好的学习平台，同时为师生、生生协作互动提供支持和保障，对学生的知识建构和技能生成起积极的主导和促进作用。

三　《综合俄语》网络课程设计（教学内容、网络支撑环境）

可有效运作的网络课程应该有兼顾"教"与"学"的教学设计。对课程定位、学习动机激励，学习目标，学习向导，组织结构，教学交互、练习、实践及学习评价的合理设置，有利于有效学习的积极生成。为此，《综合俄语》的教学设计需从以下几方面进行。

（一）课程定位

《综合俄语》网络课程所针对的是高等院校 1—2 年级俄语专业本科生。其中，《综合俄语》（一）所授对象为无俄语语言基础的学习者；《综合俄语》（二）的对象为对俄语语言规范有一定掌握的学习者；《综合俄语》（三）的对象为能就日常题目进行简单对话及表述的学习者；《综合俄语》（四）的对象为能借助词典阅读并理解相对复杂（词法、句法）的俄语文献的学习者。

（二）学习目标

从总括、分述两层级，以体系内容、学时、知识模块为基础，人才培养、社会需求为导向进行学习目标建设。

1. 基本情况

《综合俄语》是由《综合俄语》（一）、（二）、（三）、（四）所组成的系列课程，属俄语专业基础课，是俄语专业一二年级同学的必修课。总学时为 608 学时。其中，基础语音导论：64 学时；基础学习阶段：140 学

时；提高学习阶段：220 学时；练习：152（2 学时/周）学时；实践：32
（2 学时/月）学时。

2. 三大知识模块

模块一：基础语音导论部分，主要包括：字母、元音、辅音（清辅
音、浊辅音，硬辅音、软辅音）、语音特点、移行规则、音节、词的节
律、重音、调型、浊辅音清化、清辅音浊化、拼读规则；模块二：基础学
习阶段，主要包括以下主题：人物介绍、学校介绍、图书馆、未来的工
作、假期计划、相识、家庭、学习、工作日、做客、运动、城市交通、天
气气候、休息、电话用语、看医生、购物；模块三：提高学习阶段，主题
内容：外貌、性格、兴趣爱好、旅行、图书馆书籍、互联网、外语学习、
多媒体、餐厅文化、博物馆和展览、剧院和戏剧、节日、莫斯科、俄罗斯
高等教育、孔子及其思想、网络与生活、宇宙开发、人与自然、人与文
化、文学作品（《俄罗斯人的性格》、《石头花》、《考试》、《芬兰纱袜》）。

3. 课程重点

对学习者在俄语语言基础方面词汇、语句、篇章在听、说、读、写方
面能力的培养；课程难点：学生俄语语言交际能力，以及跨文化意识的培
养；解决方法：提升学生的专业兴趣和自学能力，培养并完善自主学习习
惯，有效结合 Blackboard 平台优势和互联网特色，培养学习者的用户习
惯，积极开展基于专业的网上拓展实践。

（三）设计向导

基于维果斯基的最近发展区理论，设计学生由现有水平向可能发展水
平转变的激发机制。运用心理学家凯勒（Keller）所提出的 ARCS 动机模
型将动机激励设计从"注意"、"相关"、"自信"和"满意"四部分展开
（张敬环，2005）。"注意"是对网络课程界面及课程内容呈现的要求，由
于 Blackboard 平台自身的总体界面框架较为固定，只能在一定范围内进行
个性化设置，故应遵循：主次分明，重点凸显；设计灵活，功能完善；色
彩和谐统一。"相关"是网络课程信息与学生自身及潜在的需求与发展之
间的关联性。以交互为理念，形成互联网上的学习生活体验区；建立除电
子邮件、通知栏、讨论板以外的，诸如：即时课堂（师生同时在线，实
现在线教学）、时时在线（对学生学习中出现的问题进行及时解答，解答
以跟帖形式呈现，老师作为管理员将发帖置顶，可以对回复的答案予以更
正，也可以直接给出正确答案）、情景模拟（老师给出主题，设置情景，

学生以传语音和视频的模式在不同点作答，作答结果公开，可供其他答题者查看）、堂下交流吧（大型学生互动吧，以学生们组织的线上、线下学习活动为主）等交互模块。"自信"即对本课程学习的自信。主要源于两点：一、对课程兴趣的提升。这一点应从课程的网络设计入手，结合学生的个性化特点和需求。二、对学习过程和结果的可知与可见。不仅教师需要知道学生的学习动态和成果，学生本人对自身学习过程也应是持肯定态度的。从树立自信的角度出发，教师应及时通过邮件反馈的形式让学生了解其每一点付出后的收获。"满意"是让学生满意于自身的成长。这一点取决于老师对网络课程中有效培养型练习模式的设置。良好的练习模式，不仅能够让老师细致地、量化地掌握学生学习程度，而且能够让学生在练习过程中掌握新的知识和技能。

（四）课程内容

网站中包括：微课、自测、补充资源和论坛四个部分。资源按需求被设置于各个模块之中。微课中包含学习每单元课程所需要的视频、音频、图片、文字、PPT、词库等单独文件包，便于下载到手机、MP3、MP4、笔记本等电子终端使用。自测以单元为单位，每个单元包含 15—25 个知识点，每个知识点下面列 1 道练习题，在学生答错的情况下，系统将自动给出正确答案及解析，并生成以易、中、难来分配的 3 道测试题，在未全答对的情况下，学生可自主选择"查看答案及解析"，随后系统将自动生成 9 道自测题，试题难度按易、中、难 3：3：3 的比例设置。答题后，学生和教师都能够在各自平台上看到自测题的参与度和答题情况。平台上一方面能够按时间显示登录人及人数；另一方面，能就学生的答题情况作出分析：各知识点的错误率是多少，难、中、易试题的平均错误比重各为多少，有多少同学进行了补充测试，结果怎样等。教师平台上的数据能够帮助教师及时准确地掌握学生的学习情况，有利于后期进行重点讲解和个别辅导。补充资源中包含"拓展资源"和"资源百科"两部分。"拓展资源"是授课教师放置并定期更新的一些与学习单元知识点相关的拓展资源，包括：网站链接、图书介绍和节选、新闻剪辑等；"资源百科"是学生更好发挥发散思维和创新意识的空间。学生能够对既定的关键词和语料进行编辑并保存，持反对意见的同学能够提交"反对意见"，若前者和后者的行为有效，则都能够获得一定的积分奖励。第四部分论坛主要提供教师对学生进行在线解答服务。提问没有被解答之前，如果有学生对该问题作出正确解答，也能获得一定的积分。网站中的所有积分都将有参考性地在学生的期末成绩中加分。

参考文献

董秀蕾、欧阳思远、蔡祥：《Blackboard 网络教学平台建设》，《首都医科大学学报》（社会科学版）2012 年增刊。

刘娟：《多媒体教学在俄语精读课上的使用》，《俄罗斯文艺》2006 年第 2 期。

叶晓辉：《Blackboard 平台高校应用现状及思考研究——以西南大学为例》，《探索与观察》2011 年第 11 期。

张敬环：《网络课程中学习动机的激发与保持策略设计》，硕士学位论文，大学2005 年。

钟美荪、孙有中：《以人才培养为中心，全面推进外语类专业教学改革与发展——第五届高等学校外国语言文学类专业教学指导委员会工作思路》，《外语界》2014 年第 1 期。

基于"Seminar"模式的高效大学英语课堂教学

齐丽莉

摘要： 大学英语课堂教学的效果对学生知识的获取和能力的提高起着至关重要的作用，而且指导并影响着学生课外英语学习的方向、方法及效果。本文介绍了"Seminar"模式——一种典型的打破灌输式教学、发挥学生学习自主性、主动性的教学模式，并探讨了"Seminar"模式在大学英语课堂实施的可行性，继而以《新标准大学英语综合教程》为例，提出了基于"Seminar"模式的大学英语课堂教学实施方案。

关键词： "Seminar"模式；大学英语；高效

大学英语虽然是我国高等院校开设的规模最大的公共基础课之一，但由于消耗时间长、培养成效差等问题，一直饱受批评。学生们往往寄希望于通过大学英语教师精湛的教学方法，快速而有效地提高自己的英语综合能力，但结果往往令他们失望。诚然，英语综合能力的提高不能仅仅依赖老师，师资不足、班级容量大、教学设备不完善等因素也影响着教学的质量和效能。但不可否认的是，课堂教学的效果对学生知识的获取和能力的提高起着至关重要的作用，而且指导并影响着学生课外英语学习的方向、方法及效果。因此，构建低耗、高效、可持续、可推广的优质大学英语课堂形态，探索一种学生为本、教师精导、效能卓异、效益最优的大学英语课堂教学新模式就成为当前大学英语改革的重中之重。

享有"科学研究的苗圃"之美誉的"Seminar"最早出现在 18 世纪初，德国著名学者格斯纳将它引入大学教学中，后来逐渐发展为西方大学本科和研究生教学中主流性的教学模式。"Seminar"英文之意指学生为研究某问题而与教师共同讨论之班级或研习班。作为一种教学模式，它主要由通过教授向学生提出问题或鼓励学生自己发现问题，学生以小组为单位，在教授的指导下进行解决问题的活动等主要环节构成，在教学过程中突出体现了学生主体、教师引导的核心理念。"Seminar"作为一种典型的打破灌输式教学，发挥学生学习自主性、主动性的教学方法，其开放性的教学内容、实践性的教学方式、合作型的教学形态也无不彰显了现代教育的内涵。因此，在大学英语的课堂上，引入"Seminar"的模式，走出一条以学生参与教学活动为主线、以教师辅学助学为主要特征的教学改革之路，为师生之间、生生之间、师生与教学资源之间搭建有效交流、合作、共享的平台，不失为开辟高效大学英语课堂教学的有益尝试。

一 "Seminar"的基本程序

基于"Seminar"的课堂主要围绕专题讲座进行，教授在教学中首先根据讲座内容设定若干个相关专题，并为学生提供有关这些题目的书面提纲；学生根据自己的兴趣选择专题；教授把学生进行分组，然后通过对目前有关该专题最新研究成果的介绍使学生掌握最前沿的信息，并介绍相关参考资料。课后，各小组分别根据同学各自的愿望、经验和兴趣进行内部分工，并精心查阅资料，充分讨论，准备讲稿提纲。下次课上，各小组分别就自己的专题作口头报告，并在讲解过程中回答其他同学的提问，回答不全面的地方由教授补充。报告结束后，再进行小组讨论。

可见，在整个过程中，学生充当着主角。学生独立寻找相关资料，并对资料进行钻研、筛选和分析，依靠自己的思考及实践扫清学习的障碍，从而充分发挥了自己的自觉性和主动性；个体学习与合作学习兼容并存，有利于学生主动发言、乐于倾听、分工协作，集思广益，从而激发出创新的思维；听、说、读、写贯穿课堂始终，从而给予学生更多的实践机会。

在整个过程中，教授也不再是通常的教师，课堂教学中的中心转变成了学习的"媒介"之一。他们不是把现成的知识照本宣科地灌输给学生，而是根据学生兴趣和能力对学生提出任务，并鼓励、引导、帮助学生自己去寻找答案；他们为学生提供大量的资料和资源，确保课堂教学的流程有序而有效。

二 "Seminar"模式在大学英语课堂实施的可行性分析

目前，在多媒体和网络技术支持下的大学英语课堂教学，实际上并没有完全脱离传统意义上教师主宰课堂，通过对教材的解释分析教授知识，学生被动接受的模式。多媒体所传递的超大量的教学内容无法摆脱填鸭式的授课模式，教师或者几个优等生唱"独角戏"的现象仍然是大学英语课堂的常态；纸质教材和网络资源一大堆，却几乎无人问津；学生整堂课不停地记笔记，思考和消化吸收的时间少了，与老师、同学进行思想交流、观点碰撞的机会也少了。课堂教学的效果和效能难以保证。"Seminar"模式的开放性、创造性、准备性、主体性等特色恰恰可以祛除当前大学英语课堂教学的弊病，从而契合优化大学英语课堂结构、提高大学英语教学效能的教学改革目标。

对于大学英语教师而言，"Seminar"的实施必然对他们的知识结构提出更高更深的要求，并且在选择专题、提供资料、给予学生个性化指导的过程中也需要教师投入大量的时间和精力。但也正是在这样不断教学与不断学习相结合的过程中，大学英语教师才能够逐步塑造出自己的教学特色和教学个性。在师生之间智慧的碰撞、思想的交融、情感的激荡的过程中，更为有效地挖掘潜能，教学相长。在自己的专业领域不断探索、有所收获。

对于大学英语的学生而言，"Seminar"型的课堂教学再也不是打瞌睡甚至睡觉的场合。在相对开放、自主的新型大学英语课堂上，提出问题、参与讨论都离不开学生的积极参与。当然，学生水平、能力各不相同，需要教师合理分组，根据学生各自特点和程度组织相应的讨论活动。但是，正如美国 NCSS 组织所指出的：高效教学是对学生而言有意义、综合性、有挑战、积极主动的教学。因此，诱发学生的心智冲突与挑战，挖掘学生学习大学英语的兴趣和主观能动性，正是助推高效课堂的内驱力与原动力，会为学生带来学业表现的积极变化。

从教学内容角度来看，教师、学生手头就有很多与大学英语主课本相联系的英语书，涉及语法、词汇、文化背景知识、写作、听力、阅读，几乎面面俱到。图书馆、互联网、大学英语学习平台也为扩展更新知识提供了众多的渠道。现在的问题就是：这样巨大的资源库没有得到很好的利用。而基于"Seminar"的大学英语课堂教学，就是以学生围绕专题展开大量阅读和思考为前提，萃取、整合学生在阅读中的障碍、理解上的难点以及他们共同关心、真正感兴趣的知识，释放出大量被无关知识、无效教学活动占据的教学时空，给学生的自主学习、合作学习腾出空间，促使学生学习活动在课堂中顺利发生与展开。

　　从教学手段角度来看，人机交互的多媒体教学与"Seminar"课堂模式相得益彰。它为课堂的讨论和争辩提供了更多素材，使课堂上师生、生生互动可以延伸到课堂之外，并为教师更好地监督、检查、评价学生的表现提供了便利。"Seminar"模式的引入也能更大限度发挥多媒体的巨大助学作用，使其不再仅仅是课件播放器而已。

　　课堂教学的效果取决于教学过程中教师、学生、教材及教学手段四要素的综合优化。综上所述，"Seminar"模式应用于大学英语课堂，不仅是切实可行的，而且可以充分发挥教师的指导、监督、评价的学习媒介角色，积极调动每个学生学习英语的主动性和主体性，全面挖掘大学英语教学资源的作用，广泛优化多媒体教学手段的应用，并且提升这四个维度的综合效能，从而切实保障课堂教学的优质高效。

三　基于"Seminar"模式的大学英语课堂教学实施方案

　　我校目前使用的由外语教学与研究出版社和英国麦克米伦出版公司携手研发的大学英语教材《新标准大学英语综合教程》，以教育部颁布的《大学英语课程教学要求》为指导，选取体现社会发展和时代特色的文章，内容新颖，题材多样，语言地道，内涵丰富；在练习与活动的设计上遵循"教师主导，学生主体"的教学思想，强调运用个性化、开放式的练习启发学生思考，从而提高学生的创新思维、探究实践能力。此外，与教材配套的网络平台、《综合训练》以及《文化阅读教程》也为知识的巩固和拓展提供了多元的渠道。可以说，《新标准大学英语》系列教材为大学英语教学提供了知识性和实践性兼备的良好资源。导入"Seminar"教学模式，促进学习活动高效发生，并对核心知识进行加工、整合、链接，无疑能够在有限的教学时间里更有效地利用这些教学资源，使学生实现英语语言综合能力的最大化提高。

（一）　以周密而细致的课前准备为依托

　　课前准备作为课堂教学的重要环节，为课堂各项活动高效有序地进行提供了前提和保障。以师生、生生之间的双向互动交流和探讨为核心的"Seminar"大学英语课堂则更要求课前准备周密而细致。一方面，教师需要对教学内容进行整体分析，从题材相关性、内容相关性等不同角度出发，梳理出相对独立的教学板块；根据学生的不同程度从众多知识点中萃取、筛选出核心知识点，确定课堂讨论的侧重点；搜索相关的教学资源和教学素材，并在此基础上设定课堂讨论的主题，根据学生的程度进行分组和布置不同的任务。另一方面，学生也需要根据自己的实际情况，按照教师的要求，积极主动地学习相关教学资料；寻找问题和困惑，思考如何提出有价值的问题；并以小组为单位，整理主题资料，完成专题学习任务并制作英语发言稿或演示文稿。

以《新标准大学英语综合教程》第二册第六单元和第四册第三单元为例，两个单元的主题共同指向购物及追求时尚的话题，两个单元的文章涉及购物狂、男女购物的心理差别、时尚的时代变化，以及生态、环保的时尚新理念等方面，内容贴近生活，语言难度也不大。《文化阅读教程》更是提供了相关内容的多元信息。因此，整合两单元的知识点和内容，课堂讨论的侧重点就设定为在解决理解难点的基础上，扩展文化背景知识，并尝试用英文介绍本土文化。由此设立了课堂讨论的主题"Key words and textual organization"、"Online shopping"、"Fashion in China in the past 50 years"、"Fashion today"。每一个主题又包含相应的信息点和提示，如课文中的核心词汇的列举，有关网络购物利弊的小文章，"旗袍"、"中山装"、"第一夫人"、"信用卡"等线索的提示等。教师把这些主题和相关资料分配给不同的小组，要求他们在阅读基础课文的前提下，利用网络资源或图书馆扩展阅读，并准备20分钟左右的发言稿或演示稿。这样的课堂模式调动了学生主动参与的热情，引发了学生探索的愿望，课前准备不再是流于形式，而是真正转化为学生的自主学习，从而实现"先学后教，以学为本"的促学目标。此外，团队的分工协作将学生独立封闭学习转变为共同探讨合作，互相帮助、共同成长。

（二）以热烈而有序的讨论为主导

课堂组织形式是保障课堂教学增效增能的关键。在以答疑、解惑、探讨贯穿的"Seminar"模式大学英语课堂上，主讲小组成员首先就专题运用多媒体依次发言并总结，随后接受教师和其他同学的提问，对于难点、热点问题，进行讨论甚至辩论。最后，教师进行要点梳理、难点解答、总结归纳及评价。演讲同学的发言稿或演示稿也会在课后根据教师的意见、其他同学的补充加以修改和完善，并上传至班级公共邮箱，促进全班同学分享知识、巩固知识。

仍以上文提到的教学材料为例，学习基础较为薄弱的小组负责课文难点词汇、句型以及篇章架构的梳理。他们查阅了字典、语法书，甚至请教其他同学，对文章的内容和词汇进行了思考和钻研。因此，在课堂上，他们对课文侃侃而谈，对难词、难句也进行了细致的分析，提出了自己的见解。讨论的过程中，他们甚至可以轻松回答同学们的提问，并且与大家一起分析长句的结构和作者的用意。这些平时上大学英语课似乎就是听天书的同学，书上也出现了密密麻麻的笔记。虽然在整个过程中，他们无论是在口语表达或者理解应用方面都存在较多错误。但是悉心投入、热情参与激发了这些所谓"差生"上进的力量。发现错误、纠正错误的过程也正是教师了解学习重点从而加强针对性训练的过程。

扩展文化背景知识并加以应用是其他各小组的任务。学生们集思广益、各展所长，用多媒体课件、对话、表演多种方式展现了对于"时尚的发展"、"当下流行时尚"、"网购"等话题的理解。"汉服"、"不同时代的结婚证"、"各民族婚庆服饰"、"流行饰品"、"流行发型的演变"等题材不脱离单元主题，但却把师生的视野大大延伸。更重要的是，学生们精心准备，能够在课堂展示中全部运用英语表达，英语语言能力"输出"技能得以锻炼。精彩的讲述引起了热烈的讨论，同学们关注中国时代变迁、社会发展和人民收入提高对于流行服饰、流行发式及中西时尚交融的影响，关注时下热议的话题——信用卡消费的利弊，甚至对自己网购的经历进行交流。课堂气氛活跃，同学们各个跃跃欲试，大胆发言。教师主要起到引导和调控的作用，争取让每位同学有发言的机会，保证课堂的话题有益。

（三）以多样而严谨的考核评价为保证

"Seminar"大学英语课堂教学的实时互动特性无疑对学生学习质量的考核及评价的有效性提出了更高的要求，只有通过形式多样、严格标准的评价手段，将形成性评价与终结性评价相结合，才能更加科学准确地对学生学习活动、课堂表现进行监督，调动学生参与"Seminar"大学英语课堂教学的主动积极性，从而达到提高大学英语课堂教学质量和效率的终极目标。对此，笔者也进行了有益的尝试。首先，课堂笔记是考察每个学生是否仔细倾听、认真思考、积极参与讨论的核心依据。与传统的千篇一律的课堂笔记不同，"Seminar"大学英语课堂教学中，学生的课堂笔记一定是个性化的。这里有对其他组讲课内容的记录，有对他人的评价，也有对某个问题的自我思考，更有对老师、同学的建议。其次，每个同学的演讲表现由老师和同学从讲演质量、努力程度、思考总结归纳以及答疑能力等方面共同打分、作出评价。每个同学准备的电子演示稿及书面资料也要依据其质量和数量加以评定,作为形成性评价分数的一个重要组成部分。此外,每位学生参与讨论的次数和探讨话题的建设性意义也是考核的内容,那些总是踊跃发言,不时迸发出思维火花的学生总是在调动着其他同学。最后,期末的自我评价也赋予学生评价自己的权利,大部分学生都能够做到对自己一学期的表现作出客观的评价,因此,这种手段激励着学生真正达到学习过程的自我调控、自我管理、自我反馈、自我完善。

四 结语

综上所述,基于"Seminar"模式的大学英语课堂教学不再拘泥于书本和课堂,以课题为基本线索,与之相关的问题都是教学的内容;与学生的发展相关的时间空间,都是教学的时间空间。这样的课堂教学实现了由传统的二元互动格局向多元互动的转化,所学知识点和能力点的组合、链接开辟了教学的新思路,有助于全力提高课堂教学知识呈现的思维含量与认知载荷,提高学生对知识的吸收率,从而塑造出真正高效的课堂。

参考文献

Simon Greenall、文秋芳主编:《新标准大学英语》,外语教学与研究出版社 2009 年版。

李炳亭:《高效课堂 22 条》,山东文艺出版社 2009 年版。

关于大学英语教学改革现状的一些思考：以陕西师范大学大学英语教学改革为基础

杨关锋

摘要： 大学英语教学改革在中国已经实施了很多年。本文以陕西师范大学的大学英语教学改革为基础，介绍了我国大学英语教学改革的意义和背景，目前改革所取得的阶段性成果，分析了改革所存在的问题并提出了一些解决问题的方法和建议。

关键词： 大学英语改革；英语教学；自主学习；多媒体辅助教学

一 大学英语教学改革的背景

英语是全球使用最广泛的语言之一，已成为国际交往和文化科技交流的重要工具。我国高校开设大学英语课程，有利于大学生的未来发展，有利于提高教育国际化水平，有利于提升我国的国际竞争力和年轻一代的国际交流能力。大学英语作为大学生的公共基础课程，学习人数多，涉及面广，影响大。不断改进大学英语教学，是全面提高高等教育质量的需要。然而在我国实际的英语教学过程之中，却存在着许多难以忽视的问题。长期以来，我国的大学英语教学理论相对单调陈旧，缺乏新意。教学模式单一，教学以教师为中心或主导，学生被动接受。主要教学方法为"填鸭"式。学生的学习兴趣和学习策略得不到培养，导致教学效果不理想，虽然学习了很多年外语，但只学会了"哑巴外语"。更重要的是，大学英语教学在许多高校得不到相应的重视，大学英语教师地位尴尬，等等。面对以上的问题，大学英语教学改革迫在眉睫。

大学英语教学是以外语教学理论为指导，以培养学生的外语语言知识与语言技能、学习策略和跨文化交际为主要内容，并集多种教学模式和教学手段为一体的教学体系。进入 21 世纪后，我国高校大学英语教学走过了一段不同寻常的发展历程。2003 年，教育部正式启动大学英语教学改革，其主要内容为：（1）将大学英语教学目标确定为培养学生的英语综合应用能力，特别是听说能力；（2）实施基于计算机和课堂的大学英语新教学模式；（3）将形成性评估和终结性评估相结合；（4）注重发展学生的自主学习能力。2006 年 6 月，教育部发布《教育部办公厅关于进一步提高质量，全面实施大学英语教学改革的通知》。《通知》要求："1. 各级领导要充分认识大学英语教学改革的重要性和紧迫性，把推进和深化大学英语教学改革作为一项重大而紧迫的任务，切实抓紧抓好。2. 我部委托开发的教学软件系统，在两年的实践中，出版社不断进行了技术升级和完善，各项功能已较为成熟，建议各高校积极使用我部推荐的优质教学课件和教学资源，改革传统英语教学模式。3. 要加大对英语教师的培训力度，努力造就一支相对稳定、有高尚思想道德品质、较高科学文化素质的大学英语教师队伍。4. 积极推进大学英语四、六级考试改革，自 2006 年 12 月和 2007 年 6 月开始，分别按照新的《考试大纲》启动四、六级考试工作。"

二　大学英语教学改革的实施情况

2013 年初，为深入贯彻落实党的十八大精神，全面落实《国家中长期教育改革和发展规划纲要（2010—2020）》和《大学英语课程要求》，进一步深化大学英语教学改革，提高大学英语教学质量，迎合大学英语教学改革潮流和社会对现代大学生的英语要求，陕西师范大学开始酝酿和计划在 2013 级新生中进行大学英语教学改革试点。

2013 年 8 月底，经过广泛调研和专家多次研讨，学校决定从文科学院中选取政治经济学院、国际商学院，从理科院系中选取物理学与信息技术学院、化学化工学院、材料科学与工程学院，以及体育学院、音乐学院、新闻与传播学院的播音主持专业和广电编导专业作为本次改革的试点单位。本次改革试点涉及的学生总数为 1889 人。试点满一年后将在全校所有本科生中全面展开。大学英语教学将贯彻分类指导、因材施教的原则，以适应个性化教学的实际需要。教育部《大学英语课程要求》指出，大学阶段的英语教学要求分为三个层次，即一般要求、较高要求和更高要求。大学英语课程的设计应重视学生听说能力的培养，并给予足够的学时和学分；应大量使用先进的信息技术，开发和建设各种基于计算机和网络的课程，为学生提供良好的语言学习环境与条件。

　　本次大学英语教学改革是以课程组为主要教学组织形式，基于网络与课堂的多媒体分级教学模式。主要目标是利用现有的多种综合教学手段，让学生能够根据自身特点找到合适的学习内容和方法，使其具备真正的英语自主学习能力和英语终身学习能力，更快地提升自身的英语综合应用能力。本次改革通过自主学习平台的应用最大限度地将学生从单纯的课堂面授学习中解放出来，提供更自由的自主学习空间；从而改变了英语课堂单一化的教学模式和手段，使学生能够在应用中学习，在学习中提高。并将原先两学年的基础英语课学习调整为第一学年的英语基础课学习，以及第二学年的英语模块式通识选修学习。并在三、四学年开设英语公共选修课，使学生能够在大学的不同阶段有多种学习英语的途径，并可根据自身的兴趣和要求选择相应的课程进行学习。最终实现大学英语学习四年不断线。

　　基于课堂和多媒体终端的英语教学模式是为了帮助我国大学生达到大学英语教学要求所设计的一种新型教学模式。首先，本模式强调个性化教学与自主学习，充分发挥多媒体终端（包括计算机网络、智能手机、平板电脑等）可以帮助个体学习者反复进行语言训练，尤其是听、说、读训练的功能。其次，结合教师课堂讲授和辅导，使学生可在教师的指导下，根据自己的特点、水平、时间，选择合适的学习内容和学习方法。然后，借助计算机等多种电子平台，较快地提高英语综合应用能力。最终，达到最佳学习效果。本模式：（1）强调自主学习，合作学习的重要性；（2）鼓励老师采用灵活多变的、互动的教学方法，调动学生的英语学习兴趣，提高教学质量和教学效果；（3）培养学生的英语综合应用能力，特别是听说能力。使学生在今后学习、工作和社会交往中能用英语有效地进行交际，同时增强其自主学习能力，提高综合文化素养，以适应我国社会发展和国际交流的需要。本次我校 2013 级参加改革试点的院系、班级已于 2013 年 9 月 7 日进行了大学英语入学水平测试。测试完成后以院系为单位分为 36 个实验班，实验 1—4 班为雁塔校区 A 级班，实验 5—23 班为雁塔校区 B 级班，实验 24—25 班为雁塔校区 C 级班，实验 26 班为长安校区 A 级班，实验 27—28 班为长安校区 B 级班，实验 29—36 班为长安校区 C 级班。具体学分设置如下，第一学年为英语分级基础课（6 学分），第二学年为分模块的选修课（4 学分），三、四学年为选修课（4 学分）。

三　大学英语教学改革取得的阶段性成绩

（一）改革了以教师为中心的旧模式，更新了教学观念，英语学习策略得到广大教师的重视

基于计算机和网络的教学为教师在英语教学中所扮演的角色提出了重新定位的问题。教师由知识的传授者转向学习的参与者、指导者、促进者，由教材的被动使用者转向新课程的主导者、塑造者，由面向全体学生转为面向全体与面向个体相结合，这为教师提供了更为广阔的进行教学探索和教学创新的平台，对深化高校大学英语教学改革、提高教学质量具有决定性的作用。

（二）解决了长期以来大学英语教学实际上不被重视、大学英语教师的地位尴尬的局面

为进一步提高教育质量，适应新时期的需要，教育部提出了"巩固、深化、提高、发展"的方针，加强了对大学英语教学改革的领导力度。高校领导对此次改革高度重视，加大投入，充分调动大学英语教师参与改革的积极性和创造性，并给予他们施展自身才华的空间，把现代教育技术手段引入大学英语教学。大学英语教师的地位在这次改革过程中得到空前提高，他们通过努力展示了自身的创新能力、教学能力、科研能力和组织能力等，取得了喜人的成绩，得到学生的认可。

（三）"牵一发而动全身"。引进现代教育技术进行大学英语教学，使过去单一、陈旧的大学英语教学理念、教学模式和教学方法等都发生了巨大变革

现代教育技术为我们提供了克服传统教学弊端的全新教学方式，使抽象的、枯燥的学习内容转化成形象的、有趣的、可视的、可听的动感内容，大大激发了学生学习英语的兴趣，加大了教师的教学密度，提高了学生的学习效率。

（1）解决了过去传统教学一本书、一支粉笔、一台录音机落后的单一教学模式问题。

（2）解决了过去教师严重短缺、教师疲于上课的问题。采用新的教学模式后，把重复性的教学内容放到网络上，减少了任课教师重复性教学工作，大多数学校的面授课时因此都有了不同程度的减少。现在英语教师除了上课以外，还能有时间和机会参加培训、学术交流、进修以及科研活动。

（3）新的教学模式解决了英语教学受时间和地点限制的问题。学生利用电脑和网络可以随时随地进行学习，可根据自己的水平和需要，自由选择不同级别的学习材料，可以根据自己学习的效果调整学习进度和难度，教学实践和场所实现了弹性化。

（4）解决了过去教材单一性的问题。教师根据学生特点和需求，自由选择既经典实用又具有时代感的教材，教材的多样性、多元化极大地丰富了教学内容。

（5）实行分级教学，对基础不同的学生给予有针对性的指导，体现了个性化教学的特点。新教学模式的引入使个性化教学进一步深化，为高校的分级教学、高级课程教学等带来新的发展契机。

（6）在一定程度上解决了过去存在的应试能力强、实际应用能力弱的问题。高校根据《大学英语课程教学要求（试行）》，改变了教学目标，摆脱了传统的知识型学习方式，以技能性学习方式为重点，由以阅读为主转向以听说为主，全面提高学生用英语在本专业领域的英语综合应用能力。

（7）解决了原有的考试评估体系仍然侧重测试学生的掌握性技能，而不是创造性技能的问题。在改革过程中改进并完善了测试与评价体系，尤其要重视形成性评价，加强对学生在学习过程中语言应用能力发展情况的检测，建立多样化的评价体系，从原来的以评价语法、阅读、理解为主转变到评价学生的听说能力及英语综合应用能力上来，从原来单一测评教学结果逐步转向教学全过程整体监控和评价上来，充分发挥其引导大学英语教学改革的作用。

四 大学英语教学改革中有待解决的问题

（1）个别学校领导不深入基层，对大学英语教学改革知之甚少；大学英语教师在改革之初工作量过大，没有应有的待遇和政策来保障。这次改革中所面临的压力和所付出的艰辛比以往要多。大学英语教学改革是一个浩大的工程，要构架新的教学体系，要与校内相关部门进行接洽，要衔接好每一个教学环节，要调动每一个参加大学英语教学改革教师的积极性。凡此种种，教师投入了很多精力，但是由于种种原因，有些领导对他们的工作并不认可。

（2）个别试点班级的任课教师对《大学英语课程教学要求（试行）》的认识不深刻，没有认真贯彻实施，甚至偏离改革的指导思想，把教学改革的重点仅仅放在课程设置的分课型上，而忽视了网络环境下大学英语教学模式的探索。

（3）缺乏并且没有系统扎实地对教师开展培训，对大学英语教学改革的文件精神领会不深不透，知其然不知其所以然。造成一部分教师在理念上、教学环节上、技能上都跟不上改革的进程，从而对改革持消极态度，甚至误解，形成改革的阻力。

（4）还有部分英语教师计算机知识普及不够，中老年教师能熟练使用计算机的很少，青年教师中的比例也不是很高，因此一些教师对现代教育技术有畏惧心理，拒绝使用多媒体等信息技术。特别是部分年岁较大的教师，担心先进的教学设备取代他们的教学。也有部分青年教师为了个人的职称和学历，把精力放在读博、写科研论文上，对教学方面的投入严重不足。一些老教师对新的教学模式有些力不从心，对现代教育技术学习积极性不高。年轻的教师缺乏教学经验。部分高校大学外语教研室得不到应有的重视，大学英语教师的水平还有待提高。

（5）教师的教学法研究能力整体上还不够强，水平还不够高，所掌握的教学法理论的系统性以及深度、广度还不理想，不利于理论与实践的有机结合，不利于改革取得更好的成效。

（6）对自主学习能力差的学生引导不够。长期以来，我国学生大都接受的是应试教育、填鸭式教育，刚进入大学的他们，想要完全适应宽松、弹性的英语自主教学模式对有些学生而言是不太容易的。部分高校教师对学生自控能力的缺乏束手无策，埋怨多于引导。少数学生在网上聊天、玩游戏，不珍惜学校提供的良好教学资源，对公物不爱惜，将语音室的耳机带走或破坏，影响教学的正常进行。

五　对今后大学英语教学改革工作的建议

（一）加强领导，进一步推进大学英语教学改革

各地教育行政管理部门应该理顺大学英语教学改革的管理体制，高质量地完成大学英语教学改革的重要任务，要因地制宜，分类指导，分步推进，优势互补。各高校应提出进一步推进大学英语教学改革和发展的思路，促进本校英语教学改革不断创新；进一步完善改革方案，细化改革措

施；坚持实事求是，从实际出发，加快大学英语教学的基本建设；切实解决大学英语教学改革中存在的突出问题，确保取得实效；改革人事制度、管理制度和分配制度，提高教师的教育教学和师德水平，激发大学英语教师的积极性和创造性，切实为提高大学生英语综合应用能力而努力。

高校领导应具有前瞻性、预见性，使改革的每个环节都具有可操作性，有调整的余地，很好地应对在大学英语教学改革过程中出现的新情况、新问题、新挑战，根本改变"费时低效"的英语教学状况。大学英语教学部主任要具备扎实的工作作风和凝聚力，坚定信念，不断进取，敢于突破阻力，切实做好大学英语教学改革的各项工作，使大学英语教学改革真正成为高等教育改革的突破口。

（二）强化师资队伍建设，努力提高大学英语教师的英语水平和教学能力

大学英语改革是一个复杂的系统工程，高校要完善学科带头人加创新团队的新组织模式。拥有一个团结务实、拼搏创新的集体，是大学英语教学改革工作成功开展的决定因素；教师积极投入、求真务实、注重实效、肯于奉献、乐于探索、善于合作，是大学英语教学改革工作成功开展的重要因素；造就一支有较高思想道德和职业品格素质、科学文化素质、身心素质，相对稳定的大学英语教师队伍，是提高英语教学水平的关键。要进一步提高大学英语教师的待遇和地位，增强大学英语教师队伍的吸引力。要通过有效的培养培训，使现有大学英语教师的素质、能力和水平有一个大的提高。

（三）加强宣传功能，积极开展培训

调研中，我们发现还应充分利用各种媒体，加大大学英语教学改革的舆论宣传，以不同侧面的教学事例让更多的教师了解网络环境下大学英语教学的进展情况以及成果。各级教育行政部门可以通过简报、网站等形式大力宣传改革的指导思想、热点及进展情况。高校也应将大学英语教学改革信息及时反馈给教育部大学外语教学指导委员会、大学英语教学改革联络办公室，以确保信息畅通。今后应将各种培训结合起来，完善信息交流平台的主渠道。及时、畅通、有针对性的经验交流，是加强大学英语教学的建设，确保改革稳步向前发展的有效途径；走出去、请进来，是增强大学英语教师信息素养、提高工作效率、少走弯路、快速推进教学改革的必由之路。

参考文献

舒春玲：《大学外语教学改革与实践》，《内蒙古农业大学学报》2009·年第 6 期。

李建玲：《大学英语教学模式的改革与创新》，《教学经纬》2005 年第 8 期。

王守仁：《关于高校大学英语教学的几点思考》，《外语教学理论与实践》2011 年第 1 期。

陕西师范大学教务处、外语学院：《陕西师范大学英语教学改革方案》，2013 年。

论大学英语文化教学的现状与对策

王 蕊

摘要：语言与文化的关系密不可分，大学英语教学不仅是语言教学，同时也是文化教学。随着大学英语教学改革的日益推进，为适应国家对高素质人才的需求，在新一轮的大学英语教学改革中，文化教学被赋予了尤其重要的地位。本文从语言教学观念、评价体系以及文化意识等方面分析了我国大学英语教学中文化教学没有得到应有重视的原因，在此基础上提出了改进大学英语文化教学的策略。旨在通过将西方文化内容贯穿始终，同时兼顾本民族和其他文化的内容，加强中国文化认同教育及了解中西方文化差异，从而促进当代大学生建立正确的文化价值观。

关键词：大学英语；文化教学；现状；对策

一 引言

外语教学不仅是语言教学也是文化教学。自改革开放以来，越来越多的学者和外语教师意识到文化教学的重要性。2007 年版《大学英语课程教学要求》提出，大学英语的教学目标是培养学生的英语综合应用能力及自主学习能力，提高其综合文化素养，以适应我国社会发展和国际交流的需要。这一目标的确定反映了人们对语言和文化不可分离性的意识加强，也更是将我国大学英语教学的标准提高到了一个新的境界，交际意识和文化能力逐步得到重视。然而，在大多数大学英语教学中，文化教学的内容比较分散，没有形成一个严谨的体系。而且文化渗透存在"一边倒"现象，很长一段时间以来，外语学者和教师强调外国文化却忽视中国文化的引入。一些大学生讲起英美文化来头头是道，却难以用英语恰当地表达中国的传统文化，使一些对中国文化感兴趣的外国友人只能望洋兴叹，跨文化双向交际难以顺利实现。史密斯（Smith，1976）是第一个把英语称为"国际语言"的人。这意味着英语已经成为一座桥梁，把所有国家联系在一起。因此学生在学习英语时不仅要懂得英美文化，也要更深入了解中国文化，并且能够用英语表达中国文化。可见，重视中国大学英语教学中中西方文化的平衡，探讨如何有效地将二者融合到大学英语文化教学中，积极帮助学生提高跨文化意识和跨文化交际能力是很重要也很必要的。

二　理论依据

语言与文化间是部分与整体的关系，语言是对文化各个方面的反映，而语言也受到文化的深刻影响，两者共同存在且相互作用。因此，语言与文化的关系决定了，要学好一门语言，必须了解该语言承载的文化。要了解目的语文化就必须将母语文化和目的语文化进行比较。只有在通晓母语文化的基础上才能比较出两种文化的异同，进而深入理解目的语文化。从学生的角度来看，学习英语的目的是为了对这一新交际工具的掌握及其文化的学习与了解；从英语教学的层面来看，英语教学亦是文化教学，如没有良好文化背景的掌握，良好的英语教学就无从谈起，学生也就难以真正地将英语学好。

外语教学可以大体分为语言教学和文化教学两个部分。在大学英语教学中语言教学是教学的出发点和归结点；文化教学则是外语教学的特有形式，它归根结底是为实现语言教学之根本目的服务的。两者之间存在着同步性、互补性和兼容性的特点。达门（Deman，1987）将文化教学称作语言教学的"第五维面"。文化教学在大学英语教学中具有非常重要的地位和作用。文化及文化差异对交际的制约作用得到了极大重视。克拉姆斯（Kramsch，2000）在《语言与文化》中认为："在深知母语文化、习得目的语和了解目的语语言文化的基础上能有效地在几种语言与文化之间转变是综合交际能力和跨文化交际能力的重要组成部分。""了解你自己，了解你自己的文化是成功进行跨文化交际的重要一环。"萨默瓦（Samovar，2000）在《跨文化交际》一书中这样表述："文化是可以习得并可以教授的，在我们目前的课程设置中，文化往往是一个额外的成分，但实际上文化应该成为教学和整个课程的核心内容。"（郑新民，2010）。因此，大学英语教学应该逐渐向英语教育靠拢，依靠对学生英语文化素质的培养，来促进其综合素质的提高，使学生能够运用英语这一工具来进行正确的跨文化交际。然而，文化的综合性决定了文化教学是一个异常复杂和艰巨的任务，受到教师、环境、教学方法和教材等因素的制约，并且始终处于不断的发展变化中，这也对外语教师提出了更高的要求。

三　大学英语文化教学目前存在的主要问题

（一）教学大纲和教育评价体系的制约

教学大纲和考试大纲之间缺乏一定的连贯性。一方面，我国英语教学大纲上写明："培养具有扎实的英语语言基础和广博的文化知识，并熟练利用英语在各行业进行工作的复合型英语人才。"然而，实际情况却不容乐观。中国文化作为一门重要的课程，还没有引起足够多的重视。另一方面，新时期社会就业形势日益严峻，高校不断扩招，使得大学毕业生的就业压力也日益增强。在这种情况下，高校大学英语教学也未能免俗，许多高校要求本科毕业生必须考过大学英语四级，研究生毕业必须通过大学英语六级，这样做是为了让学生在就业时更有竞争力。英语教育也逐渐变成了"应试教育"，忽视了语言学习最基本的目的。许多学生为了考试而考试，为了过级而过级。学生在题海中掌握的是应试的技巧，不是语言的能力，文化意识的培养和人文精神的培养更是无从谈起（邹琼，2006）。所以，应试教育无限放大了语言学习的工具价值，而忽视语言承载的文化精神。

（二）教师方面

教师是英语文化教学能否落实到位的关键因素。中国的外语教育在相当长的一段时间里由于受到结构主义语言学和心理学的影响，将几乎所有的焦点都聚集在对语言形式的教学上，外语教育几乎成为完全脱离社会文化语境的单纯的语言技能训练。虽然越来越多的教师意识到文化教学的重要性，但对于英语文化知识的介绍也是随心所欲，点到即止，缺乏系统性和条理性。而对于本土文化的介绍更是少之又少。教师作为非母语学习者，缺少英语学习的环境，已经掌握的跨文化知识零散、琐碎，而且由于教学任务的繁重，难以保证专业学习和教学研究。此外，教学实践功利色彩浓重，片面追求学生书面语言能力，尤其是应试能力的提高，忽略了文化因素在语言教学中的重要性。

（三）教材方面

目前大学英语教材虽涉及英美文化，但并不能满足多数学生对英美文化的需求，因为对于非英语专业学生来说，课本是学生学习语言知识和接触英美文化的主要来源。此外，大学英语教材也忽略了中国本土文化的介绍。以陕西师范大学为例，除了 2008 年之前在本科生中使用过外语教学与研究出版社出版的《新视野大学英语》，目前使用的教材有上海外语教育出版社出版的《大学英语》，还有针对体育艺术类学生选定的上海交通大学出版社出版的《大学实用英语》，对比这几套教材每个单元的主题内容发现，直接与文化相关的并不多。读写教程中有关说明性、叙述性和科技型较强的文章所占比重较大，忽视了语言形式的文化意义；涉及英语文化，特别是西方主要国家中关于政治、经济、教育、文学、价值观念、社会生活、文化传统等方面的基本材料很少；关于中国文化或中西方文化差异方面的材料更是少之又少。

四　对策

（一）更新教学理念，提高母语素质

每个国家、每个民族都有自己独特的传统和文化特色。我们既要看到各种文化之间差异、冲突的一面，又要看到它们统一、共存的一面。《大学英语课程要求（2007）》明确说明了文化教学在英语教学中的作用和地位。为了适应中国社会发展和交流的需要，应发展和增强大学生综合文化素养。过去，人们常常认为大学英语文化教学应该教英国和美国文化。他们还认为，只要学生对西方文化非常了解，他们就有了英语学习基础。事实上，如果学生熟悉西方文化而不熟悉中国文化或者他们不知道如何用英语表达中国文化，跨文化沟通就不能顺利进行。"有关本民族的文化知识能帮助人们理解异族文化"（Koester，1999），大学英语教学需要比较中西文化。通过对文化的比较学习，能使学生充分认识到两种文化在思维方式、价值观、社会习俗等方面的差异，真正领会母语文化和目的语文化的精髓，也能使教师明确跨文化教学的重点和目标，提高跨文化教学的效率（孔德亮，2012）。

（二）挖掘教材内涵，合理安排文化课程

现阶段大学英语教学中文化知识的传授主要是在讲解课文的过程中随文就释地介绍一些相关的文化背景知识，知识点较为零散，难免会出现以偏概全的情况，同时也不易引起学生的重视，难以达到理想的教学效果。教学是教师、教材和学生相互作用的过程。从某种程度上说，教材在整个

教学过程中起着决定性作用。一项研究表明，98%的课堂教学来自教科书而不是老师，而90%的作业也来自教科书（侯俊，2013）。目前使用的教材虽有较为丰富的英美文化信息，但是没有全面系统的英美文化知识；汉语文化及其英语表达缺失。因此，教材改革迫在眉睫。应该加快教材改革的步伐，修订一批既富有英语文化，又不乏汉语文化的英文表达的新教材，使大学英语教材变成文化交流的重要阵地。同时可以编辑文化差异专辑，作为辅助教材或课外指定读物。在提高语言能力的同时，提高学生的中国文化的英文表达能力。让学生在对比中体会文化差异，在提升民族自豪感的同时，以更加广阔的胸怀对待西方文化和文明。

此外，在安排课程过程中，应该考虑语言与文化教学并重。目前，许多大学为非英语专业大学生提供了一些文化选修课，如英美概况和英美文化，只有少数大学为非英语专业学生提供中国文化课程。在学习语言过程中，学生应该全面理解不同文化之间的差异，特别是目标文化和本土文化的差异。因此，应强调中国文化课在大学英语课程中的地位。大学应该开设中国文化英语课程，形式可以是选修课、必修课、知识讲座等，引导学生了解中西文化的异同，让他们掌握中国文化的英语表达。

（三）改进大学英语测试

目前很多非英语专业的大学生为了通过四、六级考试或其他英语考试，做很多语法、词汇、听力、写作、翻译、阅读等练习。在学习英语和做练习的过程中，学生的五项语言技能得到了提高。但是，学生跨文化交际能力很弱。一个原因在于大学英语四六级等英语测试中涉及的文化内容很少。因此，学生很少把精力集中在跨文化意识的培养上。英语测试，特别是大学英语四、六级考试的评价体系不仅包括语言技能测试，也应包括文化知识检测。文化应该是各种各样英语测试的必要组成部分。中西文化测试可以直接出现在各种英语考试中，这样可以直接激励非英语专业学生的英语学习和教师的英语教学，从而引起他们对中西文化知识的学习和教学的重视。文化内容也可以用于一些口语测试，如英语四、六级口语测试等。

（四）提高教师综合文化素质

教师是学生获取文化信息的最重要的源泉，教师自身的文化素质是文化教学成功与否的关键。新形势下，大学英语教师不但要有深厚的语言功底，还要具备较高的母语与外语文化素养，教学过程中的文化意识也是实行文化教学的必要条件。一方面，学校可以通过开展教师培训等活动有意识地强化文化教学的理念，分批对教师进行文化知识和文化教学法的培训，帮助教师改善知识结构，转变文化教学观念。鼓励广大外语教师注意跨文化知识在外语教学上的应用研究，以提高学生的交际能力。另外充分利用各种资源，为外语教师提供出国交流和进修的机会，使他们能直接体验和学习目的语国家的民族文化。这将有助于教师在教学中结合自己的亲身体会来介绍西方的风俗习惯、讲话规则、社交礼仪等。另一方面，外语教师使用英语来谈论中国文化，可以提高教学效果和学生的学习兴趣。因此，大学英语教师应在学习、工作中有意识地阅读一些有关母语与目的语国家文化相关的书籍，拓宽自身的文化知识领域，提高中西文化综合素养，提高跨文化交际意识，增强自身用英语介绍中国文化的能力。在课堂上深入浅出地引导和教授文化知识，积极变革陈旧的外语课堂教学形式，创造浓厚的语言文化学习气氛。

五　结语

在全球化进程日益加剧的今天，英语在跨文化交流中扮演了一个重要角色。与此同时，"汉语热"现象也在国外不断兴起。如何对世界文化作出自己的贡献并在其中真正赢得一席之地，我们要做的事情有很多。就英语教育界而言，我们可以充分利用大学英语教学这块目前最广、国家和师生投入最多的阵地来有效充分地实施中国文化教育。因此，我们有必要对母语文化进行研究和运用，力争增强和提高学生对本国文化阐述和表达的能力。唯有如此，我们才可以切实有效地提高民族文化素质，增强自信心和自豪感，并真正全面提高学生的语言能力和文化素养。在我们的日常英语教学中，要掌握中国文化和西方文化在大学英语文化教学中的平衡。积极引导学生输入中国文化并鼓励他们用英语讨论中国文化，提高他们的跨文化交际能力，让英语成为传播中国文化的有效载体是极其重要的。

参考文献

Damen, L., *Culture Learning: The Fifth Dimension in the Language Classroom*, Adison Wealey Publishing Company, 1987.

Kramsch, C., *Language and Culture*, Shanghai: Shanghai Foreign Language Teaching Press, 2000.

Koester，J. & Lustig. M. W.，*Intercultural Competence：Interpersonal Communication across Cultures*，New York：Addison Westerly Longman Inc.，1999.

Samovar，L. A.，*Communication between Cultures*，Beijing：Foreign Language Teaching and Research Press，2000：253.

Smith，L.，"English as an International Auxiliary Language"，*PELC Journal*，1976（2）：32—35.

曹文：《英语文化教学的两个层次》，《外语教学与研究》1998 年第 3 期。

侯俊：《非英语专业大学生中国文化的英语表达能力调查研究》，《大学教育》2013 年第 5 期。

教育部高等教育司：《大学英语课程教学要求》，上海外语教育出版社 2003 年版。

孔德亮、栾述文：《大学英语跨文化教学的模式构建——研究现状与理论思考》，《外语界》2012 年第 2 期。

郑新民、李茨婷：《文化可教否？应该教谁的文化？访著名语言学家 David Nunan 教授》，《外语电化教学》2010 年第 3 期。

邹琼：《大学英语教学论》，湖南师范大学出版社 2006 年版。

谈商务英语的语言特点与学习方法

兰　军　　徐子兴

摘要： 随着中国经济的迅速发展，我国在世界贸易舞台上的角色越来越重要。国际商贸已不仅仅是东南沿海城市的特权，越来越多的内陆省份也纷纷投身于其中。伴随着外贸经济的繁荣，商务英语作为沟通国际交往的通用语言，其重要性在近年来得到了充分的证实。现代商务英语作为专门用途英语的一支，其产生和发展不过短短四十几年，但广义上的商务英语已有五个多世纪的历史积淀，并行成了其独特的语言特点，以帮助从事跨文化商务交际活动的人们准确地传达信息。为了适应国际商贸的需要，越来越多的高校学生投身商务英语的学习，本文通过分析商务英语的语言词汇特点，结合自身学习的经验，提出了针对商务英语学习的技巧和方法，并对其进行了论述。

关键词： 商务英语；特点；专门用途英语；准确性

一　引言

当今世界，经济一体化的进程日益加快，国际商务、贸易往来频繁。随着中国经济的持续健康发展，中国与世界各国的经济文化交流越来越密切，加速了进出口贸易的发展。国际交往离不开语言上的沟通，这就加剧了对于擅长跨文化语言交流，熟悉商务礼仪知识，通晓外国文化的复合型人才的迫切需求。但由于历史文化等诸多原因，商务英语形成了其特殊的语言特点，在学习中给同学们造成了很大困扰。此外，商务英语作为功能型英语的一支，其严谨、专业的语言风格也使很多想学习商务英语的同学望而却步。

商务英语已成为当代外语学习的一个热点，越来越多的外语界学者把目光转向推动商务英语的发展。中国迄今已有 32 所大学开设了商务英语本科专业，商务英语成为了与英语语言学等传统英语专业的平行学科，为商务英语的迅速发展提供了更大更广的平台。近些年来主要的研究成果有：林添湖的《国际商务英语研究在中国》（1999），贺川生、肖云南的《商务英语理论与实践》（2004），鲍文的《国际商务英语学科论》（2009），翁凤翔的《商务英语研究》（2009），雷春林、蔡丽的《新形势下的商务英语教学与研究》（2008），等等。这些研究主要从商务英语产生的原因、发展的历史以及趋势、在中国的学科发展、商务英语资料库的利用、商务英语语言特点、教学方法等方面进行了论述，提出了如何行之有效贴合实际地学好商务英语的对策，并注重学以致用。与此同时，注重能力运用的商务英语考试在中国也日益成熟。剑桥大学组织的 BEC 考试每年报名火爆，托业考试作为外企的敲门砖也备受重视，2011 年，对外经济贸易大学牵头准备开设商务英语专业四、八级考试，这无疑在更大程度上推动了商务英语的研究与发展。

二　商务英语在中国的起源与发展

　　商务英语是专门用途英语的一种，它是以适应职场工作的语言要求为目的，包含了工作中的方方面面。例如外企中经常用到的商业信函、商业谈判、工作用语等都是商务英语所包含的内容。一般认为，现代意义上的商务英语在中国的发展只有短短几十年的时间，但从跨文化商务交际用语的角度来看，商务英语的历史却足以追溯到汉朝的丝绸之路，历经唐、宋、元、明清多朝，经久不衰。然而清代后期实行闭关锁国的政策，商务英语的发展被迫进入了停滞状态。到了近代，英国用大炮打开了中国的大门，此后，中国政府与西方列强签订了一系列的不平等条约，大批通商口岸陆续开放，现代意义上的商务英语应运而生。新中国成立初期，暂停了与外国的商务往来，直至改革开放以后，商务英语作为国际商务活动中最主要的语言交际工具，才真正得到了应有的重视。

（一）商务英语在中国的起源

　　商务英语不是凭空出现的，它的产生与发展和商贸活动密不可分。汉朝的丝绸之路打开了中国与东亚、中亚至欧洲的陆上交通，推动了古代的商贸往来，汉武帝时期政府尤其重视发展与西方的政治经济交往，中国丝绸、茶叶的出口贸易量达到每年近 100 万英镑。陆上丝绸之路的发达催生了海上"丝绸之路"的开辟，远洋运输业务应运而生。到了东汉，古罗马商船队频繁出现于京都洛阳，与中国官吏进行贸易谈判，他们所使用的带有商务交际目的的英语即为现代商务英语的雏形。唐朝时期，中国成为世界经济文化的中心，其兼容并包的外交政策和鼎盛的国力吸引了大批欧洲商人前来淘金，为了更多地了解中国的风土人情，这些外国商人大多学习汉语，并把用于商贸活动的英语词汇带到了中国，使各国之间的沟通更加顺畅（贺川生、肖云南，2004）。交通及语言的便利，使以英国为首的欧洲各国得以不断拓展海外贸易，经济得到了迅猛发展，快速积累了大量财富。同时，英语作为国际商务交际语言的地位与作用也日益突出。17世纪以后，英国工业革命完成，迫切需要发展经济的英国开始实行对外扩张的政策，抢占世界市场，英国商人以沿海的港口、城市为贸易据点，建立商会，并逐渐形成了一种基于当地母语，并夹杂英语词汇的特殊语言，被称为"pidgin English"，即"洋泾浜英语"。以广州港为例，当时的英国记者就曾报道几乎所有黄埔港职员都能说简单的商务英语词汇，英语是不可或缺的职业语言。

（二）商务英语在中国的发展

然而，商务英语在中国获得真正的发展则是在鸦片战争之后。英国为了扭转对华贸易逆差，不惜发动战争，向中国大量倾销鸦片，并签订了中国历史上第一个不平等条约《南京条约》，英国自此获得了协定关税、在通商口岸倾销商品等特权。随后，列强掀起了瓜分中国的狂潮。《北京条约》规定，中国与英法等国的外交用语为英语，而这一时期的外交活动主要为通商口岸的协定、关税的协商、贸易谈判等一系列商务活动，这些商务活动的交际用语即现代意义上的商务英语。第二次鸦片战争之后，以"自强"、"求富"为口号的洋务运动兴起，洋务学堂遍地开花，为了培养能够与洋人进行商务外交沟通的人才，洋务学堂把商务英语作为必修的课程加以推广。辛亥革命之后，清政府被推翻，官方的商贸往来断断续续，但民间的互通有无却从未停止，商务英语就这样在中国艰难地流传。新中国成立初期，商务英语的发展近乎停滞。直至1957年第一届广交会的举办，把作为工作语言的商务英语重新带回了人们的视线。改革开放之后，中国国际商务迅速发展，政策的支持有力地推动了商务英语的腾飞。跨文化商务交际中的英语能力成为衡量一个外贸工作人员的必备技能，市场对于英语专业毕业生的应用能力越来越看重，一大批商务英语能力资格认证的考试也登陆中国，BEC和托业考试不断完善，并成为外企员工的敲门砖。在大学，商务英语也成为与英语语言学等传统英语专业平行的学科，备受瞩目，商务英语真正得到了应有的关注与重视，并朝着良好的方向不断发展。

三　商务英语的语言特点

语言是文化的载体。从商务英语的发展史中，我们不难看出，由于功能及文化背景的差异，商务英语与普通英语相比，确实显示出一些独特之处。商务英语主要服务于经济贸易活动，这就决定了其用词的准确性和专业性，然而商务谈判等博弈活动的存在，又决定了商务英语必须兼具灵活性与简洁性。另一方面，商务英语从古代沿袭至今，其特定的历史背景使很多古时期的商务习俗、词汇用法代代相传，并有了新的含义。从这一角度上看，学好商务英语也在一定程度上帮助我们加深了对国际贸易传统习俗的理解。

（一）用词正式、准确、严谨

商务英语是对商务实践的语言性表达，内容涵盖商务英语信函写作、经济合同、商务文书的起草、产品说明及广告的翻译、商业谈判时的博弈、经济纠纷的处理，甚至涉及经济案例的申诉、仲裁与审判。这些经济活动都有一个明显的特点，那就是力求准确性（孙颖香，2012）。

以一则租赁合约为例。

RESIDENTIAL LEASE／RENTAL AGREEMENT

PARTIES：LANDLORD_ _ _ _ _ _ _ _ _ _ _ _ _ _ _ _ _ _ _ _

TENANT（S）_ _

PROPRERTY ADDRESS：_ _ _ _ _ _ _ _ _ _ _ _ _ _ _ _ _ _ _ _

这一则合约，看似简单，却是一个典型的体现商务英语准确性的案例。文中用"parties"表示需要签约的双方，用"landlord"和"tenant（s）"表示业主和租户，既避免了产生例如"甲方"、"乙方"等多余缀词的使用，又增加了词汇的内涵性。而"landlord"与"tenant（s）"的使用，主要是考虑到若把双方译为"leasor"和"lease"，一则二者构词相近，容易混淆，二则体现不出这是针对房屋租赁的合约的特殊性。值得注意的是，商务文书中"renter"的使用并不常见，它既可以表示出租人，

也可以表示承租人，模糊性较强，不够精准，不适用于商务英语。

诸如此类的用法在正式的合同等法律文件中更是屡见不鲜。例如合同中"赔偿"用的是"indemnities"而不是"compensation"；"不动产转让"用的是"conveyance"而不是"transfer of real estate"；"房屋出租"用的是"tenancy"，而"财产出租"用的是"lease of property"。除此之外，商务英语中"shall, may, must"的应用更是要小心谨慎。因为这三个词汇在不同程度上约束着当事人双方的权利与义务，若用得适当，则可以明确双方职责，有效防止商业纠纷的产生。

（二）词汇使用灵活多变

除了商务公文写作，商务英语在日常工作交往中的角色并不总是严肃和呆板的。尤其是工作用语，细细分析下来，更是充满了灵活性与趣味性。公司开会讨论一个棘手问题时，若你提出的建议被称为"bell ringer"（打开局面，扭转乾坤的想法或举措），那你离升职加薪的道路就不远了。而在商务谈判中，一旦你的队友悄悄对你说"They caught me completely flat-footed"（他们把我逼得无路可退了），那么你就要做好转变思路，调整战略的准备了。这些词语活用的现象不仅体现了商务英语中的幽默，还有一定的历史背景。"bell ringer"起源于欧洲嘉年华中的一种木槌游戏，这种游戏用来考验参加者的技巧和力量。参与者需要用力敲打跷跷板较高的一边，另一边则有一个金属滑板，使一根棒子迅速升起，把钟敲响，最终的获胜者必须把钟敲得震耳欲聋，大家欢呼喝彩，商务英语中则借此表示一项计划或想法能够引起人的共鸣，产生与众不同的效果。词汇的灵活多变是商务英语的又一魅力，同时能够加深我们对欧美文化的理解。

（三）古语词使用频繁

语言是历史和文化的传承。商务英语的第三大特点则为古语词的使用频繁。古罗马的兴盛使拉丁语传播到整个欧洲大陆，对欧洲的经济文化产生了深远的影响，以致商务英语中某些特定词汇的用法沿袭至今。例如公文中"委托代理人"为拉丁语"agent ad litem"；"不可抗力"为"force majeure"。

除此之外，由于欧洲大陆各国联系密切，一些具有特定含义的用法也沿袭至今。例如"French leave"，从字面上来看，这一词组的意思为"法国式离开"，但在商务英语中，它经常表示为"旷工"或"不经允许擅自离开"。这主要是起源于18世纪法国贵族们晚宴上流行的一种不告而别的风气。诸如此类的这些特殊的词汇用法对于普通的中国英语学习者来说确实苦不堪言，但这些充满历史内涵的用语正是欧美商业人士的骄傲。

（四）缩略词使用普遍

商务英语是传达商务信息的工作用语，而商务活动中，时间就是金钱的观念深入人心。为了适应当今商务活动对效率和速度的要求，商务英语必须具有简约性的特点。商务英语简约性最主要的体现就是缩略词的大量存在。这不仅给印刷、书写、速记、口语交流提供了便利，也增加了商务活动的专业性。例如：IPO（Initial Public Offering）首次公开募股，CRM（Customer Relationship Management）客户关系管理，EFT（Electronic Funds Transfer）电子资金转账，WTO（World Trade Organization）世界贸易组织，等等。这些缩略词的存在要求我们在学习时细心积累，更加熟悉国际商务环境。

（五）新词汇不断涌现

商务英语的发展涉及政治、经济、文化、科技等方方面面。随着时代的发展与进步，描述产品功能、技术的新鲜词汇不断涌现，属于商务英语范畴的新成员也随之不断增加。例如：熊市（bear market）、热钱（hot money）、人才流失（brain drain），等等，都是根据近年来商务活动现象所扩充的新词汇。尤其是互联网的快速发展催生了电子商务类新词汇。Cyber shopping（网络购物）、group buying（团购）、teleconference（视频会议）等新鲜词汇均是用来表达电子类商务活动的。现代商务英语作为新兴产物，只有与时俱进，紧跟时代步伐，才能充分发挥其功能，适应时代的发展潮流。

（六）同一词语有不同的商业含义

值得注意的是，普通英语的词汇在商务英语中往往有其他商业含义。例如：还款或专利申请时"宽限期"用的是"grace"，与其在日常英语中"优雅、恩赐"等含义大相径庭。而"composition"在法律文件中则通常被翻译为"破产后当事人双方和解"。又如，在形容一个企业处于盈利状态时，商务英语中常用的词组为"a going concern"，译为"盈利企业"；而当描述一个企业的战略过于冒险时则常用"The company's strategy is a leap in the dark"来表达。

这些商务含义有的是出于历史背景，有的则是语言习惯，还有一些是自嘲式的英语幽默。然而大部分的原因和出处已经很难寻根问底。我们只有对这些"易于变身"的词语了如指掌，才能真正融入国际商业活动中。

四 商务英语的学习方法与技巧

商务英语的学习并不是一蹴而就的，其准确性、灵活性、历史性、简洁性、创新性、多样性等特点决定了我们要有针对性地进行学习。商务英语中的特殊用法要求每一个学习者应当建立自己的商务英语语料库，并在学习过程中不断丰富扩展。而人文知识的积累和商务思维的培养则应贯穿于学习者的日常生活中，只有日积月累地学习，才能增强商业敏感度，成为一名真正的、合格的、地道的商务英语使用者。

（一）建立自己的商务英语语料库

语言的应用离不开词汇与用法的积累，想要系统地学好商务英语，就必须及时建立自己的商务英语语料库，商务英语中存在的特殊用法和习惯搭配只有通过不断的积累和重复记忆，才能实现灵活应用的目的。

语料库可以根据词汇的用途来划分。例如：一个简单的语料库可以分类为金融用语、银行用语、法律合同用语、商务谈判用语、商务公文写作、日常工作用语等，并分门别类地加以补充。这不仅方便我们在语言应用中有据可查，还能加深对特殊词汇用法的记忆。只有建立自己的语料库，针对自己的学习情况加以总结和补充，才是最为行之有效的方法，并形成长久记忆，使商务英语真正融入随时随地的学习中。

（二）模拟商务活动场景

传统的英语学习总是把所学知识分为口语、听力、写作、阅读四大类，商务英语也不例外。然而，商务英语作为一种专门用途英语，要求学习者感觉、听觉、视觉各类器官并用，不可分割。这就要求我们要用新的思维、新的方式来加强商务英语的学习。

商务活动在日常工作中无处不在，它既可以是同事间针对某一项目的争论，也可以是与经销商之间的贸易谈判；既可以是与上司或下属的文件往来，也可以是面向顾客的一次销售活动。总之，商务英语应用的情境离我们很近。在学习中，只要我们有了一定词汇量的积累，同学之间就可以尝试模拟商务活动场景。例如：我们都是 MP 公司的职员，公司最近在讨论有关上市的提案，活动由市场部主管 Mary 主持。一个简单的场景假设，能够激发大家应用商务英语的兴趣，同时帮助大家学以致用，当真正面对此类会议时能够有备而战。

（三） 注重人文知识的积累

在语言学习中，值得注意的一点是：某种程度上文化的差异才是我们最难跨越的障碍。文化背景决定着每个人价值观的核心成分，文化的认同才能产生人与人之间的共鸣。从这一角度来看，商务英语并不仅仅只是帮助我们准确传达商业信息的工具，它更是沟通不同国家商务文化的桥梁。针对不同文化背景的商业伙伴，我们要充分考虑到当事国的商贸传统，尊重其礼仪信仰，才能达到双赢的目的。例如百事可乐的广告语"Come alive with Pepsi！"在中文中意为"喝百事，令您重新焕发生机！"但在德语里却含有"从坟墓中复活"这类带有黑暗色彩的含义。毫无疑问，百事在德国的市场远不如可口可乐。

因此，在学习过程中，我们要重视不同国家的文化差异，不断积累包括宗教、历史、禁忌、信仰等在内的人文知识，切忌因小失大。

（四） 培养商业思维

商务英语服务于商业活动，而商业活动最需要的是商业思维。简而言之，商业思维就是一个人处理经济活动的原则、思想，它体现在如何将这些想法转化为行动的过程中。如何能让一个创意变成企业价值？如何能使一个新产品吸引更多的顾客？这些，都要用商业思维来解决。形成良好的商业思维，并成功创造商业价值，才是我们学习商务英语的最终目的。

以中国著名的电器品牌"海信"为例，"海信"成立初期，曾为了能有一个响亮的英文商标助其打入国外市场而煞费苦心，直至其原总工程师钱钟毓先生提出"Hisense"这一创意。"Hisense"是由"High"与"Sense"的结合体，代表了"高品位"与"高享受"，不仅含义独特，更具语言的韵味与美感。自从有了这个全新的品牌定位，海信不仅在国内的市场份额大大提高，在国际舞台上也实现了一个华丽的转身，获得了越来越多的国家人民的信赖与认可。这与钱先生巧妙的语言应用密不可分，钱先生正是掌握了消费者对于"先进技术"和"高层及享受"的心理追求，才能提出如此完美的翻译方法（姚凤云，2012）。

由此可见，一个人的思维与修养确实关系到商务英语的学习，我们要在学习中培养商业思维，努力把握商业活动内在规律，实现从学习知识到勇于实践的跨越。

五　结语

对于企业来说，员工的语言能力是一种特殊的人力资本，在当今跨国公司不断发展的大环境下，商务英语能力作为一种职场技能，与计算机应用能力一样，都是必不可少的硬性要求。商务英语应当是扎实的语言功底与丰富的商业背景的融合，它首先是一种语言，具有帮助沟通、传递信息的职能，又是一种特定的语言，它服从并服务于商业活动。具有其自身不可忽视的特征。这就对我们学习者提出了更高的要求。商务英语的学习应当是英语词汇用法与商业思维文化的交融。只有真正理解了商务英语的文化，熟悉跨文化交流与沟通的技巧和方法，才能在激烈的商业竞争中用语言创造财富，展现商务英语的真正魅力。

参考文献

鲍文：《国际商务英语学科论》，国防工业出版社 2009 年版。

陈思慧：《试论商务英语与普通英语的比较》，《科教导刊》2012 年第 12 期。

贺川生、肖云南：《商务英语理论与实践》，商务印书馆 2004 年版。

雷春林、蔡丽：《新形势下的商务英语教学与研究》，上海外语教育出版社 2008 年版。

林添湖：《国际商务英语研究在中国》，厦门大学出版社 1999 年版。

孙黎香：《商务英语语言特点研究》，《广东外语外贸大学学报》2012 年第 21 期。

翁凤翔：《商务英语研究》，上海交通大学出版社 2009 年版。

姚凤云：《浅析文化因素对商务谈判的影响及应对策略》，《当代科技创业》2012 年第 1 期。

宜克勤：《商务英语词汇的词义选择与技巧》，《怀化学院学报》2008 年第 15 期。

以辅修英语专业为途径全面深化大学英语教学改革的理论设想与研究
——以陕西师范大学为调查对象

雷 震

摘要：笔者结合陕西师范大学新一轮大学英语改革的实践与本科辅修第二专业建设的有关情况，在调查问卷和个别师生访谈的基础上，借鉴相关高校的做法与理论研究，大胆进行理论上的假设与创新，试图以辅修英语专业为途径，全面地深化大学英语教学改革，以期待能形成师生双方共赢的局面。

关键词：辅修英语；教学改革；职业发展

一　引言

目前，陕西师范大学新一轮大学英语改革已经如火如荼地进行了一年之久，在此期间，相继实行了大一新生入学英语水平测试分级、开办新生英语训练营、实施 ABC 班教学、鼓励 A 班学生率先在一年级第一学期参加全国大学英语四级考试、全面实施英语网络自主课堂学习、强化听说训练、全面鼓励一年级 B 班学生在第二学期自愿参加大学英语网考四级考试等一系列卓有成效的改革。回顾改革的历程和道路，总的来说取得了一些成效，但也存在着一些问题。其中改革缺乏顶层设计与布置的引导、大学英语教师缺少专业发展方向和理论指导却是不争的事实。笔者深入调查我校大学英语教学部 58 位教师，结合针对我校正在全校本科学生中进行的第二辅修本科专业招生所做的调查问卷，经过认真统计和分析，并且基于部分教师和学生的访谈，作出以下初步的理论探索和研究。

二　英语辅修第二本科专业

陕西师范大学本科第二辅修专业的招生对象是全日制在校本科生。按照目前学校有关文件规定，凡正式注册的学生，在学习期限内修完教学计划规定的总学分或课程模块，在已取得主修专业的毕业证书后，经教务处审核，由学校颁发第二专业学历证书；学生在学习期限内修完教学计划规定的总学分或课程模块，达到第二专业学士学位要求，且已取得主修专业的学士学位后，由学校颁发第二专业学士学位证书。

英语作为学生自愿选择的第二辅修专业，可以充分利用我校的教育资源，促进人才培养模式改革，培养高素质、宽口径的复合型人才，提高学生的就业竞争力。目前第二专业的修读方式以网络学习为主，主要采取网络自主学习与面授辅导相结合的方式。校方为学习者提供相关的网络学习资源以及各种形式的学习支持服务，并组织相关专业教师定期开展面授辅导答疑。课程考核由学校教务处统一组织。课程考核每年举行两次（3月和9月）；课程考核包括作业考核和课程考试两部分。课程考试成绩占课程考核成绩的70%，作业考核成绩占课程考核成绩的30%；两部分成绩都合格时，方可取得该课程相应学分；凡修读第二专业的学生辅修超过8学分的可以免修第一专业公共选修课8学分。

目前我校为本科生开设的可供选择的辅修专业有英语、计算机科学与技术、汉语言文学等共8个专业，表1是针对我校各专业本科一二年级学生发放的有关英语辅修专业的不记名式意愿调查表的统计结果。

表1　　　　　　　　英语辅修专业意愿调查表

	受调查学生人数（人）	愿意选择英语作为辅修专业的学生	意愿百分比	愿意选择英语作为辅修专业的原因、人数及所占百分比（前七位）（多选）
文科部各专业	153	124	81%	1. 有利于通过四六级、托福、雅思等英语考试（244人；71%）； 2. 有助于以后考研（237人；69%）； 3. 有助于以后就业找工作（172人；50%）； 4. 能帮助自己说一口流利的英语，并且切实提高自己的英语听说能力（147人；43%）； 5. 有助于以后出国留学（51人；15%）； 6. 有助于自己了解英美等西方国家（34人；10%）； 7. 有助于成家后辅导自己孩子英语（27人；8%）
理科部各专业	97	82	84.5%	
艺术体育类专业	93	59	63.4%	
汇总统计	343	265	77.3%	

从以上问卷调查来看，本科一二年级各专业平均77.3%的受调查学

生有意选择英语作为自己的辅修第二专业。结合个别学生的访谈，从心理层面上来分析，这些学生也愿意为之付出相应的学习时间并投入精力。这就为在我校 A 班和 B 班进行英语辅修专业的建设与开展实施奠定了坚实的基础。从具体原因来看，首先，有71％的学生愿意选择英语作为第二辅修本科专业，是因为通过系统的英语专业的学习将来有利于通过四六级、托福、雅思等英语水平考试，可以在以后各类英语考试中不再"犯难"，轻松过关，保卫"前程"。可见，在大学生群体中，对于英语学习和各类英语考试还是非常重视，英语成绩和水平的高低，是大学生关注的重点领域之一。其次，受调查的69％的大学生选修英语为辅修第二专业是因为有助于日后考研。随着近年来大学生就业市场持续低迷，以及人才消费的高学历化和大学生预期工资的持续走低，近几年及未来选择继续攻读硕士学位的本科生将会越来越多。而选择攻读研究生学位学历，对于很多选择考研的学生而言，英语始终是弱项之一。因此，提前把英语重点"解决"好，也就成为很多学生的共同选择。再次，有助于以后就业找工作这一选择项达到了50％，也表明大学生对目前就业市场中企事业单位把学生的英语水平和素质作为录用的普遍标准之一已经有了广泛和清醒的认识。最后，能帮助自己说一口流利的英语，并且切实提高自己的英语听说能力；有助于以后出国留学；有助于自己了解英美等西方国家；有助于成家后辅导自己孩子英语等选项的选择率也分别达到了所调查学生中总人数的43％、15％、10％和8％，这表明学生对英语学习的多样化心理需求正在逐步增强，也表明大学生主动自愿学好英语的心理正在逐步形成。

从以上分析可以看出，在对全校本科生的广泛宣传和有力组织下，将英语作为辅修第二本科专业还是有很强的学生基础的。

三　大学英语教师的职业发展

有学者将外语教学划分为普通英语教学（English for General Purposes，EGP）与专门用途英语教学（English for Specific Purposes，ESP）。近几年来，我校大学英语教师出现了两种职业发展倾向，一是一些大英教师选择攻读其他专业的博士学位，试图解决外语教师"不懂专业"的问题，谋求能够成功转型，走上 ESP 教学之路。经过几年的努力，几位教师已经成功转型，职称晋升也很顺利。二是不少的教师选择继续攻读英语专业各方向的博士学位，教学上还在从事 EGP 的工作。表2是针对大学英语教学部 58 位教师所做的问卷调查的统计结果。

表 2 　　　　　　　　　　　　教师职业发展瓶颈

	人数	目前教师职业发展中存在的主要困难、障碍 （前三位）
讲师	54 人	1. 感觉自己没有研究的方向和专业（40 人）； 2. 感觉职称晋升（副教授）难度很大（33 人）； 3. 感觉教学没有专业性、发高层次文章较难（28 人）
副教授	4 人	1. 感觉自己在指导教育硕士（英语专业）时缺乏专业性（3 人）； 2. 感觉职称晋升（教授）难度很大（3 人）； 3. 感觉研究的方向性模糊，在高层次期刊上很难发表文章（2 人）
总人数	58 人	

从针对大学英语教学部教师的统计来看，青年教师（即讲师）占大英部教师总人数的 93.1%。讲师群体职业发展诉求集中体现在开展科研的方向和目标上，这与大学英语教学与研究部广大教师长年只针对大一、大二和公共研究生进行公共和普通英语的读写和听说课教学有关，课时量大，没有特定的研究方向和专业有着密切的关系。

目前，陕西师范大学英语教学改革既涵盖 EGP 教学，又有 ESP 教学，两者双管齐下，满足不足英语水平和专业的学生的需求。在此之外，如开展英语辅修第二本科专业的教学，需要同时整合 ESP 和 EGP 教学的优势，又不全以本科英语第一专业的课程设置为限制，需要发挥大英部教师现有的优势和条件，大力增强辅修英语专业对学生的吸引力。具体来说，有以下三点。

（一）团队授课

每一门英语辅修课程至少有两位教师共同开课，以供学生选择，避免"因人设课"和"单兵作战"。这样，一方面能让每个相关的教师浓缩其教学内容，将自己最擅长和最精华的教学内容在有限的时间内呈现给学生，从而不仅增加该课程的特色和特点，也在一定程度上保证了教学的质量；另一方面，团队授课的做法也有利于该课程的长远规划和课程建设。

（二）加强对辅修英语本科专业的教学管理

一方面，每位任课教师应重视对各自所授课程的课堂管理。根据课程要求制定科学合理的、系统的考试与评估制度，注重形成性评估，鼓励学生自评与互评，减少终结性评估在总成绩中的比重，重点培养学生的综合应用能力。另一方面，大英部相关辅修英语本科专业管理部门应完善和加强对英语辅修专业的指导和监督，例如：建立新开课程的可行性调研和试讲制度，在条件成熟时改革目前学生评估辅修授课教师的《教学评估表》，制定更科学、针对性更强、更有利于改进教学的评估表。

（三）增强辅修英语本科专业的吸引力

通过前期调研、与学生座谈等方式，对辅修英语本科专业重新进行定位，以区别于英语本科专业，真正发挥大英部现有教学资源的优势，突出自身的特点和特色，开设一些学生喜欢的特色英语课程，且在必要时进行适当的宣传以提高辅修英语专业的知名度，在全校本科生中树立一个良好的品牌知名度，增强对学生的吸引力。

因此，可以在全校非英语专业一年级和二年级本科 A 班和 B 班学生自愿选择的基础上，择优选择部分学生先行选择英语作为辅修专业，同时结合大学英语教学的改革与学校相关政策规定，抵扣或者置换大学英语 8 个学分，便可在部分择优选择出的优秀的 A 班和 B 班学生中开设英语专业的综合英语、英美文学、翻译、英美概况、英语国家历史与社会习俗、英语报刊阅读等专业课程。根据辅修专业的标准和要求，结合学生的实际水平，可以对部分专业和课时进行调整。其他未参加辅修专业学习的本科一二年级学生，可以继续进行原大学英语（一）至（四）的课程学习，待到二年级或三年级学生条件和水平成熟时，根据学生意愿，可自愿决定是否申请加入英语辅修专业的学习。

如此一来，大学英语教学便可在进行大学英语教学的同时，实现华丽转身与专业定位，将大学英语教师根据个人专长和意愿划入文学组、翻译组、语言学组和英语国家历史和社会习俗组等。从而实现个人教学和科研的紧密结合，切实部分解决"感觉自己没有研究的方向和专业"、"感觉教学没有专业性、发高层次文章较难"、"感觉研究的方向性模糊"等有关问题。

四　需要注意的问题

辅修专业毕竟与学生的主修专业不同，对待辅修专业学生，不能像对待英语第一专业学生那么"苛刻"，辅修专业的学生所要达到的专业程度和要求需要在长期的实践中逐步调整和改革。但同时又不能过于"宽舒"，使得辅修专业的建设和发展流于形式，没有实质内容，不能起到促进学生英语综合应用能力提高和发展愿望的实现的作用。

五　结语

作为大学英语教学改革中的一个非常重要的组成部分，辅修英语本科第二专业的教改势在必行，且意义重大。尽管目前该专业被诸多内部、外部问题所困扰，但是，只要我们树立信心，确实提高各门辅修英语专业课程的教学质量，完善和加强相关教学管理，全面提升辅修英语专业的竞争力和吸引力，定能克服重重困难，最终把"大英部"主导的辅修英语本科专业办得更好、更强。

本文仅探讨了陕西师范大学在大学英语教学改革中遇到的实际问题，不足以反映全国其他院校在此过程中遇到的所有问题。希望本文能抛砖引玉，吸引更多的专家和学者在这方面进行更深入的研究。

参考文献

尹华东：《大学英语辅修专业建设的问题与对策——以首都师范大学为例》，《首都师范大学学报》（社会科学版）2008 年增刊。

付艳丽：《从大学英语辅修教学看复合型人才的培养》，《语文学刊》（外语教育教学）2013 年第 8 期。

唐进：《一位大学英语教师的 ESP 教学之路——从自我对质法角度》，《当代外语研究》2012 年第 6 期。

基于混合式学习模式的研究生
英语评价体系实证研究①

马　珂　王晓芸

摘要：本研究以多元智能理论、建构主义学习理论为理论基础，构建基于混合式学习模式的非英语专业研究生英语学习的评价体系，采用问卷调查及访谈的方法收集数据，使用 spss 17.0 进行数据分析，研究形成性评价与学习自主性的相关性。研究发现，学生对于实施形成性评价的总体接受度和认可度较高，形成性评价实施前后的学生自主学习情况在八个维度上均有显著差异，学生学习自主性显著提高。

关键词：混合式学习；学习自主性；形成性评价

一　引言

针对非英语专业研究生英语学习过程中评价手段单一化的问题，构建形成性评价和终结性评价相结合的评价体系是十分必要的。罗少茜（2003）指出传统的终结性评价，即通常的期末考试，只注重结果，不注重学生发展的过程；形成性评价注重学生学习发展的过程，保护并提高了学生学习英语的兴趣和积极性，有利于学生的长期发展。

国内英语学习形成性评价研究成果较为显著，吴秀兰（2008）检索了 2000—2007 年 7 月国内所有相关期刊，把检索所得的 79 篇关于形成性评价研究的文章的研究方法和研究内容进行分类统计，发现国内形成性评价研究以非材料性研究为主（67 篇，约占 85％），以实证性研究为辅（12 篇，约占 15％）。在此基础上，笔者检索了 2007 年 8 月至 2011 年 12 月国内期刊，形成性评价研究文章 152 篇，其中只有 39 篇（约占 25.6％）为实证性研究，如程颖（2010）、饶静（2011）、蒋宇红、周红

---

①　本文得到陕西师范大学研究生教育教学改革项目资助。

（2010）的有关形成性评价在大学英语教学中以及促进学生自主学习的实证性研究。虽然实证性研究的文章数量有所增加，但比例仍然很小，尤其是涉及研究生英语学习的形成性评价的实证研究。本项目研究试图通过对比实验、问卷调查、师生访谈等研究方法，探究如何利用形成性评价促进研究生自主学习能力的提高，构建基于混合式学习的研究生英语学习评价体系。

目前的研究生英语学习已经不再是单一的面对面的课堂教学，而是网络学习和课堂学习相结合的模式（马珂，2010）。因而，基于混合式学习模式的研究生英语评价体系的建立是发展学生自主学习能力的需要。评价体系不仅要重视学生对知识点的把握，而且要帮助他们了解自己，树立自信，提高自主学习的能力，发现和发展他们多方面的潜能和智力，提高语言的应用能力和相互协作的精神。

该研究有待解决的核心问题是：（1）研究生英语学习评价体系中，形成性评价应当对学生的哪些方面的能力进行评价？（2）如何实施这些评价？（3）这些评价措施的实施是否有效提高了学生学习的自主性？

二　研究的理论依据

（一）多元智能理论

美国哈佛大学的发展心理学家加德纳（H. Gardner，2000）提出的多元智能理论（the multiple intelligences theory）打破了传统的将智力看作以语言能力和逻辑——数理能力为核心的整合能力的认识，而认为人的智力是由言语——语言智力、逻辑——数理智力、视觉——空间关系智力、音乐——节奏智力、身体——运动智力、人际交往智力、自我反省智力、自然观察智力和存在智力九种智力构成，并从新的角度阐述和分析了智力在个体身上的存在方式以及发展潜力等。

多元智力评价非常重视对过程的评价。H. Gardner（2006）在阐述课堂评估时提道："好的评估方法可以更全面地发现学生的各种技能，并为他们今后的学习和自身发展提出有用的建议。"对学生的学习过程进行评价的最终目的是为了使学生今后的发展更好地适应社会的需要，适应自己持续性学习的需要。这是构建评价体系的主要理论依据之一。

（二）建构主义学习理论

建构主义学习理论（constructivist learning theory）主要是以瑞士心理

学家皮亚杰（J. Piaget）和苏联心理学家维果茨基（Vygotsky）的思想为基础而发展起来的（屈林岩，2008）。学习是意义的主动建构过程，不是知识的被动传输。建构主义学习观强调个体主动参与共同体实践活动的过程，即学习要充分发挥学习者的学习能动性和发展学习者的主体性。

正是基于学习观念的变化，评价的观点也随之转变，即由原来的一味强调学生学习的结果转向关注学习过程。同时，激发学生学习的兴趣，帮助学生形成学习动机，提高学生学习的自主性就成为了评价体系的目标和功能。

（三）混合式学习模式

混合式学习是在"合适的"时间为"合适的"人采用"合适的"学习技术和为适应"合适的"学习风格而传递"合适的"技能来优化与学习目标对应的学业成就（黄荣怀、周跃良、王迎，2006）。所谓混合式学习模式（Blended Learning），就是要把传统学习方式的优势和 E-Learning（即数字化或网络化学习）的优势结合起来（何克抗，2005）。混合式学习包括学习理论、学习资源、学习环境、学习方式与学习风格等各方面的混合。

本文所构建的评价系统正是基于混合式学习模式，即在学习方式上体现为网络平台的自主学习和面对面课堂学习的有机结合。

三　研究设计

本研究主要采用开放式和封闭式问卷调查及访谈的方法，涉及的研究对象为2009级（89人）、2010级（102人），参与人数共计191人。研究之所以跨两个年级，是因为这两届学生的英语学习评价方式是不同的。在2009级学生中，开始实施了听力网络自主学习，要求学生听够32小时的听力，不达标者将在期末考试成绩中扣除一定的分数，英语学习评价依靠期末考试。在结合师生的访谈基础上，制定了《研究生英语学习评估方案》，并在2010级学生中试行了该方案，在实施了一学年的形成性评价后，编制《研究生英语形成性评价与自主学习相关性研究调查问卷》对学生进行了问卷调查。该问卷采用李克特量表（Likert scale），分为形成性评价的接受度和自主学习情况调查两部分。发放问卷119份，回收113份，有效问卷102份。利用统计软件 SPSS 17.0 对形成性评价接受度数据进行描述性统计，并对比形成性评价实施前后的学生自主学习的情况，从自主学习的八个维度进行两两配对样本符号秩检验，研究形成性评价与自主学习相关性。

四　结果与分析

基于两个阶段的研究过程，研究结果分为两部分。

（一）评价体系的形成

本课题组在对 2009 级学生进行初步的访谈和开放式问卷调查中，发现学生们认为期末考试过于单一化，不能调动学生的学习积极性，不利于学习者自主学习能力的提高。对于期末考试作为英语学习评价的唯一方式，学生们对此持反对意见，他们认为："我最不乐意接受的考评方式是最终成绩是卷面成绩。""以年终考试作为唯一评价标准，随机性、偶然性因素太大，不能综合评价学生学习水平。""平时的表现更能反映一个人的做事态度，让学生理解'付出必然有回报'。""不喜欢一次考试定结果。""考试方式只有试卷形式，我觉得是不合理的。"并提出考试方式的改变。"考试的方式上应有所变化，使之真正能够成为达到测试英语水平的目的。"

对于考核内容，学生们作出了以下的建议。

1. 评价体系整体设计

对这一点，学生们提出了自己的建议。"试卷成绩不占成绩的全部，应设置平时成绩计入总分，以出勤率、课堂回答问题、课后作业作参考。""我认为关于对学生的英语成绩及学习情况的评价，应该以上课的出勤率，在课堂上的表现（例如：回答问题的积极性、听讲状况、作业的完成情况）作为参考。""应该将成绩分为三部分：平时课堂表现、口语测试、卷面成绩，这样才能得到综合的、真实的、有效的对学生的评价。如果单纯以笔试卷面成绩作为英语学习好坏的标准，会阻碍一些学生对英语学习的积极性。""对学生口语能力测试放入期末成绩中，让学生提高语言的应用能力。""我最乐意接受的考评方式是：英语课堂考勤、课堂回答问题、课堂笔记、课前预习。""我希望以考试为主，平时成绩为辅。""以课堂的参与度来评价是否主动学习。""平时作业 + 点名 + 考试。""平时成绩 + 最终考试：两者结合可以较全面地评价学生学习情况。"甚至有些学生还提出了具体的分值比重："最喜欢的评估方式：考试（70%）＋课堂（20%）＋作业（10%）"、"考试成绩 70% ＋出勤率

15% +作业15%"。

2. 课堂参与度

学生们清楚地认识到课堂参与的必要性，他们说："应注重考察学生平时的课堂学习和课堂交流。""在课堂上考察学生对课文的熟悉程度。""结合平时成绩及一些活动表现。""作为对同学们平时成绩的考评，本人认为，课堂发言，做小组活动等真实的东西比较可靠。""课堂作业能体现学生的态度。"

3. 出勤率

出勤率也是学生关注的一个焦点。"适当地增加考勤次数，并算入平时成绩中。""平时出勤必须作为考核内容，作为学生，学习应该是第一位的事。"

在收集整理了对学生们的访谈和开放式问卷之后，项目组制定出了研究生英语学习评价体系实施方案，编制了形成性评价记录表。

（二）评价体系的实施

研究生英语学习评价体系分为形成性评价和终结性评价。形成性评价包括课堂评价、网络自主学习评价，和期末考试按照一定的比例构成对学生学习的评价（见图1）。其中，课堂评价体现在学生课堂参与程度、任

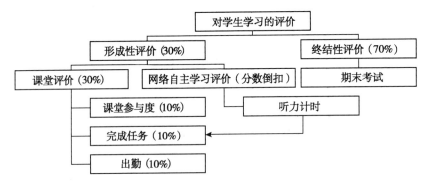

图1 研究生英语学习评价体系

务完成情况和出勤。网络自主学习评价目前由于技术手段的限制只能做到对听力进行计时，即每学期要求学生完成听力16单元的自主学习，按每单元1.5小时计算，完成听力要求，时间上的保障是24学时。由于语料的真实性在语言学习中相当重要，因而网络自主学习部分也同时要求学生完成4部电影的听力学习，每部电影1.5小时，记为6小时。对于未达到

要求的相应地倒扣分数。

试行了一年之后，项目组编制《研究生英语形成性评价与自主学习相关性研究调查问卷》对学生进行了问卷调查。并利用统计软件 SPSS 17.0 对形成性评价接受度数据进行描述性统计，计算出均值、标准差、偏度，按均值的降序排列（见表1）。

表1 **形成性评价接受度和认可度**

Descriptive Statistics

	N	Miniwuw	Maxiwuw	Mean	Srd. Deviation	Skewness		Kurtosis	
	Statistic	Statistic	Statistic	Statistic	Statistic	Statistic	Std. Error	Statistic	Std. Error
（VAR00001）	102	1.00	5.00	4.4118	0.69443	−1.667	0.239	5.429	0.474
（VAR00002）	102	2.00	5.00	4.2059	0.61882	−0.417	0.239	0.709	0.474
（VAR00007）	102	2.00	5.00	4.1863	0.79267	−0.834	0.239	0.430	0.474
（VAR00006）	102	1.00	5.00	4.1569	0.90920	−1.124	0.239	1.431	0.474
（VAR00005）	102	1.00	5.00	4.7255	0.97653	−0.527	0.239	−0.381	0.474
（VAR00004）	102	2.00	5.00	4.6078	0.85778	−0.007	0.239	−0.639	0.474
（VAR00003）	102	2.00	5.00	4.5686	0.83855	−0.170	0.239	−0.497	0.474
（VAR00008）	102	1.00	5.00	4.5294	1.10540	−0.457	0.239	−0.432	0.474
Valid N (listwise)	102								

如表1所示，学生对于实施形成性评价的总体接受度和认可度（VAR00001）较高，平均值为4.4118；学生对于评价的内容、方式和参与主体的接受度和认可度按照从高到低的顺序依次为：师评（VAR00002），任务完成的情况（VAR00007），出勤率（VAR00006），自评（VAR00005），互评（VAR00004 我评价同学，VAR00003 同学评价我），学习平台听力计时（VAR00008）。同时，自评（VAR00005），互评（VAR00004 我评价同学，VAR00003 同学评价我），学习平台听力计时（VAR00008）这四项的标准差相对较高，说明学生在这些维度上的态度有差异。为了进一步说明问题，根据数据的标准差和偏度分析，描绘出这四项的直方图（见图2—图

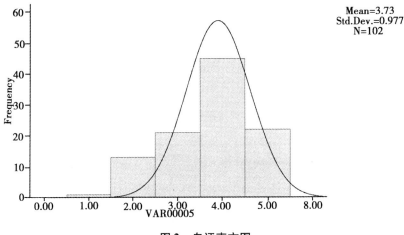

图2　自评直方图

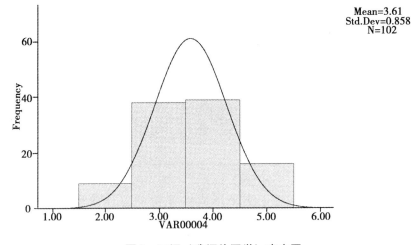

图3　互评（我评价同学）直方图

5）。由图2—图5，看出，对于自评（VAR00005）、互评（VAR00004 我评价同学，VAR00003 同学评价我）、学习平台听力计时（VAR00008）这四项选择"非常不赞同"和"不赞同"的学生明显地占了一定的比例。

分析形成性评价实施前后的学生自主学习的情况，对自主学习八个维度的 16 个样本进行两两配对样本符号秩检验，八组样本中，$p < 0.001$，形成性评价实施前后的学生自主学习情况有显著差异（见表

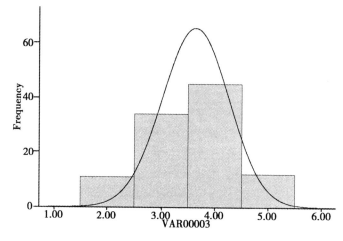

图4 互评（同学评价我）直方图

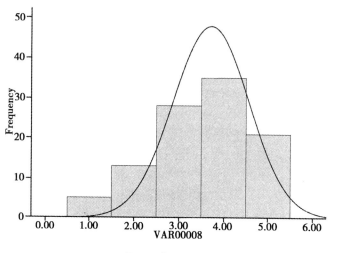

图5 学习平台听力计时直方图

2—表4）。

表 2 形成性评价实施前后对照

Statistics

Descriptive Statistics

	N	Mean	Std. Deviation	Minimum	Maximum		N	Mean	Std. Deviation	Minimum	Maximum
VAR00009		3.1961	0.83297	1.00	5.00	VAR00017	102	3.8529	0.84896	2.00	5.00
VAR00010	102	3.7647	0.84638	1.00	5.00	VAR00018	102	3.9804	0.71726	2.00	5.00
VAR00011	102	2.9314	0.85896	1.00	5.00	VAR00019	102	3.5980	0.82366	1.00	5.00
VAR00012	102	2.5784	0.84942	1.00	5.00	VAR00020	102	3.1863	0.91986	1.00	5.00
VAR00013	102	3.2941	0.83947	1.00	5.00	VAR00021	102	3.7059	0.77827	2.00	5.00
VAR00014	102	3.4804	0.84115	1.00	5.00	VAR00022	102	3.7745	0.75658	2.00	5.00
VAR00015	102	3.2451	0.90583	1.00	5.00	VAR00023	102	3.5098	0.86454	1.00	5.00
VAR00016	102	2.8933	0.93431	1.00	5.00	VAR00024	102	3.4510	0.85164	2.00	5.00

表 3 **Test Statistics**

	VAR00017 – VAR00009	VAR00018 – VAR00010	VAR00019 – VAR00011	VAR00020 – VAR00012	VAR00021 – VAR00013	VAR00022 – VAR00014	VAR00023 – VAR00015	VAR00024 – VAR00016
Z	– 6.439 *	– 2.797 *	– 6.146 *	– 5.135 *	– 3.849 *	– 4.108 *	– 6.596 *	
Awymp. Sig. (2 – tailed)	0.000	0.005	0.000	0.000	0.000	0.000	0.000	0.000

　　自主学习能力的提高具体体现在以下八个维度：（1）积极参与课堂活动：评价前（VAR00009）M = 3.1961，评价后（VAR00017）M = 3.8529；（2）主动完成作业：评价前（VAR00010）M = 3.7647，评价后（VAR00018）M = 3.9804；（3）课堂上积极回答问题：评价前（VAR00011）M = 2.9314，评价后（VAR00019）M = 3.5980；（4）在课堂上大胆提问：评价前（VAR00012）M = 2.5784，评价后（VAR00020）M = 3.1863；（5）有可行的学习计划：评价前（VAR00013）M = 3.2941，评价后（VAR00021）M = 3.7059；（6）学习目标明确：评价前（VAR00014）M = 3.4804，评价后（VAR00022）M = 3.7745；（7）形成了自己的学习方法：评价前（VAR00015）M = 3.2451，评价后（VAR00023）M = 3.5098；（8）通过课堂表现检验英语水平：评价前（VAR00016）M = 2.8933，评价后（VAR00024）M = 3.4510。在这八个维度上，学生自主学习积极性显著提高。

表 4   **Wilcoxon Signed Ranks Test**

Ranks		N	Mean Rank	Sum of Ranks			N	Mean Rank	Sum of Ranks
VAR00017 – VAR00009	Negative Ranks	5	25.50	127.50	VAR00021 – VAR00013	Negative Ranks	S	20.00	100.00
	Positive Ranks	58	32.56	1888.50		Positive Ranks	40	23.38	935.00
	Ties	39				Ties	57		
	Total	102				Total	102		
VAR00018 – VAR00010	Negative Ranks	8	12.81	102.50	VAR00022 – VAR00014	Negative Ranks	6	25.00	150.00
	Positive Ranks	22	16.48	362.50		Positive Ranks	34	19.71	670.00
	Ties	72				Ties	57		
	Total	102				Total	102		
VAR00019 – VAR00011	Negative Ranks	4	24.50	98.00	VAR00023 – VAR00015	Negative Ranks	5	16.50	82.50
	Positive Ranks	58	31.98	1855.00		Positive Ranks	29	17.67	512.50
	Ties	40				Ties	60		
	Total	102				Total	102		
VAR00020 – VAR00012	Negative Ranks	7	28.50	199.50	VAR00023 – VAR00015	Negative Ranks	3	25.00	75.00
	Positive Ranks	57	32.99	1880.50		Positive Ranks	56	30.27	1695.00
	Ties	38				Ties	43		
	Total	102				Total	102		

a. VAR00017 – VAR00009   b. VAR00017 – VAR00009
c. VAR00017 – VAR00009   d. VAR00018 – VAR00010
e. VAR00018 – VAR00010   f. VAR00018 – VAR00010
g. VAR00019 – VAR00011   h. VAR00019 – VAR00011
i. VAR00019 – VAR00011   j. VAR00020 – VAR00012
k. VAR00020 – VAR00012   l. VAR00020 – VAR00012

m. VAR00021 – VAR00013   n. VAR00021 – VAR00013
o. VAR00021 – VAR00013   p. VAR00022 – VAR00014
q. VAR00022 – VAR00014   r. VAR00022 – VAR00014
s. VAR00023 – VAR00015   t. VAR00023 – VAR00015
u. VAR00023 – VAR00015   v. VAR00024 – VAR00016
w. VAR00024 – VAR00016   x. VAR00024 – VAR00016

五　结语

本研究依据多元智力理论、建构主义学习理论和混合式学习模式，构建了适合学生发展，促进研究生英语自主学习的评价体系；并基于实证研究，从自主学习的八个维度进行两两配对样本符号秩检验，研究形成性评价与自主学习的相关性，分析了该评价体系对于研究生英语学习的促进作用。研究发现，学生对于实施形成性评价的总体接受度和认可度及分项的师评、任务完成的情况、出勤率的认可度较高，形成性评价实施前后的学生自主学习情况在八个维度上均有显著差异，学生自主学习积极性显著提高。为了更为有效地实施促进学生自主学习的评价体系，探讨如何让学生的听力自主学习成为真正有效的听力学习，探索如何在课堂上实施考察听力的有效途径，将成为后续相关研究的内容和重点。

参考文献

Gardner, H., *Intelligence Reframed*：*Multiple Intelligences for the 21st Century*, New York：Basic Books, 2000.

Gardner, H., *Multiple Intelligences*：*New Horizons*, New York：Basic Books, 2006.

程颖：《形成性评价研究与实践——基于大学英语自主学习模式的实施》，《重庆电子工程职业学院学报》2010 年第 2 期。

何克抗：《从 Blending Learning 看教育技术理论的新发展》，《国家教育行政学院学报》2005 年第 9 期。

黄荣怀、周跃良、王迎：《混合式学习的理论与实践》，高等教育出版社 2006 年版。

蒋宇红、周红：《大学英语采用形成性评价促进学生自主学习的实证研究》，《北京第二外国语学院学报》2010 年第 2 期。

罗少茜：《英语课堂教学形成性评价研究》，外语教学与研究出版社 2003 年版。

马珂：《基于网络的研究生英语自主学习课堂教学模式设计》，载张京鱼主编《跨语言文化研究》，中国社会科学出版社 2010 年版。

屈林岩：《学习理论的发展与学习创新》，《高等教育研究》2008 年第 1 期。

饶静：《形成性评价在大学英语教学中的实证性研究》，《佳木斯教育学院学报》2011 年第 1 期。

吴秀兰：《形成性评价在国内高校外语教学中的应用研究综述》，《外语界》2008 年第 3 期。

许智坚：《多媒体外语教学理论与方法》，厦门大学出版社 2010 年版。

对研究生公共英语课堂教学中
语言输入与输出的调查

高延玲

摘要：本文采取问卷、访谈、随堂观察等方法，在语言输入与输出理论框架下，对研究生公共英语课堂教学进行了调查，发现课堂教学中输入与输出方面存在一些突出的问题，如输入形式单一、输入与输出严重失衡、输出时机安排不当、输出质量不高等。本文分析了造成这些问题的原因并为其提供解决方法，目的是促进研究生英语综合能力的进一步提升。

关键词：语言输入；语言输出；研究生英语；课堂教学

一　引言

研究生教育属于高等教育的延伸部分，担负着为国家培养既具有专业知识及科研能力又具有各项实用技能的高级复合型人才。随着世界经济一体化的步伐不断加快，各种国际交流与合作也以不同形式频繁展开。在此背景下，研究生在校学习期间及毕业工作后参与跨文化交流的机会及可能性大大增加。《非英语专业研究生英语教学大纲》指出，研究生英语课程旨在培养研究生的英语综合应用能力，使其通过本课程的学习，可以用英语进行日常生活及学术交流。因此，对研究生的英语综合能力的培养和提高就成为研究生教育工作中的重要环节。

近些年来，随着研究生招生规模的不断扩大，研究生公共英语教学的师生比连续下降，多采取大班教学的形式，学生英语水平差异较大，学习积极性不高，教学效果不够理想。虽然研究生在入学之前就已经对英语进行了多年的学习，但从教学实践中看，其语言能力尚达不到跨文化交际的要求。语言输入和语言输出是外语学习的两个重要环节，对于研究生英语综合能力的提高有着至关重要的影响，因此，如何利用课堂教学通过适当的语言输入与输出活动提高研究生的语言综合能力是本文关注的焦点问题。

二　理论基础

输入与输出是语言学习中的两个密不可分的环节。语言"输入假设"理论是美国语言教育家克拉申（S. D. Krashen，1985）在 20 世纪 70 年代末到 80 年代初提出的二语习得理论，该理论对于二语习得研究产生了极其重要的影响。克拉申认为，语言输入是语言习得的必要条件，学习者必须大量接触语言输入材料，并通过具体的交际情景和上下文理解所输入的材料，由此通过掌握语言知识，使语言习得得以实现。在此理论当中，克拉申特别强调语言输入的可理解性，即语言的输入材料必须与学生的生活相关，能够激发学生的兴趣，难度应该稍高于学习者已掌握的语言知识，同时输入的语言应该生动丰富、具有感染力，这样才能帮助学习者对语言进行理解和吸收。只有输入了足够的语言材料，二语习得才会产生。

加拿大二语教育专家斯迈（M. Swain，1995）在克拉申语言"输入假设"理论的基础上，根据法语沉浸式教学结果进一步提出了语言"输出假设"理论。斯迈赞同克拉申关于语言输入在二语习得中的重要作用的观点，但她认为这只是语言习得的出发点，她同时提出可理解性输出对于语言习得也具有极其重要的作用。斯迈认为，语言输出可迫使学习者积极调动其已获得的认知资源，当二语学习者在交流遇到障碍时，他们会选择使用自己熟悉的方式表达信息，当他们意识到自己能够表达的话语与想要表达的话语之间的差距时，会尽力缩小这种差距。通过语言输出，学习者从交流对象那里得到反馈，以确定自己的语言输出是否已被理解及是否使用了正确的形式，这一过程强化了对"输入"的理解，这种语言输出的重要性表现在以下几个方面：首先，语言输出可以提高语言的流利程度。在交流发生困难时，学习者会迫使自己选择更为准确恰当的方式表达信息。其次，语言输出可以验证学习者对目的语的掌握是否正确。通过交流对象的反馈，学习者能够判断自己的语言是否被对方所理解及是否使用了正确的语言形式。再次，语言输出能够唤醒学习者主动学习的意识。在交流的过程中，学习者在表达上的困难使他们意识到自己能够表达的话语与想要表达的思想之间的差距，从而对自己使用的语言形式作出反思。

三　研究方法

（一）研究问题

本研究关注以下几个问题：

（1）研究生公共英语课堂上语言输入与输出中存在的问题是什么？

（2）导致这些问题的原因是什么？

（3）如何解决这些问题？

（二）研究对象

陕西师范大学 2012 级非英语专业研究生 132 人参加了本次调查。本次调查共发出问卷 132 份，收回有效问卷 126 份，问卷回收率为 95.5%。

（三）研究工具

本研究以问卷、访谈和随堂观察为工具，其中调查问卷共有 30 道题，涉及学生对英语课的基本态度，英语课堂上语言输入与输出的数量、质量、形式和作用，学生参与活动感受，师生角色认识等方面。访谈主要就两个问题展开：一是了解学生英语课堂上输入与输出中存在的问题，二是了解他们的建议和意见。随堂观察通过听课进行。

四　结果及讨论

（一）研究生公共英语课堂存在的输入与输出问题及原因

近些年来，在新的教育教学理念的指导下，研究生公共英语教学进行了种种改革创新，在教学模式、教学设计、教学媒介、教材编写、师生角色、课堂管理、教学评价等各个方面都有了很大的变化，教学有了明显提高。然而，从本项研究来看，就研究生英语课堂上的语言输入和输出而言，还存在着突出的问题，很大程度上影响着学生英语综合能力的进一步提高。

1. 语言输入仍以教师讲解为主，形式单一

语言学习包括听、说、读、写、译五个领域，其中，听和读属于语言输入，说和写属于语言输出，翻译则既涉及输入又涉及输出。在研究生公共英语教学中，无论是语言综合课、精读课还是听说课，输入形式仍然以教师的讲解为主要形式。以精读课为例，教师讲解占用课堂时间的大半以上，主要针对难点词汇、语法结构、课文内容、相关文化进行解释。在这一过程中，学生常常处于被动接受状态，缺乏积极思考与参与，输入效果

大打折扣。

造成这一现象的原因有三个方面。首先，传统教学理念和方法仍然有着很大的影响。在传统教学理论下，教师是课堂教学的中心，是传授知识的权威，学生必须顺从教师的种种安排和指令。尽管现代外语教学改革已经开展了几十年，新的教学理论强调课堂教学应以学生为中心，但目前在研究生英语教学中，传统教学的惯性仍然存在。其次，大班教学形式限制了输入形式的多样化。由于近些年来研究生招生规模不断扩大，导致教师数量严重不足，师生比例逐年下降，再加上英语并非研究生的专业课程，教学管理部门对其重视程度不够，教学软件及硬件投入不足，大班教学成为常见教学组织形式。在这种情况下，课堂上教师可资利用的教学资源、教学媒介有限，教学手段单一，语言输入形式单调，输入的内容常以教材为主，与学生实际生活相距甚远，难以激发学生兴趣。再次，教学信息量大、教学任务繁重，教学时间有限。近些年来研究生公共英语开展了一系列教学改革，总的来看，学时安排逐渐减少，但同时，由于信息时代的到来，就教学内容而言，单位教学时间所涵盖的教学信息量却大大增加，这导致教师为了按时完成教学计划，不得不采取满堂灌的方式。

2. 语言输出量低，输入与输出严重失衡

本项研究表明，在研究生公共英语的教学活动中，教师讲解占用了课堂的大部分时间，在此期间，学生被动接受输入，少有语言输出；在剩余的有限时间内，即使教师设计安排了学生的语言输出活动，通常情况下，相当数量的学生也并非积极主动参与其中。其结果，整个课堂教学中，班级语言输出总量少之又少，输入与输出严重失衡。

导致这一现象的原因主要有三个方面。首先，教师的教学观念对于教学设计安排的影响巨大。依据现代教学理论，学生本是教学活动的中心，应该通过参与各种课堂活动，积极实现新知识的构建，从而促进科目综合能力的提高。然而在实际教学中，有些教师并未真正贯彻"学生为中心"的教学原则，常常不自觉地代替学生成为课堂教学的核心，把本可以由学生自主完成的学习任务、学习活动设计为教师施教活动，在本应该由学生完成的知识构建过程中取而代之，占用了学生对学习过程的参与机会，大大减少了学生语言输出的机会。其次，学生认知和情感因素极大地影响到对其语言输出活动的参与。现代心理学和二语习得理论都十分重视学习者的认知和情感因素对外语学习的影响。就语言输出而言，许多研究生对语言输出的重要性认识不足，认为上课只要多听老师和同学的发言即可，自己参与与否并不重要；有的研究生认为语言输出与自己的专业学习及研究并无直接联系，因此重视程度不足；有的研究生则认为语言输出的话题与自己实际生活相差甚远，因此不感兴趣；有的研究生则出于害羞心理，缺乏自信，认为自己语言表达欠佳，怕丢面子而不敢当众用英语发表讲话。再次，现行教学评价体系对语言输出能力测评的手段单一，导致学生对语言输出活动动机不强。对于研究生而言，无论是学校组织的期末考试，还是面向全国学生的英语四、六级考试，其中对语言输出能力的评估方式都十分有限，很大程度上都是针对写作、翻译等书面输出能力的考查。而实际情况是，许多学生为了提高考试的过关率，通过考前突击做题、预先猜题、背诵模版等方式应对，这样即使通过了考试，其语言综合能力也并未有明显的提高，"高分低能"、"哑巴英语"的现象比比皆是。

3. 输出时机安排不当，形式极为有限

在研究生英语课堂教学活动中，另一个突出的问题是教师不能及时把握语言输出的时机，没有为学生随时随地创造各种形式的语言输出活动。以精读课为例，根据笔者随堂观察，教师常常把语言输入和输出当作两个截然分开的环节，在进行课文学习时，主要采取教师讲解形式，很少安排互动活动，即使有互动，为了不影响全文的整体进度，也仅限于简单的一问一答形式，并未将问题引向深入，进行长时间、有深度的探讨；同时在课文学习时师生的精力多关注于对课文语言的理解、篇章结构的分析，没能挖掘出教材当中所蕴藏的适合转化为语言输出的材料并及时对此加以利用，使学生错失利用课文材料进行同步语言输出训练的时机，而一旦课文学习结束，学生自己就很难再对课文进行有价值的挖掘和利用了。

从本研究收集到的访谈和笔者随堂观察的结果来看，造成上述现象的原因主要在于教师。其一，教师对于语言输入与输出之间的辩证关系缺乏正确认识。语言输入是输出的前提和必要条件，语言输出是输入的目的，同时能够有效验证输入的效果并促进新的语言输入，输入与输出之间是互相推进、互为因果的良性互动关系。但一些教师在教学中常常割裂了输入与输出的这种密不可分的关系，人为地把输入和输出活动对立起来，从而没有在课堂上在学生进行语言输入的同时及时为他们创造适宜的输出机会，而又在学生语言输出活动时没有同步进行必要的输入补充。其二，教师的理论水平、教学经验和教学技能的不足制约了教师对教学活动的组织、安排。教师的理论知识为教学实践提供指导，但由于个体教师理论建构的局限，教学视阈有限，再加上经验和技能不足，有时并没有充分意识到教学环节中种种潜在的输出时机和输出形式。其三，教师自身的创新能力在某种程度上影响着输出活动频率和形式。这与教师个体差异关系密切。据笔者随堂观察，有些教师在课堂上能够灵活多变地处置课堂环节、发挥教材优势，对不同学生因材施教、因势利导，随机为不同水平的学生创造适宜的输出机会，使学生能够轻松参与、自然增进语言习得，因而学习兴趣大增、课堂气氛热烈；有些教师则因循守旧，方法单调呆板，学生在课堂上无动于衷，课堂索然无味。

4. 语言输出质量不高，低质重复率高

本研究表明，从总体上来看，研究生在英语课堂上的语言输出质量不高，特别是在一些即兴发言中，常常词不达意，断句、病句、错句频出，甚至还常常夹杂母语词汇。即使是在对同一话题进行再次讨论时，先前发言中的错误表达仍然会重复出现，这一现象令人深思。

造成学生语言输出质量低、错误重复率高等现象的原因有以下三方面。首先，教师教学安排失当，没有充分考虑错误输出的消极影响。虽然学生的输出活动是在课堂上进行的，但由于教师在课前没有预先布置预习任务，致使学生在没有准备的情况下仓促发言，学生的紧张情绪及有限的语言能力必然导致输出活动的失败。这种质量较低的语言输出对于其他学生而言，成为不可理解性输入，同时也为其他同学树立了不良"榜样"，导致输入与输出活动的恶性循环。其次，教师对于语言输出量与质之间的关系缺乏合理认识。语言输出的数量是质量的前提，但在提升数量的同时还应确保基本的质量，否则，再多的语言输出也只是重复错误，无法提高输出的质量，更无从谈及语言综合能力的提升。在实际教学中，有些教师只注重语言输出的数量，没有努力促成学生较为准确的语言表达；在事后也没有积极采取有效措施进行补救，对学生的语言错误听之任之，长此以往，课堂教学无法发挥应有的作用。再次，学生现有语言综合能力不足，对英语课重视程度不高。研究生入学考试的门槛一再降低，学生水平参差不齐，相当多的学生英语综合能力欠佳，再加上英语课只是研究生的公共必修课，学生对其重要性认识不足。在这种情况下，即使教师课前布置了预习工作，一部分研究生常常不愿花费时间、精力作充分准备，而是抱着"得过且过"的心理，其课堂上的输出表现自然不佳。

（二）解决措施

针对本研究中发现的研究生公共英语课堂上语言输入与输出的问题，应该采取积极有效措施应对。课堂教学的每一个环节都涉及教育教学方方面面的综合因素，本文主要从教师、学生、教学行政管理等三个方面提出对策。

1. 教师应该充分认识和发挥自己在课堂上的重要作用，精心进行教学设计

尽管目前的输入和输出活动是以学生为主体展开的，但根据问卷、访谈和随堂观察的结果，教师仍然承担重要任务，扮演着教学设计者、组织者、指导者和参与者等种种角色，很大程度上影响着课堂输入与输出活动的成效。因此，教师应该不断提高理论水平，更新教学理念，主动与其他教师进行教学与科研的交流，不断开阔视野，提高职业素养、教学技能，激活创造力。

具体而言，在课堂教学活动中，教师应该建立良好的师生关系，营造和谐友好、轻松融洽的课堂气氛，加强师生间的良性互动，并促进学生间的互动交流。教师应选择与学生密切相关、能激发其兴趣的语言输入材料，同时以学生为课堂活动的中心，开创多种形式的输入与输出活动，并随时随地将语言输入转化为语言输出。教师应注重发掘教材内容，将其转化为多种可理解性输入，并促使学生进行同步语言输出训练。以课文讲解为例，在讲解开始之前，教师可提前安排，要求学生在课前预习相关文化背景，并在上课时向全班同学介绍背景知识，同时鼓励其他同学对其进行问答式互动，并交流所查资料的异同。在课文讲解时，对于难度适中的文章，可预先布置，让学生分成小组分别承担部分讲解任务并提前备课，上课时由小组派出代表为全班讲解课文，并鼓励其在讲解过程中对其他同学发问；对于难度较大的文章，可由教师带领学生串讲，但应提前设计基于课文内容的输入及输出重点。教师可以挑选文中的几个长句、难句，让学生在充分理解的基础上反复诵读、复述、翻译甚至背诵，直至学生能够自然、流畅地用目的语表达句子承载的语言信息。在整篇课文讲解完毕后，教师可以要求学生根据课文要点缩写文章并表达自己的观点或评论。对于缩写文章的批改，可由教师给出具体而细化的评判标准，学生之间互相评改，打出分数，再由教师随机抽取几份进行当堂讲评。

2. 发挥学生的主体意识，调动其参与课堂活动的积极性

在现代教学理论中，学生是学习过程的主体，是课堂活动的中心，学生的参与是课堂教学成败的决定性因素。因此，唤醒学生自主学习的意识，使其积极主动地参与教学活动，是改变目前课堂教学中语言输入与输出现状的最关键因素。作为教师应该了解研究生的基本认知特点及心理情感变化等因素，合理发挥学生的潜能，激发其创造性。就研究生的具体情况而言，一方面，在入学之前他们就已有了多年学习英语的经历，掌握了一定的词汇、语法知识，形成了一些学习习惯，同时也在学习语言方面有着不少的误区。很多研究生是在就业压力下无奈选择继续学习的，因此其学习动机不明确，特别在英语学习方面缺乏远见及明确的目标，学习兴趣不高，主观态度消极。另一方面，相当多的研究生先前学习英语的经历并不成功，这种不愉快的感受极大地影响到他们现在对英语课的投入和热情。对此情况，教师应该在课堂教学中有意识地培养学生的学习策略意识，帮助学生在英语学习中采取适当的认知策略和情感策略，积极促成学生的成功学习体验，对学生进行积极、正面评价，由此不断增加研究生学习英语的自信，进而激发其参与输入与输出活动的兴趣和积极性，使学生成为自主学习者。

3. 教学行政管理部门应该加大研究生英语教学的投入，同时不断完善教学评价体系

一方面，本研究发现研究生英语教学工作的重要性并未得到教学行政管理部门的足够重视。这表现在师生比例低、教学设备陈旧、教学资源有限等方面。研究生教育管理部门应该充分改变管理观念，正确认识研究生英语教学的意义。目前世界已经进入全球化时代，国际交流与合作正如火如荼地开展，中国正在复兴崛起。研究生作为我国的高级人才，担负着行业发展和参与国际交流竞争的重任，外语水平不佳将成为制约其纵深发展的瓶颈，进而影响到国家的竞争力。因此，加大对研究生英语教学的必要投入势在必行。

另一方面，教学行政管理部门应不断创新教学评估手段，全面客观评价研究生学习过程，促使其积极参与课堂输入与输出活动。目前对研究生的英语学习评估仅为校内期末考试及全国四、六级考试，考察的输出技能仅为短文习作和翻译，无法对研究生的课堂参与进行动态测评。尽管有些学校在考试测评的同时还采取了旨在促进学生日常学习的"形成性评

估"，但这部分评估在学生学位总成绩中所占比重太小，对研究生的推动作用不明显。教学行政管理部门应该加大"形成性评估"在总成绩中所占比重，同时开创新形式的评估手段，如口语考试、专业论文摘要写作测试、举办模拟国际学术会议对学生表现现场打分等。

五　结语

语言输入与输出是外语学习中两个密切相关的重要环节。从本研究的结果来看，研究生英语课堂教学中的输入及输出活动还存在着输入形式单一、输出严重低于输入、输出时机不当及形式有限、输出质量不高等问题。这些问题有待于教师发挥主导作用、学生积极自主参与及教学行政管理部门加大投入、完善教学评估手段，从而共同采取积极有效措施，扭转当前不尽人如意的局面。只有这样，英语课堂才能发挥作用，真正提高学生的英语综合应用能力。

同时，本研究存在着一些不足之处：涉及的研究对象有限，因此调查结果不够全面；在访谈中应该把教师也列为采访对象，进一步了解他们在教学中的所思所想；随堂观察的结果不可避免地带有研究者的主观倾向。今后的研究可以就课堂语言输入与输出模式进行进一步探讨，以提高科学研究对教学实践的指导作用。

参考文献

Krashen, S., *The Input Hypothesis Issues and Implications*, New York：Longman, 1985.

Rod, E., *The Study of Second Language Acquisition*, Oxford：Oxford University Press, 1994.

Swain, M., "Three Functions of Output in Second Language Learning", in G. Cook& B. Seidhofer (eds.), *Principles and Practice in Applied Linguistics*, Oxford：Oxford University Press, 1995.

Tarone, E. & Yule, G., *Focus on the Language Learner*, 上海外语教育出版社 2000 年版。

蒋祖康：《第二语言习得研究》，外语教学与研究出版社 1999 年版。

尤其达：《输入与输出并举，提高英语应用能力》，《外语界》2001 年第 6 期。

研究生日语教学改革的
实用性导入研究①

王　红　许赛锋

摘要： 现阶段研究生日语教学呈现出许多新的特点和问题，提高课程学习的科研性和应用性成为教学改革的重要目标。对课程设置、教材选配、后续支持等方面进行完善和改进，是实现高校研究生日语以及非专业日语教学实用性功能的有效途径。

关键词： 研究生日语；教学改革；研究性；应用性

一　引言

根据统计，目前中国的日语学习者近 105 万人，已成为全世界最大的日语学习国家，② 开设日语专业的高等院校也大幅增加，截至 2011 年达到 466 所③，日语已经从原来的"小语种"变成一个名副其实的"大语种"。其中高校日语教学的"一外"、"二外"学习者所占比例很大，尤其近几年，研究生日语学习者的人数增长最为明显。以陕西省为例，根据笔者统计有 20 多所高校开设"日语一外"、"日语二外"课程，近三年研究生日语的学习人数年均都达到千人以上。然而相对于如火如荼的专业日语教学研究，研究生日语教育却似乎处于被遗忘的境地，多年来只是作为固定课程安排的一环而存在，很少有研究者对其真正的实用性功能进行思考，尤其是形成于改革开放初期的传统研究生日语教育模式，明显滞后于目前学习者的迅猛发展，作为教育三要素之一的"教学环节"更是暴露出许多不足和问题。

---

① 本文得到陕西师范大学研究生课程改革项目（编号［2012］GERP－12—43）资助。
② 数据依据日本国际交流基金 2012 年调查结果。
③ 第 1 位英语专业 935 所，第 3 位俄语 118 所，第 4 位朝鲜语 102 所。

二　研究生日语教育的现状及反思

（一）课程设置亟待调整

随着研究生招生规模扩大和选修日语人数增多，不可避免地带来了生源质量不高、学习者日语水平参差不齐等问题。以陕西师范大学和复旦大学两所高校为例，一方面，入学人员中程度最差者甚至才到初学水平（N5—N4程度），学习内容基本要从一些最基础部分开始；而另一方面，又有大量前期基础较好、希望在研究生阶段继续提高的学习者。然而受师资力量等条件限制，很多学校研究生日语教育分班笼统，"一外"和"二外"编排在同一班级，造成教师在授课进度上难以统一，最终以降低难度、放缓进度的办法来照顾程度较低的学生，而其他程度较好的学生则出现了申请免修、课外自修，甚至校外付费补修的情况，整体的教学效果和学生评价都很不理想。

同时，目前研究生阶段的日语"一外"、"二外"为必修课程，授课时间均为一学年。虽然有的学生只是为了修得学分而期满后结束学习，但还有部分学生希望能继续进行更高阶段的学习，如何在可能的情况下考虑此类学习者的需求，合理安排课程和课时，也是当前不得不面对的一个问题。

（二）教学内容不能满足实际需求

在课程内容安排上，研究生日语教学与本科阶段的教学没有太大区别，主要还是指定一本教材，教师在课堂上进行精读、写作和听力等内容的教学。与全国多数高校一样，目前陕西省相关院校使用的教材也基本为人民教育出版社的新版《中级标准日本语》，作为畅销多年的日语教材，其本身的优点不可否认，如图文并茂、内容具有连贯性，配有日本文化及社会背景说明，有大量习题和语法总结等，但其作为一本大众化的教材依然局限于纯语言教学模式，很难满足具有成熟思维能力和专业研究能力的研究生学习群体，因此要突出研究生日语的教育特色，切合科研性和应用性的实际需求，就必须以授课教材的选配作为立足的基础。

（三）听说、写作的教学方式滞后

如何促进教学手段多样化、信息化已经是一个屡被讨论的问题，但遗憾的是，传统延续下来的研究生日语教学基本还是"满堂灌"的模式。由于日语语法比较复杂难懂，句型较多，客观上使得长期以来教学界偏重于课文讲解、句型演练、日汉互译等方面，忽视对学生实际语言能力的培养，以至于平常的教学活动和成绩考核过于简单化和线条化，造成学生学习缺乏主动性和积极性，很难将所学知识在实际中运用。

三　优化课程设置与教学模式

（一）班级重组和分级

　　康明斯（Cummins）的阈限理论指出，只有在学习者的二语水平达到一定程度后，二语学习才能对其认知发展产生正面效应，超出学习者目前能力之外的授课，反而只会加重其课堂上的焦虑情绪，削弱其学习动机（1979：222—251）。因此，针对研究生日语学习者程度差异较大的实际情况，有必要根据学习者的实际水平进行班级重组。例如可以分为初级班和提高班，对不同的班级采用不同的教材及教学方式，一方面使日语水平一般的学生通过听、说、读、写、译的各方面细致学习，在巩固本科阶段的日语基础上进一步提高语言能力，帮助他们顺利通过学校的课程考试。另一方面，对于程度较好和能力较强的学生，着重满足他们在日本文化和语言交际能力方面的需要，更多地组织他们进行形式多样的互动教学，帮助其往高级阶段发展。需要注意的是，外语教学在课堂上需要调动学习者的积极性，进行多次的互动练习来提高听说能力，因此原则上要求每班最多30人左右，超过这个人数限制就很难照顾到所有学生并保证教学质量，因此目前研究生日语（英语）教学中经常存在的"大班"、"超大班"必须进行重组。

　　同时，根据研究生日语的学习需求以及培养目标，可开设供选择的选修课，如零起点教学班、口语班等，以学有余力且未接触过日语的研二学生为主体，扩大研究生日语的教育覆盖范围。陈俊森、赵刚（2006：24—26）提出了分级教学观点，即在大学内部不再划分本科生二外、研究生二外，而统一按照能力水平以级别单独成为一门课，单独计算学分，不再要求学生从头学到尾。笔者认为这是一个很好的建议，在很多高校的本科教学课程已经基本横向打通的情况下，也可以尝试将本科阶段和研究生阶段的"一外"、"二外"教学纵向打通，满足更多非专业学习者的日语学习需求。

（二）教学设计的多样化和针对化

使用多媒体课件教学已经是教学界的共识，打破黑板、书本这样相对单一的传统教学模式的必要性已无须赘述。加大教学中书面资料、音像资料、实物展示的应用，集文字、图表、影音等元素于一体，不但易于促使学生集中注意力，在较为轻松的环境中掌握更多的知识，而且也减少了课堂上教师单向传输时间，能更多地发挥"教"、"学"双方的创造性。

遵循这一理念，就要根据研究生的专业来设计课堂教学，例如依据前述两所高校的专业调查统计，可以按照"英语"、"文史哲"两大类别进行对应教学。针对英语专业研究生教学时可以发挥其语言学习者的优势，利用其本身就是语言学习者，在语言学习的方法上已有融入性的特点，可将其在学习英语方面的学习技能用在二外日语的学习上。教师可充分挖掘这一优势，在课堂上通过适当的对比分析，帮助学习者提高自己的二外日语学习能力。从语言学角度来讲，虽然英语和日语属于不同的语系，但学好二外日语依然有利于学生开阔视野，如通过"和制英语"、"外来语"等方面的关联教学，对其本专业进行反向刺激，促进两种语言的协调发展。

四　突出教学内容的科研性与应用性

（一）教材选择侧重研究性

目前研究生日语教育没有统一的教材，市面上销售的资料也是五花八门，缺乏专门针对研究生群体的合适教材。即便有的冠以"研究生日语教材"之名，但依然着重于培养日语的基本"听说读写"能力，与本科阶段的教育相比只是在词汇和阅读上作了些许扩充。笔者三年来（2010—2013）对陕西师范大学和复旦大学共计1642名学生（本科生1030人，研究生和博士生612人）的学习目的进行了问卷调查。结果如表1所示，本科生中"因为是学校规定科目"（34%）和"喜欢日本文化、影视等"（35%）的情感性因素极为突出，而到了研究生阶段，"希望以后对升学就业有帮助"（32%）和"阅读文献和科研需要"（30%）的实用性因素成为学习者选择日语的主要动机。

表1　　　　　　　　　两院校本科生与研究生学习动因比较

学习者学习动因	本科生（情感性）	研究生（硕+博）（实用性）
学校规定科目	34%	21%
喜欢日本文化影视等	35%	13%
希望以后对升学就业有帮助	22%	32%
阅读相关文献和科研需要	6%	30%
其他	3%	4%

　　著名语言学家加德纳（Gardner）将语言学习所受的影响因素归纳为"外部影响、个体差异、语言学习场景、语言学习成果"四类，认为个体差异主要反映在学习者学习外语的兴趣、动机、态度、天赋等方面。其中动机对学习语言最具影响力，是学习者在外语教学活动中取得成功的关键因素，其他因素对外语学习的影响都依赖于动机而存在（2001：1—18）。因此，针对研究生阶段的学习动因，有必要根据其专业分布特点制定和编排出符合其实际学习需求、配合其本专业学习的日语教学内容。

　　进一步，根据对上述两所高校近三年选修日语的研究生专业统计来看（见表2），基本上文科类专业占据主导，其中英语专业（语言文学、文化、翻译等方向）居多，其次分别为历史文化、历史地理、汉语言文学等专业。因此，在尝试"一外"、"二外"进行分班教学的同时，也需要在课文内容选择上贴近各类学生的专业领域，调动其课堂学习的主动性。

表2　　　　　　　　　两院校研究生日语选修者专业分布

类别专业	硕士	博士	平均
外语（英语）	49%	30%	39.5%
历史、历史地理	28%	32%	30%
语言、文学	15%	18%	16.5%
艺术（美术、音乐）	6%	15%	10.5%
其他	2%	5%	3.5%

　　首先，针对英语专业的学生，可以参考其本专业中阅读和使用频率较高的英文著作，寻找和采编该著作日文版本的合适章节作为授课内容。如《菊与刀》这本名著，是美国人类学家鲁思·本尼迪克特研究日本社会和

日本民族的名作，在欧美和日本都有很大的影响，是英语专业研究生比较熟悉的著作之一。通过对其中"日本人的特性"等内容进行选取，可以帮助学生对两种不同的民族文化有更深认识。再例如，近代以来日本文化与欧美文化在各个方面相互渗透、相互影响，许多人物和事件都有了跨文化交际的色彩，像"野口英世"是一个在美国取得成功的著名日本人，对他的研究和介绍在美日两国都很多，选取相关的内容作为授课材料，可以改变原来西方文化和日本文化两者相隔甚远的教学弊端，构建起两种语言文化的贯通结合点。

其次，针对历史文化、历史地理等专业的学生，可尝试引入日本相关领域的研究性著作或论文，扩展学生的国际化视野。众所周知，由于历史上的原因，日本东洋史的研究长期以来成为我国史学界的重要参考和借鉴对象，而该专业的学生又苦于语言阅读能力不过关，在相关文献没有汉译版的情况下无法接触日方的研究成果。因此将学习者了解欲望较高的文章、论著引入研究生日语教学当中，会极大促进其专业研究和学习日语的积极性。当然，为了在具有专业性的同时，又能保证对其他专业学习者有一定的普及性，应尽量选择以通识类问题为研究对象的基础内容作为教学素材。比如可以在教学中引入以东洋史见长的白鸟库吉的《西域史研究》、以宗教研究见长的镰田茂雄的《中国佛教史》，以研究中国文学见长的竹内好的《日本与中国之间》，等等，以这些著作中的部分章节作为教材的扩展阅读内容。

与此同时，有条件的高等院校还可以采用本校教师的相关著作或译著作为教材范本，以陕西师范大学为例，由王双怀翻译的日本学者足立喜六的《长安史迹研究》，就是很好的教学素材，该书不仅贴近历史类专业学生的研究领域，而且可以提供中日翻译对照来作为参考，这对加强所在学校的学术传承、充分利用现有资源提高学生学习兴趣都有很大的帮助。

但是应该看到，这样的教学内容选配，在目前国内研究生日语教育中尚无人尝试。由于选摘内容具有很强的专业性，不仅需要日语授课教师积极了解文章、论著的相关专业知识，掌握该领域的大致发展与文章背景，而且对于摘录文章、论著可能存在的语体（古语与现代语）、表述（中日差异）等不适宜部分，要在尽量保证原文特色的基础上作出恰当的改写和编补，这都需要授课教师付出极大的智慧和心血。

我们认为，作为转型期的研究生日语教学，首先要从人才培养目标上转变。当前的外语专业教育盛行"外语＋a（专长）"的教育模式，那么反向思维在"一外"日语教学中导入"日语＋a（专业）"的模式也是可以成立的。随着今后复合型人才需求形势的发展，非外语专业的硕士、博士研究生学习外语将不仅是自我人文综合素质提高的需要，更是未来研究和事业的发展需要。根据国际高等教育发展趋势来看，今后的大学将更多地成为"综合性研究型大学"，而培养大批高质量的研究生人才，是衡量一个学校或学院创新性人才培养工作的重要标志。在此大背景下，可以预计今后研究生的招收数量会进一步增加，因此相应的日语教育就不能承袭传统的教学模式和教学内容，突出专业性和科研性将是今后日语"一外"、"二外"教育发展的长远目标。

（二）加强听说、写作教学的应用性

语言学研究表明，听力是理解和吸收信息的重要能力，在语言交际活动中75%的信息来自听说，其中45%的时间用于听，30%的时间用于说。近几年，研究生日语听力教学逐渐从传统"大杂烩"式的精读课程中分离出来，单独拥有了一个教学时间，但是如同精读课程上程度差异较大一样，听力课程的分级教学也亟待提上日程。我们知道，听力理解过程不是单纯的语言信息解码过程，更是一种解码过程与意义再建构过程的结合，因此面对不同听力水平的学习者，首先就需要对听力教材进行取舍和二次组织。对基础好的学生的授课内容可以加入社会新闻、辩论或配音等高层次内容，而对于基础差的学生则要重视基础训练，加强对语音、语法、词汇及文化知识的讲解和训练。通过创造一个交互、融洽、开放的学习环境，使学生最大限度地发挥创造性和思维能力。

其次，根据研究生专业能力与思辨能力较强的特点，着重以拓宽文化背景知识作为听力进阶的入手点。多项教育实践表明，仅仅根据语音、词汇、句法等识别出的声音信号并不能快速地找到与之相对应的语意，听者个人的相关知识与文化背景积累对缩短解读时间尤为重要。教师应尝试着重选择内容涵盖较广的材料，加强文化背景知识的导入。

目前的高校研究生日语教学，基本没有单独设立会话课程，因此听力和会话两种教学的结合就显得尤为重要。由于听力技能的提高主要在"练"而不主要在"教"，因此听力教学应倡导"多元主义"，即多边、全方位交流，而非单一的放录音做练习。通过"听、说、看"的师生间互动，引导学习者逐步形成用日语思维的习惯。教师可以设计好每节课的

教学导入环节，在导入部分增加听力材料的比重并鼓励小组讨论。

"听"和"说"同属于口语方面的活动，是最直接的交际活动，也是语言活动中最主要的形式，作为处理声音信号的能力，二者相互依赖、相互促进，只有将听说能力自然地结合起来，才能有效地发展学生的交际能力。长期以来，日语"一外、二外"教育存在着一个误区，只重视基础语言知识的传授，忽略学生实际语言应用能力的培养，因而造成学生很难用日语进行口头和书面的交流。在当今世界交流日益紧密、社会经济快速发展的实际形式下，作为社会顶端人才的研究生更需要依靠外语与世界接轨。除了需要阅读与专业相关的外文资料的功底之外，也需要具备一般的外语交流能力，进而过渡到探讨学术问题、发表学术观点等高级层面。

因此，教师在讲解完必要的文字、词汇、语法、背景知识后，可以组织形式多样的辅助练习来加强学生书面与口头交流能力的培养。毫无疑问，语言学习的首要目的就是为了交流，比如在书面写作训练上，要改变既有的"最喜欢的一本书"、"难忘的一天"这样传统的写作命题。当然，这样的写作训练是必要的，而且是初级阶段必须掌握的技能，但是在研究生阶段，应该在此基础上进一步向专业性靠拢，导入如"会议主题发言"、"学术观点介绍"、"文章概述"等应用性内容的写作，贴近和吻合学习者的专业需要。

另外，通过口头和书面语言的有效沟通，掌握一定的交流能力，从而达到双方信息传递和相互理解，是语言实用性的另一个要求。在这种情况下，教师可以进一步设计好情景话题，考虑到可能出现的诸多情况，将写作内容与模拟情景的口头会话联系起来，不拘泥于具体的语法或词汇错误，增加学生在课堂上表达的机会和时间，培养其语言自信心。

五　完善教学活动的后期支持

（一）建立信息化的学习机制

通过开发和整理多样的视听资源，使得多媒体技术在教学上的应用不仅仅成为教学手段的变革，同时还要带动教材运用观念与形式的变革，使视听教材进一步朝立体性、动态性、生动性、交互性方向发展。组织力量开发和编辑制作实用的声像资料，充分利用各个高校已经具有的卫星电视接收系统和网上资源共享的条件，筛选编录资料，建立起自身教学团队的视听资源库。

除此之外，还要主动将科研成果引入实际教学，例如笔者承担并已经完成的校级精品课程《大学日语》，其相关的学习网站业已建设完毕，后期还将不断添加和更新相关内容。通过建立学习网站、公共邮箱等方式，发布音频、视频等日语文件，为学生提供丰富充足的学习资源，同时着重提供教师讲解、文本解说来对学生进行前期化引导。

（二）完善学习的后期考核和评价

目前研究生日语的考核方式，依然多为期末试卷评估模式，我们认为，作为引导教学走向实用性的指向标，首先要将读写和听说环节分离，建立一套符合研究生特点的考核机制，缺乏考察"读写"内容的考试模式不利于学生"听说"能力的提高。在条件不具备的情况下，可以在试卷上增加一定比例的听力内容，对"说"考察可以放在平时进行，增加具有研究性和应用性的课前发表时间，对学生观点陈述进行打分，纳入最后的期末总评。

应该说，考核是促进进一步学习的手段，完善考试机制将对学生各项技能进一步提高有着巨大的促进作用。像听力测评机制就可以由平时记录、期中考核、期末测评三者相结合，平时记录包括学生平时听力训练情况，参照学生课堂表现进行评分，期中考核是对学生的阶段性测验，期末测评对本学期的听力教学进行总体检测，内容要涵盖本学期的所学所练内容，并接近学生听力进阶水平。同时还可导入"教师听力教学质量评估"机制，从"视听说结合，多元化教学"，"师生角色分配合理，以学生为中心"，"教师引导，活跃课堂气氛"，"充分调动学生兴趣和积极性、教学方法得当"等方面进行教师自我评价，确保听力教学质量在动态反馈中不断完善。

六 结语

目前我国的高校教育已经走向了大规模的研究生教育阶段，外语作为一种工具，对于拓展研究生的科研能力、扩大国际化视野的重要性显而易见。因此，研究生日语教育也必须脱离固有的教学模式，在能力教育和实际应用上加大改革力度，适应新时期下的教育发展要求。

参考文献

张锡英：《硕士研究生日语听力课教学初探》，《外语学刊》1995 年第 4 期。

Gardner, R. C. "Language Learning Motivation: The Student, the Teacher, and the Researchers", *Texas Papers in Foreign Language Education*, 2001, 6: 1—18.

Cummins, J., "Linguistic Interdependence and the Educational Development of Bilingual Children", *Review of Educational Research*, 1979, 49: 222—251.

李岩、马晶、曹杰:《高校二外日语教学改革与创新》,《日本问题研究》2006 年第 1 期。

冯峰:《研究生日语教学的探索与改革》,《日语学习与研究》2002 年第 1 期。

陈俊森、赵刚:《大学日语(二外)教学改革展望》,《中国外语》2006 年第 3 期。

日本语教育学会:《日本語教育機関におけるコース? デザイン》,東京:凡人社 1991 年版。

高考英语分省命题试卷质量分析

——以 2012 年高考英语陕西卷为例①

王　昉

摘要：为了解高考英语分省命题试卷质量，以陕西省 2012 年高考英语试卷为个案，对试卷进行全面分析，得出结论：全卷表现出良好的信度和效度水平，能较好实现人才选拔的目标。但仍存在一些问题，如：个别题型的信度和效度仍有改善空间；全卷应合理分布接受型能力和产出型能力的试题；阅读理解的细节题在不提高难度的前提下，应以提高区分度为目标。

关键词：高考；英语；试卷分析

一　引言

随着新课程改革的深入，中国的高考改革也在稳步推进，其中重要的一个举措就是分省自主命题。自从上海（1987 年）、北京（2002 年）率先实行高考自主命题以来，天津等 14 个省市陆续承担了单独组织本省市高考试题的命题工作（张敏、亢德喜，2005）。至 2006 年，全国共有 16 个省市②实行高考自主命题（央视国际，2006）。在全国范围内，目前英语高考每年有全国 I 卷、全国 II 卷、全国卷新课标卷以及上述 16 省市自主命题卷，共计 19 套试卷。自主命题大面积铺开以来，高考命题模式得

①　本文得到 2012 年教育部人文社科项目"高考自主命题条件下英语测试质量控制研究"（项目编号：12YJC740099）资助。本文效度部分的分析结论为陕西省考试管理中心英语学科组采纳，作为其在 2013 年普通高考命题工作交流与研讨会（山东济南，2013 年 11 月 26—29 日）上发言报告的支撑材料进行了大会交流。
②　英语自主命题由 1987 年上海市开始，北京于 2002 年，天津、辽宁、江苏、浙江、福建、湖北、湖南、广东和重庆于 2004 年，山东、江西、安徽于 2005 年，最后四川和陕西于 2006 年都承担了英语的自主命题任务。

到了社会的普遍关注。考试改革举措既取得了一定的成绩，同时也存在着一些问题。

通过对近年来全国范围内所用的高考英语试卷进行全面分析，尤其是对新课程改革后的高考英语试题设计的分析，我们将全面了解当前国内大规模高利害英语测试的现状，为国家下一步针对高考英语的改革在方向上和思路上提供决策依据。作为此项研究的组成部分，本文报告了陕西省①高考英语试卷分析。

二 实验设计

（一）数据收集

2012 年陕西省高考查分实施新举措，考生查分时能查询到自己各科试题得分和选择题作答的原始信息。因此，笔者匿名收集了 186 名考生的成绩报告和原始作答资料，作为本文的主要数据来源。

（二）分析方法

本研究拟从信度分析、效度分析和题目分析三个维度展开。其中信度分析仅报告试题内部一致性信度；效度分析将报告表面效度和构念效度；最后按试题组成，分别观察题目的难易度、区分度等指标，逐题进行题目分析。

三 数据概况

所抽答卷样本中最高分 141 分，最低分 39 分，平均分为 100.2 分，标准差为 22.67 分。我们可以根据成绩分布的偏度（Skewness）和峰度（Kurtosis）来判定其是否服从正态分布。偏度是描述某变量取值分布对称性的统计量，如果是正态分布的话，偏度是三阶中心距，其值为 0，即当：Skewness = 0，分布形态与正态分布偏度相同；Skewness > 0，正偏差数值较大，为正偏或右偏。长尾巴拖在右边；Skewness < 0，负偏差数值较大，为负偏或左偏。长尾巴拖在左边；Skewness 的绝对值越大，分布形

---

① 根据陕西省教育厅公布的数字，该省参加高考人数在全国范围内处于前列，其中 2009 年 40.5 万，2010 年 37.86 万，2011 年 38.39 万。2012 年陕西省普通高校招生报名人数为 37.53 万（375268）人，其中参加全国统考的考生 36.91 万（369128）人，该省高考报考人数仍在高位状态。

态偏移程度也就越大。

表1   **数据概览**

均值	标准差	四分位距	变异系数	偏度系数	峰度系数	最小值	最大值	样本容量
100.2	22.67	28.75	0.23	−0.51	−0.09	39	141	186

峰度是描述某变量所有取值分布形态陡缓程度的统计量。它是与正态分布比较而言的。当：Kurtosis = 0，与正态分布的陡缓程度相同；Kurtosis >0，比正态分布的高峰更加陡峭——尖顶峰；Kurtosis <0，比正态分布的高峰来得平台——平顶峰。

从表1的数据来看，该样本成绩分布略带负偏，这也可从图1看出来。此外，根据该样本，试卷的难度系数为0.67。

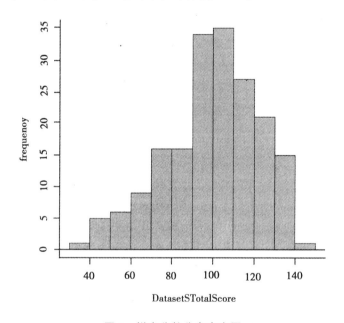

图1   样本分数分布直方图

四、信度分析

为反映试题的内部一致性，我们对试题构成的每部分及全卷进行了信度计算（见表2）。客观题部分信度计算采用库德—理查逊21公式，主观题部分及全卷的信度计算采用克朗巴哈系数法。

表2 信度分析结果

项目	信度系数	计算方法
	客观题	
语音知识	0.15	KR – 21
情景对话	0.64	KR – 21
语法和词汇知识	0.71	KR – 21
完形填空	0.72	KR – 21
阅读理解（第一节）	0.47	KR – 21
阅读理解（第二节）	0.46	KR – 21
客观题整体	0.87	KR – 21
	主观题	
写作（单词拼写、短文改错、书面表达）	0.73	Cronbach α
全卷	0.88	Cronbach α

客观题部分信度最高的为完形填空——0.72，最低的为语音知识——0.15。该部分的整体信度为0.87。主观题部分的信度为0.73，全卷信度则达到了0.88。

语音知识因其作为试卷的热身部分，题目较为简单，且题数较少，故该部分单独来看信度很低。此外，这也说明语音知识部分的题目各题所考查的知识点有着较大差异，比较缺乏同质性。虽然情景对话部分也仅有5个题目，但因该题的解答方式完全有别于机械再认式的语音选择题，并且由于此部分题目所考查的能力较为同质，因此信度也达到了中等偏上的水平（0.64）。语法和词汇知识与完形填空部分的信度水平较为合理，但阅读理解的两个部分都只有较低的信度。这说明前两者考查的内容较为同质，而后者异质性较强。

以上分析结果说明，阅读理解考查的能力较为广泛。情景对话、语法和词汇知识以及完形填空所考查的知识或能力较为单一。

五　效度分析

为了解试卷的构念效度，我们运用探索性因子分析的统计方法。在涵盖语言测试的心理测量领域，运用该分析方法的主要目的是对数据找出其结构，以少数几个因子来解释一群相互有关系存在的变量，而又能保有最多的原始信息，然后通过观察因子与原变量之间的关系，确定各因子所代表的潜在特征并对其命名。最终判定所命名的因子是否反映了我们所应测量的潜在心理结构或心理特征。

我们使用 IBM SPSS 21.0 进行因子分析。将考生各部分的作答分数作为分析变量，共有 9 个变量，它们分别是 Phonics（语音知识）、Dialog（情景对话）、GramVoc（语法和词汇知识）、Cloze（完形填空）、Reading_1（阅读理解 1）、Reading_2（阅读理解 2）、Spelling（单词拼写）、Proofread（短文改错）和 Writing（书面表达）。以下是 SPSS 用于分析的语法代码：

— — — — — —

```
FACTOR
  /VARIABLES Phonics Dialog GramVoc Cloze Reading_ 1 Reading_ 2
Spelling Proofread Writing
  /MISSING LISTWISE
  /ANALYSIS Phonics Dialog GramVoc Cloze Reading_ 1 Reading_ 2
Spelling Proofread Writing
  /PRINT UNIVARIATE INITIAL CORRELATION SIG DET KMO INV
REPR AIC EXTRACTION ROTATION FSCORE
  /PLOT EIGEN ROTATION
  /CRITERIA FACTORS（3）ITERATE（25）
  /EXTRACTION PC
  /CRITERIA ITERATE（25）
  /ROTATION VARIMAX
  /SAVE REG（ALL）
  /METHOD = CORRELATION.
```

— — — — — —

经分析得出以上 9 个变量的相关矩阵，如表 3 所示。决定系数为

0.007，符合因子分析要求。

表 3　　　　　　　　　　　　　**相关系数矩阵**

题号	Phonics	Dialog	GramVoc	Cloze	Reading_ 1	Reading_ 2	Spelling	Proofread	Writing
相关系数									
Phonics	1	0.19	0.48	0.48	0.42	0.35	0.53	0.51	0.47
Dialog	0.19	1	0.34	0.23	0.27	0.22	0.22	0.29	0.18
GramVoc	0.48	0.34	1	0.68	0.63	0.50	0.72	0.70	0.52
Cloze	0.48	0.23	0.68	1	0.66	0.52	0.76	0.69	0.53
Reading_ 1	0.42	0.27	0.63	0.66	1	0.49	0.66	0.66	0.49
Reading_ 2	0.35	0.22	0.50	0.52	0.49	1	0.52	0.52	0.42
Spelling	0.53	0.22	0.72	0.76	0.66	0.52	1	0.75	0.59
Proofread	0.51	0.29	0.70	0.69	0.66	0.52	0.75	1	0.59
Writing	0.47	0.18	0.52	0.53	0.49	0.42	0.59	0.59	1
显著水平									
Phonics		0.005	0	0	0	0	0	0	0
Dialog	0.005		0	0.001	0	0.001	0.001	0	0.006
GramVoc	0	0		0	0	0	0	0	0
Cloze	0	0.001	0		0	0	0	0	0
Reading_ 1	0	0	0	0		0	0	0	0
Reading_ 2	0	0.001	0	0	0		0	0	0
Spelling	0	0.001	0	0	0	0		0	0
Proofread	0	0	0	0	0	0	0		0
Writing	0	0.006	0	0	0	0	0	0	

注：a. Determinant ＝0.007。

表 4 显示，经 KMO（Kaiser-Meyer-Olkin）检验（KMO 值大于 0.9）以及巴特利特球形（Bartlett Test of Sphericity）检验（显著水平等于 0.0），进一步确认数据适合进行因子分析。

表 4　　　　　　　　**KMO 及巴特利特球形检验结果**

Kaiser-Meyer-Olkin Measure of Sampling Adequacy.		0.939
Bartlett's Test of Sphericity	Approx. Chi-Square	900.202
	Df	36
	Sig.	0.000

由表 5 可知，因子分析初始特征根在 1 以上的仅有一个因子。

表 5　　　　　　　　　因子分析初始特征根及方差贡献率

因子	特征根	方差%	方差累计%
1	5.124	56.937	56.937
2	0.911	10.126	67.063
3	0.673	7.475	74.538
4	0.577	6.415	80.953
5	0.518	5.755	86.708
6	0.382	4.24	90.948
7	0.312	3.464	94.412
8	0.284	3.153	97.566
9	0.219	2.434	100

观察碎石图可知（见图 2），特征根曲线从第 3 个因子起开始走平，

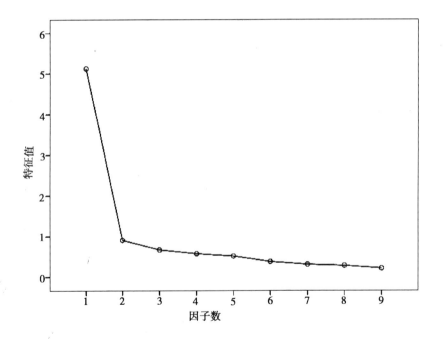

图 2　因子分析碎石图

我们确定提取 3 个因子，并使用方差最大正交法对其进行旋转。旋转后，三个因子共计解释 74.538% 的方差（见表 6）。

表 6 旋转后因子特征根及方差贡献率

因子	特征根	方差%	方差累计%
1	3.623	40.26	40.26
2	2.001	22.232	62.491
3	1.084	12.046	74.538

表 7 列出了旋转后的因子矩阵。其中 0.5 以上的数值以粗体标示，表示某变量在某因子上具有较大载荷。

表 7 旋转后因子矩阵[a]

	Component		
	1	2	3
Phonics	0.189	**0.883**	0.102
Dialog	0.158	0.082	**0.978**
GramVoc	**0.708**	0.394	0.245
Cloze	**0.775**	0.376	0.068
Reading_ 1	**0.758**	0.282	0.14
Reading_ 2	**0.779**	0.034	0.09
Spelling	**0.741**	0.489	0.049
Proofread	**0.717**	0.463	0.151
Writing	0.463	**0.62**	0.019

Extraction Method：Principal Component Analysis. 主成分分析 Rotation Method：Varimax with Kaiser Normalization. 方差最大正交旋转

a. Rotation converged in 5 iterations.

根据表 7 的载荷分布，我们可以看出：因子 1 上载荷较大的变量（试题）有，语法和词汇知识、完形填空、阅读 1、阅读 2、单词拼写以及短文改错，该因子所代表的试题满分占全卷满分的 73.3%；因子 2 上载荷较大的试题有语音知识和书面表达，该因子所代表的试题满分占全卷满分的 23.3%；因子 3 上载荷较大的变量（试题）有情景对话，该因子所代表的试题满分占全卷满分的3.3%。根据以上分析，我们假定因子1是语言知识因子（再认理解型能力，也可称为输入型能力、接受性能力或辨认型能力，主要测试了考生对语言知识的辨认能力）；因子2是语言能力因子，为与因子3区别，我们称其为语言能力因子1（书面表达能力，即产出运用型能力或输出型能力，主要测试考生书面运用语言产出语言的能力）；因子3也可看作语言能力因子，我们将其命名为语言能力因子2（口头交际能力，测试考生对语言交际功能的掌握）。由于因子1的方差贡献率为40.26%，远远超过因子2和因子3的22.23%和12.05%。据此，我们可以知道本套试卷绝大部分试题基本都是围绕英语知识（接受性能力）进行的。语言运用能力相关的考查相对较少。

从以上分析结果来看，我们有两点疑问：（1）为什么陕西卷高考英语试卷中的完形填空和阅读理解主要属于因子1，也就是属于语言知识因子呢？这是否就说明它们没能有效考查语言运用能力呢？（2）为什么语音知识试题与写作题有着较高相关呢？

对于第一个问题，我们的认识是这样的：首先，阅读理解能力是一种接受型的能力，而高考试卷中的阅读理解又以偏重再认能力的选择题作为测试形式，这在一定程度上削弱了此题型对于语言运用能力的考查效果。其次，高考陕西卷中完形填空的设计是以考查语言综合运用能力为测试目标的，不过限于其采用选择题的标准化答题样式，而未采用填词的产出型答题方式，这使得其在一定程度上仅仅反映了考生的再认辨识型能力。

那么，为什么语音知识试题与写作题有着较高相关呢？因为从目前全卷的题型配置来看，仅有这两个题型或多或少是属于产出运用型或输出型能力的。写作题毫无疑问是考查了考生的书面表达能力，也就是产出运用能力。而语音知识题需要考生能准确读出考查目标词和相关选项。这很大程度上体现了考生语音知识的运用。因此，比起其他题型而言，这两种考查不同语言运用能力的题型有着较高的相关，也就不怎么奇怪了。

六　题目分析

表8列出了语音知识、情景对话和语法词汇部分的统计数据。表中粗体数值表示该题的区分度良好。具体分析如下。

语音知识部分，第2—4题区分度较好，第1题过易，缺乏区分力，第5题在五个题目中相对较难，区分度也不太好。较为常见的元音和辅音组合考查有着较好的区分度，而过易或不太常见的组合形式区分度较弱。

情景对话部分五个试题都相当容易，除第 6 题有着尚可接受的区分度以外，其他各题区分度都较差。

语法词汇部分，以 19 题（词汇考查）和 24 题（时态考查）的对比分析为例。两题的难度均不大，但前者区分度比后者明显要高。14（关系从句）和 15（非谓语形式），两题的难度相当，而后者的区分度比前者高。学生对关系代词的掌握没有非谓语形式好。

表 8　　　　　　　　　　　　英语知识运用（第 1 部分）

题号	难度	区分度（相关法）	区分度（分组法）	Rasch 难度估计	Rasch 吻合 t 值
语音知识					
1（g）	0.92	0.28	0.54	− 1.6	− 6.17
2（u）	0.93	**0.4**	0.55	− 1.78	− 7.21
3（ch）	0.88	**0.5**	0.6	− 1.03	− 5.49
4（ie）	0.36	**0.31**	**0.76**	1.96	13.21
5（es）	0.54	0.13	**0.67**	1.1	10.94
情景对话					
6	0.96	**0.32**	0.54	− 2.39	− 10.54
7	0.83	0.26	0.56	− 0.62	− 1.33
8	0.93	0.24	0.53	− 1.78	− 5.13
9	0.95	0.17	0.53	− 2.24	− 7.94
10	0.91	0.15	0.54	− 1.43	− 3.11
语法和词汇知识					
11（介词）	0.87	**0.49**	0.6	− 0.98	− 4.9
12（主谓一致）	0.76	**0.33**	0.63	− 0.07	1.2
13（代词）	0.75	**0.5**	0.7	0	0.18
14（关系从句）	0.74	0.24	0.6	0.03	2.62
15（非谓语形式）	0.74	**0.5**	**0.69**	0.07	0.41
16（交际用语）	0.45	**0.44**	**0.79**	1.51	8.59
17（虚拟语气）	0.66	0.27	0.62	0.49	6.03
18（副词）	0.61	**0.31**	0.64	0.74	6.85
19（短语动词）	0.74	**0.47**	**0.69**	0.07	0.11
20（关系副词）	0.66	**0.32**	0.63	0.52	4.91
21（交际用语）	0.84	**0.45**	0.59	− 0.67	− 2.36

续表

题号	难度	区分度 （相关法）	区分度 （分组法）	Rasch 难度估计	Rasch 吻合 t 值
22（非谓语形式）	0.41	**0.43**	**0.77**	1.69	8.72
23（情态动词）	0.68	**0.48**	**0.72**	0.41	2.12
24（时态）	0.72	0.15	0.57	0.19	5.25
25（副词）	0.45	**0.38**	**0.74**	1.54	9.75

　　表 9 列出了完形填空部分各题的统计数据。表中粗体数值表示该题的区分度良好。我们可以看出，有着较高难度的 26 题和 45 题，中等难度的 30 题、32 题、37 题、38 题以及有着较低难度的 33 题和 44 题都有着较为良好的区分度。而中等难度的 29 题、31 题、34 题，其区分度并不太理想。这样的分析结果有如下提示：（1）区分度与难度的关系并非线性关系，两者也并无确定的必然联系。（2）正确选项被选比例决定该题的难度，区分度则还需考虑正确选项与干扰项间的关系。

表 9 　　　　　　　　　　　英语知识运用（第 2 部分）

题号	难度	区分度 （相关法）	区分度 （分组法）	Rasch 难度估计	Rasch 吻合 t 值
			完形填空		
26（before）	0.34	**0.35**	**0.78**	2.07	13.43
27（wondering）	0.32	0.28	**0.75**	2.16	16.06
28（decided）	0.92	**0.48**	0.57	−1.6	−7.93
29（When）	0.62	0.24	0.59	0.69	7.34
30（cautiously）	0.6	**0.42**	**0.7**	0.79	6.35
31（woods）	0.66	0.24	0.63	0.49	7.39
32（stream）	0.65	**0.58**	**0.76**	0.58	1.92
33（sensed）	0.74	**0.49**	**0.67**	0.03	0.89
34（through）	0.65	0.14	0.58	0.58	7.93
35（familiar）	0.85	**0.43**	0.6	−0.81	−3.05
36（followed）	0.92	**0.42**	0.57	−1.68	−7.96
37（loudly）	0.62	**0.5**	**0.76**	0.71	4.56
38（searched）	0.66	**0.51**	**0.72**	0.52	2.74

续表

题号	难度	区分度 （相关法）	区分度 （分组法）	Rasch 难度估计	Rasch 吻合 t 值
39（house）	0.82	**0.34**	0.57	− 0.49	− 0.77
40（delight）	0.75	**0.47**	0.65	0	0.45
41（jumped）	0.81	**0.35**	0.6	− 0.41	− 0.28
42（asleep）	0.94	**0.37**	0.53	− 1.88	− 6.29
43（saw）	0.83	**0.35**	0.58	− 0.62	− 1.58
44（rescued）	0.72	**0.48**	**0.7**	0.16	1.35
45（relief）	0.27	**0.32**	**0.76**	2.43	18.44

　　阅读理解部分的 54 题、55 题、59 题、60 题和 65 题有着较好的区分度。其中 54 题为猜测词义题；55 题为主旨大意题；59 题为主旨大意题（标题）；60 题为作者态度题；65 题为段落大意。由此可见，考查文章宏观主旨的题目一般具有较好的区分度，其难度也分布在中等或偏难的区间内。其他题目难度偏低，区分度也较差。值得注意的是，虽然 61—65 题均为段落大意题，但由于 61—64 题的设题过于简单，难度系数值偏大，其区分度也就不好，没能较好区分考生能力的强弱。详见表 10，表中粗体表示区分度良好。

表 10　　　　　　　　　　**阅读理解**

题号	难度	区分度 （相关法）	区分度 （分组法）	Rasch 难度估计	Rasch 吻合 t 值
		第一节			
46	0.95	**0.34**	0.54	− 2.11	− 8.23
47	0.92	0.29	0.57	− 1.6	− 6.32
48	0.94	**0.34**	0.54	− 1.99	− 8.63
49	0.89	**0.47**	0.59	− 1.22	− 5.83
50	0.74	**0.38**	0.62	0.07	1.54
51	0.82	**0.32**	0.57	− 0.49	− 0.57
52	0.87	**0.46**	0.6	− 0.98	− 4.33
53	0.94	**0.45**	0.55	− 1.99	− 9.94
54	0.38	**0.3**	**0.7**	1.88	14.58

续表

题号	难度	区分度（相关法）	区分度（分组法）	Rasch难度估计	Rasch吻合t值
55	0.61	**0.47**	**0.75**	0.77	4.95
56	0.27	0.28	**0.77**	2.47	15.8
57	0.37	0.24	**0.7**	1.93	19.17
58	0.25	0.23	**0.8**	2.6	20.24
59	0.38	**0.36**	**0.8**	1.85	12.32
60	0.52	**0.37**	**0.68**	1.18	7.97
第二节					
61	0.89	**0.48**	0.59	−1.16	−5.69
62	0.64	**0.34**	0.63	0.6	5.51
63	0.97	0.23	0.52	−2.74	−9.62
64	0.81	**0.46**	0.61	−0.41	−1.36
65	0.38	**0.57**	**0.91**	1.85	5.74

写作部分的三大题型难度合适，区分度也相当好（见表11）。由于单词拼写和短文改错较之书面表达在评分方面表现出更为良好的客观性，因此，它们的区分度也比书面表达要好一些。但不管怎么说，主观题卷的这三大部分较好地完成了选拔考生的任务。

表11　　　　　　　　　　写作（主观试题）部分

题号	难度	区分度（相关法）
单词拼写		
66—75	0.60	0.87
短文改错		
76—85	0.59	0.86
书面表达		
86	0.64	0.74

七 结语

本文以 2012 年高考英语（陕西卷）为例，从试卷的信度、效度和题目的特征分析了高考英语试卷的基本质量。从笔者抽取的样本来看，虽然样本覆盖的考生能力较之全省考生的平均水平略为偏高，但仍能根据他们的作答情况分析出命题的长短处。值得改进之处包括：全卷应合理分布接受型能力和产出型能力的试题；阅读理解的细节题在不提高难度的前提下，应以提高区分度为目标。在总体而言，该套试卷中虽然个别题型信度和效度值得提高，但全卷表现出了良好的信度和效度水平，能较好实现人才选拔的目标。

参考文献

张敏、亢德喜：《高考分省自主命题的利弊分析》，2012 年 10 月 1 日，新华网（http：//news. xinhuanet. com/report/ 2005 – 07/25/content_ 3263432. htm）。

《2006 年高考新增四川、陕西两个自主命题省份》，2012 年 10 月 1 日，央视国际网（http：//www. cctv. com/ education/20060210/101863. shtml）。

新课程标准下中学英语教材的"二次开发"实践研究^①

操林英　苟红岚

摘要：英语课程标准倡导教师创造性地使用英语教材和课程资源，建议有关英语教师克服对教材的盲目依赖，从"教教材"走向"用教材教"，同时针对具体的课程目的、学生的需要和实际教育情景对现有英语教材进行加工和改造，着力提升学生综合素质与创新能力。本文依据有关理论对中学英语教材二次开发的原则和方法、问题与对策进行了剖析。

关键词：中学英语教材；二次开发；原则与方法；问题与对策

一　引言

教材是课程的重要载体，也是课堂教学中教师教学与学生学习的主要媒介和工具，因此，教材及其使用问题历来都是人们关注的重点。目前，基础教育课程改革的亮点之一就是实行"一标多本"的课程教材政策。《英语课程标准》提出，教师要善于结合实际教学需要，灵活地和有创造性地使用教材，对教材的内容、编排顺序、教学方法等进行适当的取舍和调整。通俗地理解就是要求广大中学英语教师开始摆脱"教材权威"和"教材神圣"的旧观念，教师的专业发展意识和教材使用意识不断增强。因此，研究教材"二次开发"的理论内涵和实践范式对有效贯彻和落实新课程标准的理念具有重要意义。

---

① 本文系 2013 年陕西省教育科学规划课题"新课程标准下中学英语教材二次开发创新模式研究与实践"（SGH13041）的阶段性成果。

二 相关术语界定

（一）教材

教材有两种解释：（1）根据一定学科任务，编选和组织具有一定范围和深度的知识技能体系，一般以教科书的形式来具体反映；（2）教师指导学生学习的一切教学材料（曾天山，1997）。

（二）教师作为教材开发者

教师作为教材开发者是教师与课程整合的直接体现，是教师参与课程变革的内在要求，它表征了教师角色的转变：从消极的课程实施者到积极的课程开发者。教材开发至少包括两个层面的意义。第一个层面的意义是：教师开发教材体现为对既有的国家课程进行"二度开发"。教师对课程的"二度开发"是指教师根据实际教育情境的需要，对课程内容进行适度加工，从而更好地适应学生学习的一种课程行为。教师对原有课程的"二度开发"一方面服务于教师本人个性化的教学需要，体现出教师对课程内容的理解和阐释；另一方面也有利于原有的课程更适合于具体的教育教学情境，有利于学生将课程内容转化为自己知识结构的组成部分，从而促进学生的发展。第二个层面的意义是：教师开发教材体现为学校教师作为课程开发的主体开发出新的校本教材。我国从 20 世纪 90 年代末开始实施国家课程、地方课程和学校课程这"三级课程模式"，为校本教材的开发提供了土壤。从本质而言，校本教材是由学校教师在具体学校情境中根据学生个性化的学习需求而开发出来的课程。校本教材为教师课程开发者的角色提供了现实的课程形态载体，使得教师作为课程开发者不再停留在观念的层面，教师进行教材开发已经成为教师参与课程实践必不可少的重要条件（杨明全，2003）。

（三）教材的二次开发

有效教学的基本前提是为学生提供有结构的教材。这些教材一般是由出版社提供，但无论出版社所提供的教材和教辅资料如何完美和精致，教师仍然需要对这些教材进行加工和改造，因为它总与学生的需求和实际水平有一定的距离，教材本身就是已经过筛选了的课程资源，根据课程标准，在筛选教材的过程中有些内容很难取舍，但是考虑到教材的容量限定和学生学习的可接受性，有些内容就只能选择一些代表性的了，在教学过程中，根据教学的需要或根据学生发展的需要，与教材内容相关的一些课程资源需要教师和学生一起去开发和利用（曹东燕，2004）。

（四）英语教材的二次开发

教师根据学生的实际情况和英语新课标要求对教材内容、结构顺序、教学活动及教学方法等方面进行适当的取舍或调整，加深、拓宽课程的内涵和外延，从而达到最大量地提高学生综合运用语言能力的教学效果。教材的取舍或调整可以在宏观层次上进行，也可以在微观层次上进行。宏观层次上的取舍或调整主要是对教材的总体结构和内容进行取舍或调整。微观层次的取舍或调整则是在实际教学中对教材局部内容进行具体的调整（程晓堂，2002）。英语教材二度开发的基本含义，不仅包括教师对既有英语教材的灵活运用，还包括教材与其他教学资源的整合和教师自主开发教学资源。

三　国内英语教材二次开发的研究概述

在中国知网中以"教材二次开发"为关键词进行模糊搜索，可以找到 1 篇博士学位论文、8 篇硕士学位论文和 41 篇期刊论文。通过对这些资料的研究可以发现：从文章发表时间来看，多集中于近几年；从文章研究的主要内容来看，对具体学科教材二次开发的研究多于对教材二次开发的相关理论的研究；从教材二次开发的实践形式上来看，多是侧重于二次开发的方法和技巧的运用；从教材二次开发的主体来看，多是基于教师的角度来进行。基于上述认识，本研究从教材二次开发的意义、主体、内容、存在问题及相关建议等方面对已有研究成果进行综述和分析。

（一）教材二次开发的意义

1. 打破视教材为圣经的教学理念

原本的英语教材对于师生具有绝对的权威性和不可替代性，很大程度上使得英语教学不能兼顾学生的认知规律和学习需求，因而扼杀了学生的英语学习的积极性，降低了学生的学习热情，冲淡了学生的学习兴趣，最终导致教与学的严重脱节和不协调。英语教材二度开发能使教材更适切、更有效地服务于学生的英语学习，调动学生的兴趣和学习欲望，有利于学生的身心发展和良好的个性发展，充分体现"以学生发展为本"的现代教学观（韩学东，2004）。

2. 打破"教师"为中心的教育理念

开发教材会使教师不再把学生当作储存知识的容器，而是要开发学生的才能和潜能，充分挖掘学生的资源，使师生共同建构知识体系，从而达到现代意义上的教学境。如英语课堂中的话题讨论，师生进行教学活动的目的不是为了记住话题本身，更主要的是为了通过以话题为中介进行交流，从而获得共同发展的过程。

3. 促进英语教师的专业化发展

新世纪英语教师必须具有四大专业能力。其中一个就是创造性使用教材的能力，这对教师的自身素养要求很高，要求教师必须熟悉教材、研究教材，再作创造性的开发。新课程要求英语教师不仅是一个执行者，而且是一个决策者，一个新知识的生成者。对教材的二度开发就意味着教师是以上三者的结合体。这必将使教师从教材的奴隶转化为教材的主人，以主人的意识来审视教材、开发教材，从以前一贯的"死教教材"或者说"复制"教材转化为"活用教材来教"（范诗武，2003）。

（二）英语教材二度开发的理论基础

1. 正确的教材观

正确的教材观要求教师以教材作为主要的教学线索。教材只是教师用来"教"学生的媒介，教师不是教材的被动使用者，而应该是教材的积极开发者。教师要根据课堂教学实际和学生英语学习情况，主动地拓展语言材料，加大语言的输入量或删除教材中不适宜的内容，积极灵活地自主使用教材。

随着教育学、语言学、心理学、二语习得理论等相关理论和外语教学研究的发展，英语教材的功能发生了很大的变化。教材超越了传统意义上的"语言范本"，不再停留于呈现系统的语言知识，而是引发学生学习的刺激物，重视学习者运用语言的体验和经历。因此，教材是实施课程的工具或媒介，教材本身成为师生运用语言进行交际活动的依托和出发点。教材由传统的"规范"教学转向为教学服务。

2. 建构主义理论

按照建构主义的理论而言，教材只是教师教学活动的一条线索，并非教学活动的"圣经"。建构主义认为，学生是知识意义的主动建构者，教师是教学过程的组织者、指导者，意义建构的帮助者、促进者。教师要从学生的具体情况出发选择和使用教材，教材只是参考，符合学生具体情况的，我们可以参考，不符合的，我们可以完善或者改变教材中不合适的内容，甚至自己设计新的教学内容来服务于学生的学习。

3. 学生发展观

教材二度开发是在考虑学生的学习兴趣、需求，学生身心发展规律的基础上完成教学任务，它能充分反映出教师在开发教材过程中把学生作为主体性因素来进行教学活动。

4. 学习观

纵观不同历史时期的英语教材，无论教材内容的选择和组织，还是教学方法的提示，或者练习、活动的设计，都或隐或显地揭示了对语言和语言学习的本质趋同。由于受到结构主义语言学和行为主义心理学的影响，英语教材的内容突出语言典型的结构，从语篇材料的选择和编写到练习的编排和设计都围绕着语言的结构特征，而这些结构往往是通过反复的模仿、操练和记忆加以掌握，其学习过程深深地刻上行为主义的烙印。如今，人们认识到语言不仅是符号系统和结构组成的规则体系，它在使用过程中还有一定的交际规则和语用规则，交际性是它的本质属性。随着心理科学和二语习得理论研究的发展，人们认识到，语言学习不是简单的外显的行为，它更是认知心理过程和意义建构过程，同时伴随着学习者的情感体验，关涉到价值观和文化意识形态。而情感态度、价值观、文化意识这三个方面在《英语课程标准》中是被重点列出的，但是在现有的英语教材中没有被充分地凸显，对现有教材进行二度开发能使之更好地体现语言学习观的本质（俞红珍，2004）。

四　中学英语教材"二次开发"的思考

（一）中学英语教材二次开发的主要类型

（1）采用不同的方式对教材进行活化。如通过紧扣话题来灵活使用英语教材；通过加强语言的交际功能来灵活使用英语教材；通过引入任务型教学模式，设置贴近生活、具有趣味性的任务来灵活使用英语教材；运用图示法来灵活使用英语教材；通过多媒体来活化教学手段等（吕勇民，2005）。

（2）对教材内容进行适度删减、补充、替换、扩展，调整教学顺序、调整教学方法等（程晓堂，2002）。

（二）中学英语教材二次开发的原则

1. 效率为先

教材二次开发首先瞄准的是提高教学效率这个目标，优选教学内容，形成教学过程中的良性循环。

2. 课标为纲

教材二次开发必须要以《课标》为指导，坚持课标的完整性和全面性，准确把握课程目标与教学目标的层次，避免教材二度开发的随意性。

3. 系统性和连贯性

教材二次开发不能破坏原有教材的系统性与知识的连贯性。

4. 主体性

教材二度开发要本着"以人为本"的教学思想，始终关注学生的语言基础和实际情况，学习兴趣和认知规律，尊重学生的情感体验，激发学生的思维能力，开发他们的创造力并提高学生综合运用语言的能力。

5. 时代性

开发教材资源要善于捕捉时代信息，跟上时代步伐，关注学生周围世界所发生的与教材内容有关的具有时代气息的内容。

6. 知识性

外语教材总存在着学生的心理和智力发展水平远高于教材内容的知识性水平的矛盾。在初中英语教学中，这一矛盾尤其突出。初中阶段的学生具有好奇、好新、求知欲旺盛的心理特征，而初中英语教材表面上几乎只有语言信息，百科知识信息几乎等于零，这就大大挫伤了学生的求知欲，使之对英语学习产生厌倦感。因此，开发教材资源应注意结合课文里的语言内容，补充百科信息知识，使之起到"一石二鸟"之效。

7. 任务性

《英语课程标准》倡导"任务型"的教学途径，要求教师依据课程的总目标并结合教学内容，创造性地设计贴近学生实际的教学活动，吸引和组织他们参与。因此，开发教材资源应注意依据新课程的总目标并结合教学内容，创造性地设计贴近学生实际的教学活动。

8. 生活性

开发教材资源就要善于挖掘贴近学生实际和贴近生活的内容，由此提高学习的兴趣。国家课程改革专家组成员、福建师范大学余文森指出："从课程的角度讲，要把学生的个人知识、直接经验、生活世界看成重要的课程资源。"

9. 渗透性

《英语课程标准》提出"积极促进英语学科和其他学科间的相互渗透

和联系"。因此，教材二度开发应注意引导英语学科和其他学科之间的联系，注意学科融合。具有学科融合特点的教材可以开阔学生的视野，满足学生的求知欲。

10. 趣味性

兴趣是推动人探究事物和进行自觉活动的力量。开发教材课程资源只有注意挖掘学生感兴趣的内容，使用有趣味性的手段来进行，才能取得良好的效果。

五　创造性使用教材中存在的问题和对策

（一）创造性使用教材中遇到的问题

教材二度开发是涉及教材、教师、学生三元的创造性教学活动。其中教师是中心要素，他既要有明确的新课程意识，而且要对教材有经验的、直觉的把握，需仔细分析教学对象的兴趣、困惑、需求、水平等。可见，教师的学识素养、教学能力起着很重要的作用。

作为青年教师的笔者，在诸多方面还都很欠缺。创造性使用教材中，就遇到诸多困惑：如增加教学资源却会耽误了正常的教学进度；究竟应该增加哪些内容是合适而且有效的；在增加教学资源的同时如何做到知识的衔接；在作调整的过程中如何兼顾教材的系统性和整体性；教师作的调整是否有效；如何来验证它的效度，哪些内容是必须要删的，教师如何倾听学生的声音来进行"教材二度开发"；教师往往知道自己"该做什么"，但是不清楚为何这样做的问题。有困惑是正常的，因为这本身就是一种尝试。

（二）有关创造性使用教材的建议和对策

1. 理解课程目标

在创造性使用教材之前，教师必须充分了解初中英语的课程目标，并掌握其实质。

2. 研究教学对象

教师需要真实地了解所教对象的兴趣、爱好和困惑难点，教师可以在开学的第一天把教材发给学生时，布置学生一道作业，让他们回家后浏览教材，确定哪些内容他们最感兴趣，以及困惑之处。第二天上课时让学生上交，这样可以帮助教师调整教材使用上的策略。这种做法的好处就是让学生对教材的使用拥有了一定的主体意识，充分体现让学生参与创造性使用教材的新理念。

建议教师可以采取一个班级采用教材开发的教案，而另外一个班级仍使用原有的教学设计的方法，并进行教学后的对照，教师设计问卷调查来了解学生的反应，问卷调查可以从知识技能、过程方法、情感态度等多方面来获得有效信息，从而检验创造性使用教材的效度。教师也可以根据这些反馈信息明确：在教材开发中哪些"变革"是有效的、哪些是无效的、哪些是可以部分保留的，进而促进教师不断反思和优化自己的教学。

3．察觉教材中的缺欠

教师根据英语课程目标，学生的兴趣和认知水平，透视教材中有没有与学生实际距离甚远的教学内容。教师应用审视的目光来辨别哪些内容必须增、删、调整和替换，认准不合适的教学内容，必须有效地加以"变革"，使教材转变为更适切于学生学习的教学内容。

4．掌握增、删、调整和替换中遵循的原则

在增、删、调整和替换所遵循的原则中，最核心的原则就是教师要努力使教材内容或教学活动贴近初中低年级学生生活，这样学生才会感兴趣，会更积极地参与课堂活动，从而提高语言综合能力。如在增环节中，教师必须注意增的质量而不是只求数量，增加应以加强训练学生综合运用语言的能力为原则。在调整环节中，必须注意调整顺序是为了更好地满足学生获得语言技能的训练。教材顺序调整可依据学生的认知规律、相关话题、心理特点、学生的兴趣和他们所关注的话题来调整教学内容。在替换环节中，教师要力争使教材能呈现多元化功能"一材多用"，教师要明确用来培养学生某种技能的材料或活动往往也可以用来培养其他技能。比如，在英语教学中，可以将训练学生阅读能力的语言材料用来作为学生练习写作的范文，也可以将有一定难度的听力材料作为阅读文章等。总之，教师必须以灵活多变的方式使用好"改造"好教材，使教材的教育价值得到最大限度的发挥。

5．借助辅助手段创造性使用教材

创造性使用教材的时候，教师不能仅仅把目光局限于教材上，教师还必须借助图片、实物、道具、多媒体，运用演示等手段。因为形象直观的东西容易引起低年级学生的兴趣，在教学中会收到事半功倍的效果。

六　结语

本文旨在探索如何依据"以学生为本"的现代教学理念，根据学生的需求和认知水平来对中学英语教材进行合理的调整，作适量增删等创造性地使用教材的尝试，从而试图探究一条有效合理地使用教材的新途径。希望通过本研究，呼唤学生对英语学习的情感，增强教师对英语教材的开发理念，使教师树立从"教材"扩展为"课程资源"的概念，突破"教材"的概念局限，对照英语课程标准，理性审视教材内容，选择和有机整合适合学生英语学习的课程资源，使学生亲身感受和直接体验语感，优化教师对教材的使用和再设计，从而促进英语教学的有效性。

参考文献

曹东燕：《科学教材探究性诠释》，《外国中小学教育》2004 年第 1 期。

程晓堂：《英语教材分析与设计》，外语教学与研究出版社 2002 年版。

丁洁：《中学英语教师对教材"二次开发"现状的调查研究》，硕士学位论文，华东师范大学，2006 年。

范诗武：《新世纪教师专业能力与教育行动研究》，《外国教育研究》2003 年第 5 期。

郭宝仙、李晓红：《中学英语教师对教材二次开发现状的调查研究》，硕士学位论文，华东师范大学，2008 年。

教育部基础司、师范司：《课程资源的开发与利用》，高等教育出版社 2004 年版。

教育部：《全日制义务教育普通高级中学英语课程标准（实验稿)》，北京师范大学出版社 2004 年版。

韩学东：《教师必须树立正确的教材观》，《中小学英语教学与研究》2004 年第 9 期。

刘喜敏：《初中英语课程资源开发与利用的现状调查研究》，硕士学位论文，东北师范大学，2004 年。

吕勇民：《活化英语教材内容》，《中小学英语教学与研究》2005 年第 4 期。

王英娜：《基于语料库的高中英语课堂提问对比研究》，硕士学位论文，东北师范大学，2011 年。

杨明全：《革新的课程实践者》，上海科技教育出版社 2003 年版。

俞红珍：《教材的二度开发："涵义与本质"》，《课程教材教法》2005 年第 12 期。

俞红珍：《论教材的"二次开发"——以英语学科为例》，硕士学位论文，华东师范大学教育科学学院，2006 年。

曾天山：《教材论》，江西教育出版社 1997 年版。

张菁：《初中低年级英语教材二度开发的实践研究》，硕士学位论文，华东师范大学，2006 年。

中俄中学外语教育现状比较与启示[①]

孟　霞

摘要： 外语教育是各国中等教育的重要组成部分。随着全球化时代的到来，中俄两国都对中学外语教育，尤其是英语教育表现出了高度重视。本文从宏观的外语规划和微观的外语课堂两个层面对中俄外语教育现状进行了分析。着重以中俄两所中学为例，通过问卷调查的形式对中俄英语课堂上的语法教学和口语教学进行比较。指出我国中学外语教育应当如何借鉴俄罗斯的做法，结合本国国情在外语政策和外语教学方法和理念上作出一定的调整。

关键词： 中国；俄罗斯；中学外语教育；宏观比较；微观比较

一　引言

掌握一门外语，意味着掌握了了解另一个民族文化和心理的钥匙。在一个人的成长过程中，学习和掌握一门外语及其所承载的文化对其心智的发展有着相当重要的意义，因此，世界上几乎没有哪个国家的中学没有开设外语课程。外语教育是世界各国中学教育的重要组成部分。

中国和俄罗斯，两个相邻的大国，历史上曾经有一段时期，中国在社会生活的各个领域都向苏联"老大哥"学习。中苏关系恶化之后，这种情况逐渐发生了变化。改革开放以后，欧美国家成为中国比较研究的主要对象。在中学外语教育方面，由于英语的盛行，学者们的研究视线更是主要集中在英语国家。

———————————

①　本文系 2011 年陕西师范大学教师教育项目《中俄中学外语教师教育比较研究》阶段性成果。论文调查资料的收集得到了陕西师范大学 2009 级英语专业胡苗苗、王悦艺、刺紫薇等同学的支持，在此表示感谢。

自 20 世纪 90 年代苏联解体以后，俄罗斯作为一个独立的政治、经济、文化实体出现在世界舞台。由于对外开放，俄罗斯的社会状况发生了巨大的变革。在外语教育方面，除了秉承苏联时代外语教育特点外，俄罗斯也顺应时代要求发生了变化。

从历史发展、社会变化、时代背景等因素来看，较之与其他国家，中国与俄罗斯有很多可比性和共同性。在中学外语教育方面，我们从宏观的外语规划到微观的教学课堂关注俄罗斯的中学外语教育状况，无疑会带给我们一定的启示和思考，从而帮助我们更好地解决我国中学外语教育中存在的问题，推动我国中学外语教学质量的提高。

二　中俄中学外语教学的宏观比较

随着全球化时代的到来，各国教育部门和机构都加强了对中学外语教育的重视，中国和俄罗斯也不例外。

（一）中学外语语种设置比较

关于中学外语语种的设置，俄罗斯和中国有着不同的历史发展背景和各自的现实情况。

俄罗斯的外语教育呈多元化态势，在外语语种设置上学校有一定的自主权，学生也有一定的选择权。目前在俄罗斯尽管英语学习相对普及，但由于历史和地理因素，德语、法语、西班牙语、意大利语、汉语、日语、韩语、阿拉伯语在很多中学也有开设。学生可以根据自己意愿选择学习外语语种；除第一外语以外，学生还可以选择第二外语。如果非英语语种被作为第一外语开设的话，学校一般同时会为学生开设英语作为第二外语。

而在我国，中学外语课程主要为英语，除了个别省份的个别学校开设有少量的俄语、日语课程以外，全国绝大多数的中学外语教育舞台可谓是英语一花独放，并且很少有学校开设第二外语课程。与俄罗斯相比较，我国的中学外语教育显得语种单一，尽管教育部也提倡开设俄语、日语等小语种，但除北方边境省份，其他内地或沿海地区学校开设其他语种的积极性并不高，学生几乎没有外语语种选择的可能。

（二）中学外语课堂班额比较

班级授课制是中俄两国主要的教学方式。但是由于中国和俄罗斯的国情不同，人口基数差异大，因而两国在中学课堂班额上也有很大差别。

俄罗斯的外语课普遍以小班授课。按照俄罗斯教育与科学部的规定，班额超过 25 人，上外语课时必须分成两个班。这样，俄罗斯中学外语课堂人数一般都不会超过 13 人。

中国的中学课堂基本都是大班额教学，一个班 60 人左右，有的地区甚至人数更多，外语课堂也不分班进行。按照教育部的精神，自 2010 年以来，有条件的各省市地区开始逐步推进义务教育学校新班额计划，力争将义务教育初中阶段班级人数控制在 45—50 人。

三　中俄中学外语课堂的微观比较

在经济全球化的当今世界，中国和俄罗斯都把英语教育摆到了前所未有的地位，同为非英语国家，中国和俄罗斯的中学英语课堂有何异同？课堂教学效果有何差别？这里，我们从具体的英语课堂入手对中俄中学外语课堂作以微观比较。我们以俄罗斯符拉迪沃斯托克经济服务大学附属天才寄宿学校和陕西杨凌高新中学为例，主要从语法和口语教学两个方面对中俄中学英语课堂教学情况进行对比分析，希望得出有价值的研究结果，为提高我国中学英语课堂教学效果带来有益的启示。

（一）语法教学

外语教学的目标是培养学生的语言能力，语法能力是语言能力的重要组成部分，是言语实践的前提，因此，语法教学是中学英语教学中重要的一个环节。中俄两国英语教师对语法教学都相当重视，如何上好语法课是两国中学英语教师共同关心的话题。

我们对天才寄宿学校八年级 30 名学生和陕西杨凌高新中学八年级 120 名学生对英语语法的学习兴趣和重视程度进行了调查，调查情况如表 1 所示：

表 1

学习兴趣国家	很感兴趣	一般	没有兴趣
俄罗斯	1.5%	30.2%	68.3%
中国	24.3%	51.5%	24.2%
重视程度国家	很重要	一般	不重要
俄罗斯	20.4%	65.8%	13.8%
中国	67.6%	32.03%	0.37%

问卷调查显示，俄罗斯学生和中国学生对语法学习的兴趣都不高，俄

罗斯学生对语法不感兴趣的人数比例甚至达到68.3%。这一点我们完全可以理解，因为英语语法本身的特点，语法学习难免让十几岁的中学生有枯燥单调之感，中俄学生概莫能外。但从重视程度来看，中国学生却表现出比俄罗斯学生更加积极的态度，认为非常重视的学生比例远高于俄罗斯学生比例，达到67.6%。造成这一点的原因我们认为有以下两点：第一，俄语和英语同属印欧语系，而汉语属于汉藏语系，俄汉两种语言与英语的亲属关系不同，受母语语言的影响，俄罗斯学生对于英语语法的认知和接受相对于中国学生来说要容易一些，因此，学生对它的重视程度也就差一些。第二，中国应试教育中语法考查所占的较高比例直接影响着我国学生对语法学习的重视程度。

从课堂教学来看，中俄中学语法课堂表现出完全不同的课堂场景。比如，天才寄宿学校的英语语法课是全英语授课，而杨凌高新中学的语法课80%是以汉语来讲授的，这就说中俄两国的英语语法讲解采用的是完全不同的元语言手段，因此，两国学生对英语语法的理解和感受也不相同。再比如，语法讲解过后，中俄教师都会引导学生进入语法练习阶段，但是中国课堂为了适应应试教育的需要语法练习多以选择题形式出现；而天才寄宿学校的语法练习主要通过任务型教学形式，课堂上以独白、对话、问答的方式检查学生对语法现象的掌握情况。通过比较我们发现，两国的语法教学内容基本相同，但教学形式不同，教学效果也不尽相同，中国学生的语法知识普遍掌握较扎实，尤其在书面表达上，语法错误较少；而俄罗斯学生的语法应用能力较强，主要体现在口语表达上。

（二）口语教学

从目前中俄两国的英语教育来看，学生都是从小学就开始英语学习，英语教育可以说贯穿了学生从小学、中学到大学的全部学习生涯。但是，我们通过对比观察发现，中俄学生的口语表达能力却有着很大的差别。比如，我们的学生可能英语笔试成绩很好，但口语却很糟；在交际活动中，有的学生心里想得不错，一到口头表达，就抓耳挠腮，表达不完整；而俄罗斯学生可能语法、写作还不熟练，但英语口语交际能力却远远超过中国学生。利用教育实习的机会，我们对天才寄宿学校十年级50名学生和陕西杨凌高新中学十年级60名学生对英语口语的学习兴趣和重视程度进行了调查，调查情况如表2所示：

表2

学习兴趣学生类型	很感兴趣	一般	没有兴趣
俄罗斯学生	63.4%	32.8%	3.8%
中国学生	12.6%	57.9%	29.5%
重视程度学生类型	很重要	一般	不重要
俄罗斯学生	88.2%	11.4%	0.4%
中国学生	28.3%	51.5%	20.2%

问卷调查显示，超过80%的俄罗斯学生认为英语口语教学很重要，这其中部分学生因为家境情况良好，经常随父母出国旅游，认为英语口语是对外交流的重要形式；还有部分学生认为有很多外国人在符拉迪沃斯托克生活和工作，因此有必要掌握英语口语；另一部分学生则因为喜欢美剧或英语电影等原因而重视英语口语。个别学生觉得口语不重要主要是因为对英语学习完全没有兴趣。

比较而言，中国学生只有不到1/3的学生认为口语很重要，有超过一半的学生认为一般，还有1/4的学生认为英语口语一点不重要。认为口语重要并有学习兴趣的学生主要来自周边大学的知识分子家庭，孩子一般都有随父母出国的经历；认为一般或不重要的学生主要因为考试不考口语，老师上课大部分用汉语讲课，而且觉得，英语口语学习不是中学阶段应该主抓的问题，以后再学也可以。

从兴趣度来看，超过一半的俄罗斯学生对口语非常感兴趣，也有超过1/3的学生觉得一般，只有少部分学生没有兴趣。而中国学生只有1/5多一点的学生对口语感兴趣，超过一半的学生觉得一般，还有将近1/3的学生一点兴趣没有。通过访谈我们了解到，俄罗斯学生感兴趣的主要原因是英语课堂涉及的口语内容多，教学有趣；学校举办有各种口语比赛、戏剧表演、交流活动；再有就是他们喜欢看英文电影、电视剧等。而中国学生对口语没有兴趣的原因一方面是汉英语言差异大，学习起来难度大；另一方面是英语课堂涉及口语内容少，学校的口语竞赛等活动没有新意，激发不了学习兴趣。

从语言学习的目的来看，交际能力的获得应该是终极目标。为了达到这一目标，就应该重视口语的学习。但在中学英语口语教学上，我国和俄罗斯还有很大的差距。这一差距我们认为主要是由以下几点因素造成的：

第一，教育背景因素。中国的中学教育是以应试教育为背景的，尽管2003 年颁布了中学英语新课程标准，提出英语课程应由语法和词汇知识讲解转向对实际语言应用能力培养，但是由于应试教育的指挥棒并没有发生改变，学生学习英语的目的是为了考试，对学生英语水平的评估方式就是考试。中学阶段的考试只是涵盖阅读、语法、词汇和简单写作的笔试。因此，口语教学在中国英语课堂上所占的比重仍然很低，其形式也多局限在背诵、模仿等简单、机械的手段上；而俄罗斯的中学教育则以素质教育为背景，教师的任务就是在课堂上给学生创造表达的机会，用不同的教学设计激发学生兴趣，鼓励学生用所学语言表达思想，以英语语言学习为手段促进学生基本素质的全面提高。第二，教学环境因素。由于班级人数、课桌摆放等客观因素中国课堂不容易营造适合口语教学的交际场景。而在小班教学环境下，教师可根据教学活动和交际场景需要合理安排教学空间，建立教师与学生，学生与学生之间最佳的课堂交际距离，比如天才寄宿学校九年级《旅游》这一单元的口语课，教师就让学生把椅子围成内外两个圆圈，学生彼此相向而坐，根据所学主题，围绕老师在大屏幕上所提出的问题进行 3 分钟对话，然后再按顺序交换谈话伙伴，基本上在 20分钟以内，每个学生可以与六个伙伴交换思想，展开对话。然后剩下的20 分钟由学生进行个人陈述，5 分钟教师总结。第三，教师行为因素。教师作为课堂的双主体之一，在教学活动中起着重要的作用。教师的教学理念、教学模式和教学行为直接影响着学生的学习方式、学习态度和学习兴趣。通过与中国和俄罗斯教师的访谈我们发现，作为英语教师，两国老师对英语语言教学目的的认知基本是相同的，但是由于教育背景不同、国情不同，绝大多数中国教师不得已还是以应试教育理念对待英语教学，应试即意味着以"笔头"表达为主，体现在教学模式和教学行为上，就是以教师为中心的"一言堂"传统模式，教师讲解知识点占去课堂的大部分时间，而无法做到以学生为主体，开展以真实场景为基础、以交际为目的的教学活动，这样学生只是语言知识的消极接受者，主观能动性和参与性没有调动起来，因而学生对口语学习的兴趣也就不高。而在天才寄宿学校的课堂上，每一节课的每个环节教师都会融入让学生开口说英语的部分。如语法讲解、语法练习、听力练习和课文讲解，教师总是通过提问和要求学生归纳总结的形式，激发学生说英语的欲望。另外，即便是做听力和阅读训练，之后老师也会把材料发给学生再用它们做口语训练的材料。这样，口语训练是分步骤进行的，首先让学生熟读材料，之后，老师针对材料提问，帮助学生进一步熟悉材料，然后这样的工作在接下来的几天内会不断重复，最后，总结课上老师会对学生进行专门的口语测试，学生用口语说出材料内容，老师对学生的口语表现作出评定。

另外，我们还对中俄学生对英语口语学习困境造成的因素进行了调查，如表 3 所示：

表 3

学生类型 学习兴趣	词汇量太少、知识面狭窄	语音语调不好，表达不流利	胆子小，害怕出错	缺乏真实语境和气氛
俄罗斯学生	70.7%	10.2%	5.7%	13.4%
中国学生	10.1%	30.9%	31.5%	27.5%

调查发现，中国学生认为提高英语口语交际能力的困境并不在于词汇量和知识面上，而在于自认为语音语调不好和胆子小怕出错上。这说明，中俄学生的心理特点也有着一定的差异，俄罗斯人的性格普遍比较开放，而中国人"面子"心理重，因此，在口语交际活动中，俄罗斯学生往往表现出不怕出错的态度，而中国学生则容易出现胆怯和自卑心理。

四　结论与启示

通过对中俄两所学校的对比，我们对中俄两国外语教育的现状和英语课堂教学情况有了一定的了解和认识，借鉴俄罗斯中学外语教育的长处，我们可以得出以下结论和启示。

从宏观的外语政策上看：

第一，在中学外语语种设置上应该打破英语单一语种的局面，可增设其他语言；另外，增设第二外语课程，给学生更多的选择余地。

第二，在班额确定的现实情况下，遵循外语教育的规律，克服困难，在有条件的学校实行外语分班教学。

从微观的外语教学来看：

第一，摆脱应试教育的束缚，从语言学习的自身目的出发开展外语教学。

第二，交际教学法是现代外语教学倡导的一个新方法。但是就中俄语法课堂情况来看，俄罗斯的语法课堂做到了对交际教学法的贯彻和实施，而中国课堂由于教师、学生对外语的理解及外语测试手段都还停留在对语法知识的片面运用上，因此，在这方面做得还不够好。所以，我们需要改变中学英语语法教学模式，将语法学习与言语表达联系起来，让学生在交际活动中掌握真正的"活"的语法。

第三，重视口语教学，在语言能力的教学过程中注重语境的创造。

参考文献

雷启之：《俄罗斯中小学外语课程开设的历史沿革与现状》（下），《学科教育》1998 年第 11 期。

张朝意：《俄罗斯外语教育概貌》，《中国英语教育》2010 年第 2 期。

张希亮：《关于我国中小学外语课程设置的几点思考》，《阴山学刊》2006 第 2 期。

王海艳：《新课程下的中学英语语法教学》，《基础英语教育》2007 年第 4 期。

张克福：《中学英语口语现状及对策研究》，《新乡教育学院学报》2005 年第 2 期。